EY

Building a better
working world

経理・財務
担当者のための

契約書の読み方

EY新日本有限責任監査法人 編

中央経済社

はじめに

　会計処理を正しく決定するためには，その取引について締結された契約書を読み込んだうえで，どこがポイントになるのかを判断し，会計基準の要件に適切に当てはめていく必要があります。本書では，経理・財務担当者が契約書を読むときのポイントを，会計処理への直接的な影響を踏まえて，わかりやすく解説しています。また，経理・財務担当者だけでなく，予算，中期計画，事業計画策定に携わる経営企画担当者，契約書のレビューを司る法務担当者，さらには会計監査を行う公認会計士や監査業務を行う監査役，内部監査担当者にも役立つ内容となっています。

　本書では，まず第1章において，主に財務・経理担当者のために契約書における基本的な用語の説明をするとともに，会計処理を検討するという観点から契約書を見るときの視点や読むべきポイントを解説しています。

　次に，第2章では収益認識会計基準を適用するにあたって契約書を読むうえでのポイントとなる事項を解説しています。特に収益認識会計基準では，その契約が当基準に定める契約に該当するかを判定したうえで会計処理を決定し収益を計上することから，契約書の内容を理解していないと正しい会計処理ができなくなるおそれがあります。そこで本章では収益認識会計基準を適用するにあたり，契約書のどこに着目すべきかを解説しています。

　さらに，第3章では金融商品，第4章では不動産取引，第5章ではリース取引，第6章では組織再編，第7章では株主や役職員との取引，第8章では信託等その他の契約について，具体的な契約書の文言を示しながら，会計処理のポイントとなる点を解説しています。

　本書は，このような内容を日頃より会計監査業務に携わっている公認会計士等の専門家が自ら蓄積してきた知識と経験を生かし，わかりやすく解説することを目的として執筆しました。本書が少しでも皆様の契約実務や会計実務にお役立ちできれば幸いです。

　最後になりましたが，本書出版の機会を与えていただき，出版までの過程で

多大なるご尽力をいただいた中央経済社の末永芳奈氏に，この場をお借りして心より御礼申し上げます。

2024年8月

EY新日本有限責任監査法人

執筆者一同

目 次

第6章　組織再編に関する契約書の読み方　　207

第1節　合併契約　　207

第2節　分割契約　　225

第7章　株主や役職員との取引に関する契約書の読み方　259

第1節　株主間協定　259

第2節　株式報酬　270

第8章 その他の契約 283

第1節 信託契約 ——————————————— 283

【凡例】

正式名称	略　称
収益認識に関する会計基準（企業会計基準第29号）	収益認識会計基準
収益認識に関する会計基準の適用指針（企業会計基準適用指針第30号）	収益認識適用指針
金融商品に関する会計基準（企業会計基準第10号）	金融商品会計基準
金融商品会計に関する実務指針（移管指針第9号）	金融商品実務指針
金融商品会計に関するQ&A（移管指針第12号）	金融商品会計Q&A
金融商品の時価等の開示に関する適用指針（企業会計基準適用指針第19号）	金融商品時価適用指針
時価の算定に関する会計基準（企業会計基準第30号）	時価算定基準
資産除去債務に関する会計基準（企業会計基準第18号）	資産除去債務会計基準
資産除去債務に関する会計基準の適用指針（企業会計基準適用指針第21号）	資産除去債務適用指針
リース取引に関する会計基準（企業会計基準第13号）	リース会計基準
リース取引に関する会計基準の適用指針（企業会計基準適用指針第16号）	リース適用指針
企業結合に関する会計基準（企業会計基準第21号）	企業結合会計基準
事業分離等に関する会計基準（企業会計基準第7号）	事業分離等会計基準
企業結合会計基準及び事業分離等会計基準に関する適用指針（企業会計基準適用指針第10号）	企業結合適用指針
「財務諸表等の用語，様式及び作成方法に関する規則」の取扱いに関する留意事項について（財務諸表等規則ガイドライン）	財務諸表等規則ガイドライン
棚卸資産の評価に関する会計基準（企業会計基準第9号）	棚卸資産会計基準
連結財務諸表に関する会計基準（企業会計基準第22号）	連結会計基準
持分法に関する会計基準（企業会計基準第16号）	持分法会計基準
持分法会計に関する実務指針（移管指針第7号）	持分法実務指針
特別目的会社を活用した不動産の流動化に係る譲渡人の会計処理に関する実務指針（移管指針第10号）	不動産流動化実務指針

ストック・オプション等に関する会計基準（企業会計基準第8号）	ストック・オプション会計基準
ストック・オプション等に関する会計基準の適用指針（企業会計基準適用指針第11号）	ストック・オプション適用指針
「信託の会計処理に関する実務上の取扱い」（実務対応報告第23号）	実務対応報告第23号
退職給付に関する会計基準（企業会計基準第26号）	退職給付会計基準
退職給付制度間の移行等に関する会計処理（企業会計基準適用指針第1号）	退職給付制度間移行適用指針
退職給付制度間の移行等の会計処理に関する実務上の取扱い（実務対応報告第2号）	実務対応報告第2号
我が国の引当金に関する研究資料（会計制度委員会研究資料第3号）	引当金研究資料

　本書の記述は2024年8月31日現在の法令等に基づいています。

第1章

経理・財務担当者のための
契約書の読み方のポイント

1 経理実務における契約書の重要性

　経理実務では，経理担当者が契約書を確認したうえで会計処理を行うことが多くあると思われる。例えば，売買契約書で目的物の引渡し時点の確認，有価証券売買契約書に買戻特約が付いているかの確認，または金融機関からの資金借入で財務制限条項が付いていないかの確認を行い，これらの契約条項が会計処理に与える影響を評価したうえで経理実務を行っているはずである。

　経理実務を行うにあたり，このような契約書の内容を把握し，会計処理に与える影響を評価することは重要なポイントとなっており，より実態に即した会計処理を行うために，取引の相手方とどのような取決めを行っているのかを正確に理解しておく必要がある。また，収益認識会計基準では，適切な会計処理を行うために契約書の中身をしっかりと分析することが，最初に求められる事項となっている。

　契約書にはさまざまな種類があり，それぞれの契約書が会計処理のどこに影響を与えるのかを正しく理解しておく必要がある。契約書の読み方を誤ると間違った会計処理につながる可能性があるためである。

　本書では，経理担当者が会計処理を正しく行えるよう，会計処理に影響を与えると考えられる契約書の読み方のポイントについて解説する。

2 ▎契約の種類

(1) 契約の基本原則

契約は，当事者の一方から先になされる申込みと，これを受けて他方から後からなされる意思表示である承諾をもって，成立する（民法522条1項）。

すなわち，契約は，法令に特別の定めがある場合を除き，書面を作成することなく，当事者間の合意があれば成立する。例外的に契約書といった書面による契約があって成立する契約もあるが（要式契約），それ以外の契約は口頭のみで成立する。しかし，通常のビジネス関係においては，後のトラブルを防止するために，双方の意思の合致を明確にするために契約書という書面を残しておくことが通常である。契約が成立したことの根拠とするとともに，契約の内容を証明するためである。

(2) 契約自由の原則

現在のビジネスでは，さまざまな種類の契約書が存在している。このようなさまざまな種類の契約書が存在する背景として契約自由の原則がある。

契約自由の原則とは，①契約内容に関する自由，②締結の自由，③相手方選択の自由，④契約方式の自由をいう[1]。内容については図表1-1を参照されたい。

(3) 契約の効果

契約を締結すると，当事者間では権利義務関係が生じることになり，契約の内容を順守しなければならなくなる。すなわち，契約が成立することで，法的には債権または債務が発生することになり，会計処理として売上債権または仕入債務の計上有無を検討すべきポイントとなる。

---

1 内田貴『民法II 第3版 債権各論』（2011年）東京大学出版会，18ページ。

| 図表1−1 | 契約自由の原則 |

①契約内容に関する自由	契約の当事者は，法令の制限内において，契約の内容を自由に決定することができる（民法521条2項）。
②締結の自由	法令で特別な定めがある場合を除き，契約をするかどうかを自由に決定することができる（民法521条1項）。
③相手方選択の自由	誰と契約を締結するかを自由に決定することができる。
④契約方式の自由	法令で特別な定めがある場合を除き，書面の作成等の方式を揃えなくてもよい（民法522条2項）。

　また，契約を守らなかった場合には，強制履行（民法414条），損害賠償請求（民法415条），契約解除（民法540条）の対象となる。これらの事象が発生した場合，その内容に従って会計処理を行う必要がある点は言うまでもない。

(4)　契約の種類

　契約はある程度類型化できることから，民法において13種類の契約類型が定められている（典型契約）。ここで13類型を示すと，贈与契約，売買契約，交換契約，消費貸借契約，使用貸借契約，賃貸借契約，雇用契約，請負契約，委任契約，寄託契約，組合契約，終身定期金契約，和解契約である。

　しかし，先述のとおり，契約自由の原則から，このような典型契約以外にもさまざまな契約が締結されている。典型契約以外で取り交わされる契約として，秘密保持契約，リース契約，合併契約，フランチャイズ契約などがある。

　本書では，会計処理を行うにあたり留意すべき契約書を取り上げる。関連する会計基準とあわせて本書で取り扱う契約書の種類を参照されたい（図表1−2）。

契約	契約書	関連する主な会計基準等
売買契約	売買取引基本契約書	収益認識会計基準
	売買契約個別契約書	収益認識会計基準
	不動産売買契約書	収益認識会計基準
	株式譲渡契約書	金融商品会計基準
消費貸借契約	金銭消費貸借契約書	金融商品会計基準
賃貸借契約書	不動産賃貸借契約書	資産除去債務会計基準 リース会計基準
請負契約	工事請負契約書	収益認識会計基準
その他	リース契約	リース会計基準
	合併契約	企業結合会計基準

図表1-2　本書で取り扱う主な契約書の種類

　第2章以降において，これらの契約について，会計処理を行ううえで注意すべきポイントを解説する。

3 契約書のポイント

(1) 契約書における基本的な用語

　ここでは，経理担当者が契約書を理解するための用語を解説する。契約書のフォームについては，先述のとおり契約自由の原則により定型的なものは存在しないが，多くの契約書において見られる条項は図表1-3のとおりと考えられる。

図表1-3　契約書の条項

条　項	内　容
目的	契約の目的が記載される。
適用範囲	契約の効果の及ぶ範囲を明らかにする。
納品	売買契約等の場合に対象物の納入方法などが記載される。納入の時期や納品に係る費用負担などを明らかにする。
検査	売買契約等の場合に納品された対象物を検査し，契約の目的を達成できたかを確認する。 検査完了と同時に引渡しが完了される旨が記載されることもある。
所有権の移転	売買契約等の場合に対象物の所有権の移転時期が記載される。 所有権の移転は，引渡しや代金支払いと同時にされる場合が多いと考えられるが，特約等でさまざまな時期が設定されていることもある。
危険負担	売買契約等において，対象物が滅失，毀損，盗難などに遭ったとき，買主の支払義務がどの時点で消滅するかを定めるものである。
価格あるいは報酬	契約の対象となる財またはサービスの対価の金額が記載される。
支払方法	契約の対象物の代金の支払方法や時期について記載される。
契約不適合責任（瑕疵担保責任）	契約の対象物が契約の内容に不適合であった場合，履行の追完請求，代金の減額，損害賠償請求や契約を解除する旨などが記載される。
秘密保持	契約に関して知りえた情報について秘密を保持し，第三者に開示漏洩などをしないことの確認が記載される。
損害賠償	契約当事者が相手方に対して損害を与えた場合の損害の賠償方法等について記載される。
解除	契約を解除する方法について記載される。 相当の予告期間を設け，書面で通知することをもって契約を解除するとされることが多い。
期限の利益の喪失	当事者の一方に契約違反などがあった場合などに，相手方に対して直ちに代金の支払いなどを実行しなければならない旨の確認が記載される。
裁判所の管轄	契約に関する訴訟の必要が生じた場合，どの裁判所を第1審の管轄裁判所にするかが記載される。

このような契約書の条項のうち，会計処理を行うにあたり理解しておくべき条項について解説する。

① 所有権の移転

> 第〇条
>
> 　本件商品の所有権は，乙（買主）が代金の支払いを完了した時点で，甲から乙に移転する。

　所有権とは，「法令の制限内において，自由にその所有物の使用，収益及び処分をする権利」である（民法206条）。先述のとおり，契約は当事者の合意のみで成立するものであるから，契約締結時に所有権も移転すると考えられる。しかし，実務上，契約成立と同時に所有権が移転すると，仮に買主が代金の支払いをしない場合，売主は代金の回収が困難となったり，所有権に基づいて目的物の取戻しができなくなったりするなど売主にとって不利な内容となってしまう。そこで，契約において所有権の移転時期を明記し，当事者間で調整することが多い。

　所有権の移転によって，目的物の使用，収益および処分する権利が移転することから，この時点が経済的価値の移転時期の判断材料の1つとなると考えられる。会計実務上，所有権の移転時期を，会計処理を行う時期のトリガーの1つとするケースも多いと考えられるため，留意しておきたい。

② 危険負担

> 第〇条
>
> 　本商品の引渡し前に生じた滅失，毀損その他の危険は，納入時において甲（売主）から乙（買主）に移転する。

　これは危険負担を定めたものである。危険負担とは「双務契約において，一方の債務が履行不能になった場合に，反対債務の履行がどのようになるかを扱うもの」[2]をいう。契約の対象物が滅失，毀損，盗難などに遭ったときに，買主はなお代金を支払う必要があるのか，あるいは代金の支払いを断ることがで

きるのかを決めるものである。

　この危険負担の移転については，民法567条に定めがあるが，契約書において当事者間で別段の定めを設けている場合が多く，どの時点で危険負担が移転しているかを正確に把握しておく必要がある。なお，民法では「当事者双方の責めに帰することができない事由によって債務を履行することができなくなったときは，債権者は，反対給付の履行を拒むことができる」（民法536条1項）と定めている。この点，特定物の売買契約等では，契約の対象物が債務者の帰責事由がなく滅失した場合には代金支払義務は存続される，という旧民法の定めがあったが（旧民法534条），民法改正（2020年4月施行）によって削除されている点，留意しておきたい。

　会計実務上は，①の所有権の移転時期と同様，危険負担の移転時期に合わせて当事者間でリスクが移転すると考えられ，リスクの移転時期が会計処理を行う時期の判断材料となることも多い。したがって，危険負担の移転時期についても，会計実務上は留意しておきたいポイントである。

③　契約不適合責任

> 第○条
>   1．乙（買主）は，第○条に定める検査において，商品の契約不適合を発見した場合は，速やかに甲（売主）に通知しなければならない。
>   2．前項の通知により，甲は契約不適合のあった商品について，商品を交換，補修，代金の減額または返金その他の必要な措置を講じなければならない。

　従来，上記のような条項は瑕疵担保責任として定められていたが，民法改正により契約不適合責任として定められた（民法570条）。これまでは売買の目的物に隠れた瑕疵があった場合に売主に責任があるものとして，買主は売上に対して損害賠償請求や契約解除ができるとされていたが，改正民法では，売買の

2　潮見佳男『基本講義　債権各論Ⅰ　契約法・事務管理・不当利得（第3版）』（2017年）新世社，64ページ。

目的物の種類，品質または数量に関して契約の内容に適合しないものがあったときは，買主は追完請求（民法562条），代金減額請求（民法563条），損害賠償請求（民法564条）および解除（民法564条）ができるものとされている。

　会計実務上は，売買の目的物に関して契約の内容に不適合があった場合，買主から追完請求等が追及される旨が定められていることから，仮に契約不適合が見つかり責任追及の発生可能性が高い場合には，売主である企業は債務を負う可能性がある。このため，引当金の計上要件を満たすかの検討を行い，必要に応じて引当金の計上を行う必要があると考えられる。

　また，収益認識会計基準における本人・代理人の検討においても契約不適合責任を確認しておく必要があると考えられる。すなわち，契約不適合責任を誰がどの時点で負っているのかを明らかにすることで，当該条項はいずれの当事者が本人として行動しているのかを判断するための材料となる。

④　解　　　除

> 第○条
>
> 　甲および乙は，相手方に以下に掲げるいずれかの事由が発生した場合，何らの通知催告することなく，本契約を解除できるものとする。なお，損害賠償の請求は妨げられないものとする。
>
> 　1．本契約の違反
>
> 　2．破産，特別清算，民事再生，会社更生などの倒産手続の開始
>
> 　3．解散，会社分割，合併，事業譲渡の実施
>
> 　4．支払停止もしくは支払不能に陥った場合，または手形もしくは小切手が不渡りとなった場合
>
> 　5．第三者より差押え，仮差押え，仮処分もしくは競売の申立て，公租公課の滞納処分，またはその他公権力の処分を受けた場合

　契約の解除は，当事者の意思表示によって行われる（民法540条1項）。契約の解除の効果として，原状回復義務が民法上で定められている（民法545条1項）。ただし，この原状回復義務については，契約上でそもそも原状回復義務が存在しない旨の確認が行われていたり，原状回復義務の範囲などが修正され

ていたりする場合がある。会計実務上は，特に資産除去債務の会計処理を検討するときに留意しておきたい条項である。

　また，契約の解除の効果として違約金の発生の有無について契約書で定められている場合もある。この場合，違約金について引当金の計上要件を満たすかの検討を行い，必要に応じて引当金の計上を行う必要があると考えられる。

⑤　期限の利益

> 第〇条
> 　甲および乙は，以下に掲げるいずれかの事由が発生した場合，本契約に基づく債務について期限の利益を失い，そのすべてを直ちに履行しなければならない。
> 　1．本契約の違反
> 　2．破産，特別清算，民事再生，会社更生などの倒産手続の開始
> 　3．解散，会社分割，合併，事業譲渡の実施
> 　4．支払停止もしくは支払不能に陥った場合，または手形もしくは小切手が不渡りとなった場合
> 　5．第三者より差押え，仮差押え，仮処分もしくは競売の申立て，公租公課の滞納処分，またはその他公権力の処分を受けた場合

　期限の利益とは，期限が付いていることで当事者が受ける利益のことである。例えば，銀行借入を行った場合，返済期日までに返済すればよく，直ちに返済する必要はない。この返済期日までの期間が猶予されることになる。ただし，実際の契約では，上記のような期限の利益を喪失する場合を定めた条項があり，期限の利益を喪失した場合には直ちに債務を履行しなければならない旨が定められていることが多い。

　会計実務上は，金銭消費貸借契約における財務制限条項との関連で留意しておきたい。財務制限条項とは，金融機関が債務者に対して貸付を行うにあたって課す条件で，債務者の財政状況や経営成績がこの定められた条件に抵触した場合，債務者は期限の利益を喪失して，直ちに貸付金の返済を行わなければならない，というものである。ここでいう条件とは，例えば，債務超過とならな

いこと，経常利益および当期純利益が2期連続して赤字にならないこと，といった条件である。

このような財務制限条項に抵触する場合，借入金の長短分類の見直しの検討，追加情報の注記や継続企業の前提の注記が必要となるかを慎重に検討する必要がある。なぜなら，財務制限条項に抵触する場合，直ちに金融機関に対して借入金の返済を実施しなければならず，長短分類が変更になるとともに，資金繰りの目途が立たなくなり，継続企業の前提に重要な疑義が生じる可能性が高いためである。

⑥　担保の提供

> 第〇条
> 　乙（借主）は，本契約における債務の担保として，以下の不動産に順位〇番の抵当権を設定する。
> 　土地　所在地　〇〇〇

担保の提供に関して，金融機関との金銭消費貸借契約の中で設定されることが多い。金融機関から借入を行うにあたって，金融機関から返済債務を担保するために土地等の不動産や株式等に対して担保が設定される。

会計実務上は，貸借対照表の注記として担保資産および担保付債務の記載を行うか検討する必要があり，資産が担保に供されているときは，その旨を注記しなければならない（会社計算規則103条1項，財務諸表等規則43条）。財務諸表等規則ガイドライン43において「当該資産の全部又は一部が，担保に供されている旨並びに当該担保資産が担保に供されている債務を示す科目の名称及びその金額（当該債務の一部に担保が付されている場合には，その部分の金額）を記載するものとする」と定められている。また，会社計算規則103条1項では「資産が担保に供されている場合における次に掲げる事項」として，資産が担保に供されていること，その資産の内容およびその金額，担保にかかる債務の金額を注記することが求められている。

この注記では，特に担保資産および担保付債務の記載漏れがないかに留意する必要がある。金銭消費貸借契約において担保の定めがあるかについて，借入

金の伝票起票をするときに確認しておきたい。

⑦　表明保証

> 第〇条
>
> 　甲は乙に対し，甲が乙に対して提出した財務諸表の内容が適正であり，甲の貸借対照表に計上されていない簿外の債務がないことを表明し，保証する。

　表明保証は，契約当事者が契約に関する一定の事項が真実かつ正確であることを契約の相手方に対して表明し，保証する条項である。事業譲渡契約，株式譲渡契約などで設けられていることが多く，対象となる事業や株式の発行会社の財務諸表に関して申告していない事項がないことなどを確認する。事業譲渡における事業価値算定や，株式譲渡における株価算定にあたって，対象会社のすべてを網羅的に調査することは困難であり，偶発債務などの取得側の企業のリスクを低減する目的で設定される。

　この表明保証に違反した場合には，損害賠償請求や契約解除ができる旨が定められていることが多いと考えられる。会計実務上，契約締結後から取引の実行（クロージング）までの間に表明保証違反があった場合，契約が解除される可能性があることから，契約締結時あるいは取引の実行時のいずれの時点で会計処理を行うべきかを慎重に検討する必要がある。

(2)　契約書を見るための視点

　契約書を見るうえで次のような視点を持つことが会計処理を行うために役立つと考えられる。具体的には，契約は，その内容によって，動産や不動産を「移転」することを目的とするのか，動産や不動産を「利用」することを目的とするのか，あるいは労務を「提供」することを目的とするのか，といった視点で区分することができることが多い。

　この視点は，主に役務提供の対価が何であるかを明確にし，会計実務上，特に収益認識をどの時点で行うかという点で意識すべきポイントとなると考えら

れる。また，1回のみで契約が終了するのか，一定期間，継続的に何かを提供するかという視点での区分も有用と考えられる。

これらの目的や時点の観点から，典型契約における代表的な契約を整理すると図表1-4のようになる。

図表1-4　契約の種類

契　　約	目　　的	時　　点
売買契約	動産や不動産の移転	一時点
賃貸借契約	動産や不動産の利用	一定期間
請負契約 委任契約	成果物の完成 事務処理行為等の委託	主に一定期間

(3)　契約書を読むポイント

契約書から契約内容を把握したら，実態に即した会計処理を行うことが重要である点は冒頭でも述べたとおりである。契約の内容はさまざまであり，関連する会計上の論点も異なるが，適切な会計処理を行うためには主に次のポイントを意識して契約書を確認しておきたい。

> ①　認識
> まず1点目は認識時点，すなわち会計処理を行うタイミングである。会計処理を行う日付を明らかにする。
> ②　測定
> 次に2点目は測定，すなわち会計処理を行う金額である。

これらの日付や金額は，通常，契約書で明らかにされている。また，契約書は企業外部の者とやり取りするものであり，外部証憑となるものである。そのため，伝票起票の根拠となりえるものである。

会計上の論点は契約の内容によってさまざまではあるが，会計処理の基本である認識と測定を意識して契約書を読むことが重要である。

　また，複数の契約に分割されて契約書が締結されているケースもある。例えば，ソフトウェア開発のように各開発フェーズごとに契約書が締結されるケースもある。このような場合，各フェーズごとに会計処理を行うべきか，複数の契約をまとめて会計処理を行うかを慎重に検討する必要が生じる。1つの契約書だけではなく，契約全体を理解することも重要である。

第2章

収益認識に関する契約書の読み方

第1節　契約の識別・結合・変更

　収益認識会計基準は，収益認識の基本原則を「約束した財又はサービスの顧客への移転を当該財又はサービスと交換に企業が権利を得ると見込む対価の額で描写するように，収益を認識することである」（収益認識会計基準16項）とし，契約の識別，履行義務の識別，取引価格の算定，履行義務への取引価格の配分，履行義務の充足による収益の認識からなる５つのステップを適用することで，基本原則に従って収益を認識することを求めている。

　契約の識別・結合・変更は，５つのステップのうちの１番目のステップである。

　本節では，収益認識会計基準が適用される契約に基づき取引を行う際の会計処理および契約書の確認ポイントを解説する。

1 契約の識別の概要

(1) 収益認識会計基準の適用対象となる契約

　顧客との契約から収益が生じる場合には収益認識会計基準が適用され，そのような契約は以下のように多岐にわたる。

> 【顧客との契約から収益を生じさせる契約の例示】
> - 商品売買契約
> - 業務委託契約
> - ソフトウェア開発契約
> - 業務請負契約

　上記以外にも，収益認識会計基準の適用対象となる契約にはさまざまなものがある。

　収益認識会計基準では，「顧客とは対価と交換に企業の通常の営業活動により生じたアウトプットである財又はサービスを得るために当該企業と契約した当事者」とされており（収益認識会計基準6項），会計基準で定義付けされている点に留意する必要がある。

　顧客との契約から収益が生じる場合，収益認識会計基準に基づき会計処理の方法を決定すべきであるが，顧客との何らかの取引に関する契約書があれば当該取引に収益認識会計基準を適用すればよい，というわけではない。

　収益認識会計基準では，本会計基準を適用する対象となる契約を「法的な強制力のある権利及び義務を生じさせる複数の当事者間における取決め」であると定めている（収益認識会計基準5項）。また，そのような「契約」が成立するための要件を具体的に19項に定めている。

⑵　収益認識会計基準で定める契約の要件

　本書の読者が収益認識会計基準に当てはめて会計処理を決定するためには，顧客との取引が本会計基準に定める契約に該当するかを判定しなければならず，顧客との取決めが収益認識会計基準19項に掲げるそれぞれの要件に当てはまるかを判定する必要がある。

> 19．本会計基準の定めを適用するにあたっては，次の⑴から⑸の要件のすべてを満たす顧客との契約を識別する。
> 　⑴　当事者が，書面，口頭，取引慣行等により契約を承認し，それぞれ

> の義務の履行を約束していること
> (2)　移転される財又はサービスに関する各当事者の権利を識別できること
> (3)　移転される財又はサービスの支払条件を識別できること
> (4)　契約に経済的実質があること（すなわち，契約の結果として，企業の将来キャッシュ・フローのリスク，時期又は金額が変動すると見込まれること）
> (5)　顧客に移転する財又はサービスと交換に企業が権利を得ることとなる対価を回収する可能性が高いこと
> 当該対価を回収する可能性の評価にあたっては，対価の支払期限到来時における顧客が支払う意思と能力を考慮する。

　契約書のどの条項に留意すべきかについては次節で解説するが，本節では上記それぞれの要件のポイントを説明する。

　(1)「**当事者が，書面，口頭，取引慣行等により契約を承認し，それぞれの義務の履行を約束していること**」とは，契約当事者が義務の履行を約束していることをいう。契約として成立するためには当事者が財またはサービスの提供を確約していることが必要で，逆の言い方をすると，財またはサービスの提供を確約していない契約，例えばライセンス販売に協力することを定めただけの契約は収益認識会計基準における契約の識別の要件を満たさないことを意味する。

　本要件においては，契約の承認は書面，口頭，取引慣行等によるものとされ，必ずしも書面による合意は必要とされていないが，実務的には契約当事者が取引先と安易に口頭で合意することを避けるために，所定の決裁を経たうえで契約書を取り交わすことが事後的な紛争等を回避するうえで不可欠となっており，書面による契約が必要な場合が多いと考えられる。

　(2)「**移転される財又はサービスに関する各当事者の権利を識別できること**」とは，約束した履行すべき義務である財またはサービスが識別でき，それを評価できることを求めていると考えられる。

　(3)「**移転される財又はサービスの支払条件を識別できること**」は，当事者にとっての法的に強制的な権利が存在することを示している。

(4)「契約に経済的実質があること（すなわち，契約の結果として，企業の将来キャッシュ・フローのリスク，時期又は金額が変動すると見込まれること）」とは，実態判断を必要とするが，いわゆる循環取引等の経済的実態を伴わない約束をもって契約を識別しないことを示している。

(5)「顧客に移転する財又はサービスと交換に企業が権利を得ることとなる対価を回収する可能性が高いこと」とは，顧客との約束が成立しているかのみならず，回収可能性の判断をも伴うことを意味する。

また，「顧客からの対価の回収可能性を評価する際には，顧客の財務上の支払能力及び顧客が対価を支払う意思を考慮する」こととは，顧客または同種の顧客グループの過去の慣行を含む事実関係や状況を考慮した判断を伴うものと考えられる。例えば，過去に取引実績がなく，対価の回収に不確実性がある得意先については，対価の支払期限が到来していると仮定し，当該対価の支払いを実行できるだけの財政状態となっているか等を評価することになると考えられる。

上記要件は契約の開始日で評価され，顧客との契約が契約における取引開始日において収益認識会計基準19項の要件を満たす場合には，事実および状況の重要な変化の兆候がない限り見直しを行わない（収益認識会計基準20項）。

(3) 契約の要件を満たさない場合

一方で，顧客との契約が収益認識会計基準19項の要件を満たさない場合には，この要件を事後的に満たすかどうかを引き続き評価し，顧客に収益を生じさせる契約がこの要件を満たしたときに本会計基準を適用する。

また，顧客との契約が収益認識会計基準19項の要件を満たさない場合において，顧客から対価を受け取った際には，次の①または②のいずれかに該当するときに，受け取った対価を収益として認識する。

① 財またはサービスを顧客に移転する残りの義務がなく，約束した対価のほとんどすべてを受け取っており，顧客への返金は不要であること

② 契約が解約されており，顧客から受け取った対価の返金は不要である

> こと

　上記が満たされるか，収益認識会計基準19項の要件を満たすまで，将来における財またはサービスを移転する義務または対価を返金する義務として，負債を認識することになる。

　契約内容が変更される場合には，後述するような契約変更に関する会計処理が必要となるが，そもそも顧客との契約変更は当事者間の協議や交渉を経て行われることから，契約書の変更としてすぐさま反映されるとは限らず，また収益認識会計基準において定められている契約の変更かを判断することが必要となる。

(4)　収益認識会計基準の適用対象外となる契約

　以下の取引に関する契約に関しては，顧客との契約から収益が生じる場合であっても，収益認識会計基準の適用の対象外となる（収益認識会計基準3項）。

> (1)　金融商品会計基準の範囲に含まれる金融商品に係る取引
> (2)　リース会計基準の範囲に含まれるリース取引
> (3)　保険法における定義を満たす保険契約
> (4)　顧客又は潜在的な顧客への販売を容易にするために行われる同業他社との商品又は製品の交換取引（例えば，2つの企業の間で，異なる場所における顧客からの需要を適時に満たすために商品又は製品を交換する契約）
> (5)　金融商品の組成又は取得に際して受け取る手数料
> (6)　日本公認会計士協会　会計制度委員会報告第15号「特別目的会社を活用した不動産の流動化に係る譲渡人の会計処理に関する実務指針」（以下「不動産流動化実務指針」という。）の対象となる不動産（不動産信託受益権を含む。）の譲渡
> (7)　資金決済に関する法律（平成21年法律第59号。以下「資金決済法」という。）における定義を満たす暗号資産及び金融商品取引業等に関する内閣府令（平成19年内閣府令第52号。以下「金商業等府令」という。）

> における定義を満たす電子記録移転有価証券表示権利等に関連する取引

　上記が収益認識会計基準の適用における契約の識別の概要であるが，すべての取引について個別の取引ごとに契約の識別をはじめとした収益認識のステップに当てはめて検討することは実務上経済的とはいえない。実務上の便宜のため，個々の契約に収益認識会計基準を適用した結果と会計処理の結果が大きく異ならないことが合理的に見込まれる場合に限り，収益を認識するうえで複数の契約をグループ化することを認めている（収益認識会計基準18項）。ただし，どのように顧客をグループ化するか，また，グループ化する規模や構成を決定するにあたり当該便法を合理的に適用できるかについては，慎重に検討する必要がある。

> 18.　本会計基準の定め（適用指針第92項から第104項に定める重要性等に関する代替的な取扱いを含む。）は，顧客との個々の契約を対象として適用する。
>
> 　　ただし，本会計基準の定めを複数の特性の類似した契約又は履行義務から構成されるグループ全体を対象として適用することによる財務諸表上の影響が，当該グループの中の個々の契約又は履行義務を対象として適用することによる影響と比較して重要性のある差異を生じさせないことが合理的に見込まれる場合に限り，当該グループ全体を対象として本会計基準の定めを適用することができる。この場合，当該グループの規模及び構成要素を反映する見積り及び仮定を用いる。

2 ┃ 契約書に必要な条項

　前記「1　契約の識別の概要」に記載したように，収益認識会計基準が適用される契約は多岐にわたるが，ここでは，民法555条に基づき売買契約を締結する際に重要になると考えられる契約条項を例示する。

> ・目的物の定め（名称，品番，仕様，数量，品質等）
> ・商品の納品，所有権・リスクの移転

- 代金の支払い
- 有効期間，契約の解除・終了
- その他（知的財産の侵害，瑕疵担保，製造物責任，不可抗力，損害賠償
  等）

　企業が事業として行う顧客との取引においては，通常上記の条項が付された契約書を取り交わすことが通常であると考えられるが，収益認識会計基準に基づく会計処理を検討する際には，その最初のステップとして，収益認識会計基準19項に定める契約の識別の要件を満たすかどうかの判定が必要となる。

　本書の読者は，顧客との契約にどの条項が入っていればこの要件を満たすか，あるいはどのような場合に要件を満たさないかを，法的解釈に当てはめてまで理解する必要はないと考えられる。しかしながら，契約の識別の要件を満たすためにどのような条項が織り込まれているか，どのような条項が会計処理の適用に影響を及ぼすかを理解しておく必要がある。

3 ┃ 会計上の取扱い

　収益認識会計基準19項(1)から(5)の要件を満たす場合，顧客との契約に従い，次節以降で説明するステップ2の履行義務の識別からステップ5の履行義務の充足時点に当てはめて会計処理を行う必要があるが，契約の識別のステップ自体が問題にならないケースも多い。

　ただし，契約に関して実質的に判断した結果が会計処理に影響を及ぼす場合があるため，契約書に記載されている事項だけではなく，顧客とどのような契約を締結しているか，契約内容を深く理解しておくことが実務上重要である。

4 ┃ 契約書を見るときの実務上のポイント

　前記のとおり，契約が収益認識会計基準19項の要件に当てはまるかの判定にあたって，契約書に通常付される契約内容に関するポイントを解説する。

(1) 目的物

> 第〇条　目的
>
> 　本契約に基づき，乙は，甲に商品を継続的に供給し，甲は，商品を継続的に購入するものとし，もって，共同の利益の増進と円滑な取引の維持を図る。

　目的に関する条項は，契約当事者同士が履行を約束した義務の内容を明確にするために必須であると考えられる。収益認識会計基準では，「約束した財又はサービスの顧客への移転を当該財又はサービスと交換に企業が権利を得ると見込む対価の額で描写するように，収益を認識すること」を原則的な考え方としているが，契約書上の「目的物」と，収益認識会計基準における「顧客が提供する財又はサービス」が同義であることは通常であると考えられ，これを定めることは重要である。

　上記は取引基本契約に定められることを想定しているため，乙から甲に供給する商品についての詳細は定めず，個別契約にて別途定めることを想定している。

(2) 商品の納品

> 第〇条　商品の納品
>
> 　甲は商品受領後遅滞なく，甲乙別途協議した検査方法により，商品の数量および内容の検査を行い，合格したものを検収する。

　商品の納品に関する条項は，契約の当事者が役務の履行を確認する方法を定めるものであり重要である。商品の納品確認は，当事者の権利を確認する行為であり，これを確定することは契約の識別の要件の1つである。

　収益認識会計基準では，契約の対象となる資産に対する支配が顧客に移転した時点で収益を認識することになる。

　顧客に対する支配が移転する時点について，商品は「納品確認」，対象物が

不動産の場合は「引渡し」，サービス提供契約の場合は「役務提供の完了」といった時点になると考えられる。

　法的な権利義務の移転を定めた「所有権・リスクの移転」条項とあわせて確認が必要な事項であると考えられる。

(3)　代金の支払い

> **第○条　代金の支払い**
> 　乙は，毎月末日を締め切りとして，甲に納品した商品に関する甲の代金支払総額を通知する。甲は当該代金支払総額を締め切り日の翌月末日に限り，別途乙が指定する方法により支払うものとする。

　代金の支払いに関する条項は，収益認識会計基準19項(3)に定める要件そのものである。収益認識会計基準では，上記のとおり，収益の認識は，財またはサービスに対して企業が権利を得ると見込む対価の額で描写するとされているため，その対価の支払条件を定めることは，収益の認識を行ううえで重要である。

(4)　有効期間

> **第○条　有効期間**
> 　本契約は，○○○○年○月○日より，○年間有効とする。ただし，期間満了の1か月前までに甲乙いずれからも本契約の変更または終了の申入れのない場合には，本契約は同一の条件で自動的に1年間延長され，以降も同様とする。

　契約の有効期間・更新・解除等に関する条項は，契約の効力が及ぶ期間や条件を規定するものであるため，契約の経済的実質や回収可能性を評価する重要な要素の1つであると考えられる。

　ただし，契約書上で契約期間が定められていても，各当事者が相手方に補償することなく「完全に未履行の契約」を解約できる一方的な権利を有している

場合には，同基準の下では契約は存在せず，同基準は適用されない（収益認識会計基準22項）。つまり，契約期間の明示はあっても強制可能な現在の権利義務でなければ契約として識別しない。

(5) その他

　経済的実態および回収可能性を総合的に評価するためには，上記の目的物，引渡し，サービス，支払条件，契約期間等だけでは足りず，契約不適合責任や企業が負うべき義務に関しても考慮する必要がある。

　少しでも傷があると品質基準を満たさず代金が支払われないのであれば，実際に納品した商品の一部分についてしか対価を得ることはできないかもしれず，このような定めは契約書における「目的物」や「納品」とは別に定められるかもしれないためである。

5 契約の識別に関連する実務論点

　収益認識会計基準においては，契約の識別に関連したいくつかの定めがあり，実務上も検討が必要なポイントがある。

(1) 契約の結合

　複数の契約を1つの契約とみなして，収益認識会計基準の各ステップを適用する場合が定められている。

> 27．同一の顧客（当該顧客の関連当事者を含む。）と同時又はほぼ同時に締結した複数の契約について，次の(1)から(3)のいずれかに該当する場合には，当該複数の契約を結合し，単一の契約とみなして処理する。
> 　(1)　当該複数の契約が同一の商業的目的を有するものとして交渉されたこと
> 　(2)　1つの契約において支払われる対価の額が，他の契約の価格又は履

> 行により影響を受けること
>
> (3) 当該複数の契約において約束した財又はサービスが，第32項から第34項に従うと単一の履行義務となること

　すなわち，同一の顧客と同時またはほぼ同時に締結した複数の契約がある場合，それが上記の要件を満たせば，まとめて単一の契約とみなして収益認識会計基準を適用する。特に実務上，1つの目的を達成するためにいくつかの契約が細分化されて締結されることがある。このため，それぞれの契約が同一の取引目的を有しているかを吟味することが実務上のポイントになると考えられる。例えば，得意先との契約交渉の経緯や社内での決裁申請といった実務的な理由から，契約は複数に分かれているものの，同一の目的を達成するために締結されたものであるかを検討することがポイントになる。

　反対に，それぞれ上記の要件を満たさないのであれば，別個の契約としてそれぞれの契約に対して収益認識会計基準を適用することになる。また，単一の契約においても複数の履行義務が束ねられているケースもあり，この場合は単一の契約から複数の履行義務が識別されることになる。この点は，第2節で説明する。

　収益認識会計基準は，契約の結合に関して実務的な面も考慮し，重要性の乏しい場合の代替的な取扱いを定めている。

　具体的には，①顧客との個々の契約が当事者間で合意された取引の実態を反映する実質的な取引の単位であると認められること，②顧客との個々の契約における財またはサービスの金額が合理的に定められていることにより，当該金額が独立販売価格と著しく異ならないと認められること，という要件を満たす場合には，複数の契約を結合しないことが認められている（収益認識適用指針101項）。

(2)　契約の変更に関する論点

　実務においては，当初契約していたサービスに新たなサービスを追加したり，当初契約していた価格を変更したりするなど，当初の契約が変更されるケース

もある。収益認識会計基準上，契約変更を，既存の契約を解約して新しい契約を締結したものと考えるのか，既存の契約の一部であると考えるのか等によって，会計処理が異なってくる。

　以下に，それぞれのパターンに基づく契約の変更の会計処理を例示する。本書の読者においては，契約変更により追加される財またはサービスは何であるか，その追加による対価の増額について，追加された財またはサービスの独立販売価格で説明できるか，が留意すべきポイントとなる。

① 既存の契約を解約して新たに契約を締結したと判断するケース

設例 2 - 1

　A社とB社は×1年1月に下記の条件で商品販売契約を締結した。

商品	契約金額	独立販売価格	引渡日
製品X	1,200	1,000	×1年6月
製品Y	800	1,000	×2年1月

　契約合計対価2,000を独立販売価格の比で按分するため，独立販売価格に基づき製品Xの引渡し時に1,000，製品Yの引渡し時に1,000を売上計上する。

　×1年12月に契約変更により製品Zを引き渡す約束を追加した。

商品	契約金額	独立販売価格	引渡日
製品Z	200	1,000	×2年6月

　製品変更契約の一部として約束された対価は未履行の約束である製品Y，製品Zの独立販売価格の比と異なっているため，対価の合計を製品Y，製品Zの独立販売価格の比である500にてそれぞれの製品の引渡し時に売上計上する。

　上記設例において，A社がB社に製品X，製品Yを販売する契約を締結しているが，製品Yの引渡し前に契約変更により製品Zの販売を追加する契約に変更されている。それに伴う対価の増加額が製品Zの独立販売価格の増加額を反映していない場合，既存の契約を解約して新しい契約を締結したものと仮定して処理するものと考えられる。すなわち，製品Yと製品Zを販売する契約を締

結したものと仮定し，契約金額1,000（＝製品Ｙ800＋製品Ｚ200）を，それぞ
れの独立販売価格である1,000ずつで按分し，500ずつの売上を計上する。

②　契約変更を既存の契約の一部であると判断するケース

設例 2 - 2

×1年度に下記の条件で建物建設のための工事請負契約を締結した。

対象	契約金額	完成割増金	割増金支払条件
建物	1,000,000	400,000	24か月以内に工事が完成した場合

変動対価の額に関する不確実性が事後的に解消される時点までに，計上された収
益の著しい減額が発生しない可能性が高いとは判断できないため，400,000千円の
割増金は取引価格に含めないこととした。

×1年度末の工事進捗度は50％であり，下記の仕訳を計上した。

（借）契　約　資　産　　　　500,000　（貸）工　事　収　益　　　　500,000

×2年度に建物の間取りを変更することにしたため，契約変更により下記の条件
に変更した。

対象	契約金額	完成割増金	割増金支払条件
建物	1,200,000	400,000	48か月以内に工事が完成した場合

変動対価の額に関する不確実性が事後的に解消される時点までに，計上された収
益の著しい減額が発生しない可能性が高いと判断し，割増金も取引価格に含めるこ
ととした。

×2年度末の工事進捗度は80％であった。また，下記の仕訳を計上した。

（借）契　約　資　産　　　　780,000　（貸）工　事　収　益　　　　(※)780,000

（※）　(1,200,000＋400,000)×80％－500,000＝780,000

上記設例における工事請負契約について，事後の仕様変更等に基づき対価の
金額が増額し，それが別個の履行義務でないと判断された場合，契約変更日に
おいて変更後の進捗度や取引価格に基づき，収益の額を累積的に変更すること

になる。

③ 未だ移転していない財またはサービスが①および②の両方を含む場合

　契約変更が変更後の契約における未充足の履行義務に与える影響を，それぞれ①または②の方法に基づき処理する。

　契約変更のパターンは実務的にも判断が難しいことが多いため，図表2－1－1のフローチャートも参照されたい。

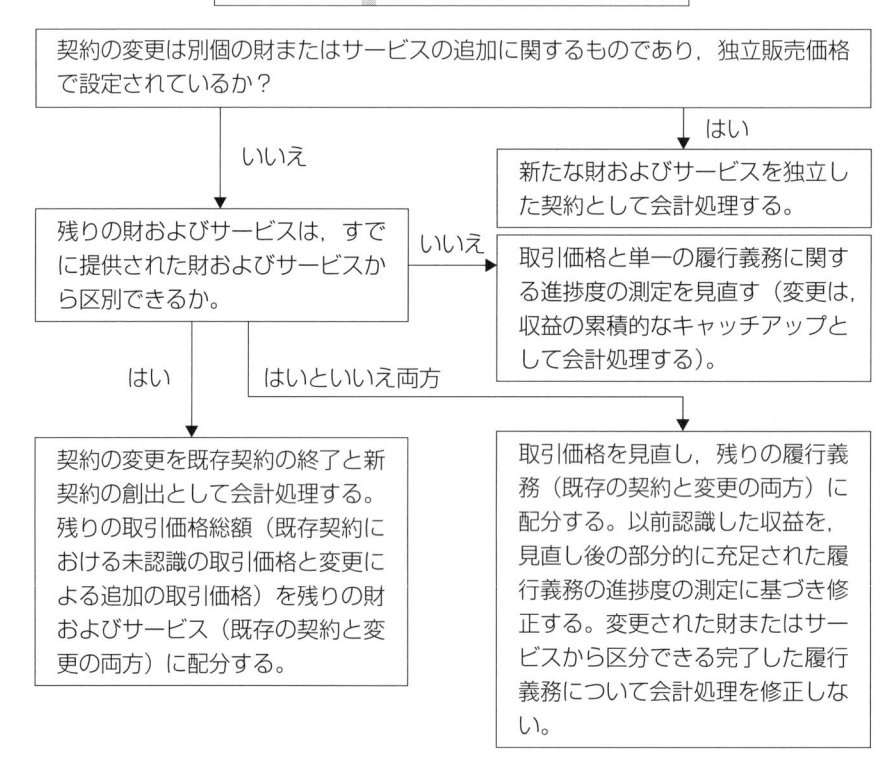

図表2－1－1　（参考）契約変更の会計処理図

契約の変更は別個の財またはサービスの追加に関するものであり，独立販売価格で設定されているか？

いいえ

はい

新たな財およびサービスを独立した契約として会計処理する。

残りの財およびサービスは，すでに提供された財およびサービスから区別できるか。

いいえ

取引価格と単一の履行義務に関する進捗度の測定を見直す（変更は，収益の累積的なキャッチアップとして会計処理する）。

はい

はいといいえ両方

契約の変更を既存契約の終了と新契約の創出として会計処理する。残りの取引価格総額（既存契約における未認識の取引価格と変更による追加の取引価格）を残りの財およびサービス（既存の契約と変更の両方）に配分する。

取引価格を見直し，残りの履行義務（既存の契約と変更の両方）に配分する。以前認識した収益を，見直し後の部分的に充足された履行義務の進捗度の測定に基づき修正する。変更された財またはサービスから区分できる完了した履行義務について会計処理を修正しない。

第2節　履行義務の識別

1 | 概　　要

(1)　履行義務の識別

　収益認識会計基準は，収益認識の基本原則を「約束した財又はサービスの顧客への移転を当該財又はサービスと交換に企業が権利を得ると見込む対価の額で描写するように，収益を認識することである」(収益認識会計基準16項) とし，契約の識別，履行義務の識別，取引価格の算定，履行義務への取引価格の配分，履行義務の充足による収益の認識からなる5つのステップを適用することで，基本原則に従って収益を認識することを求めている。履行義務の識別は，5つのステップのうちの2番目のステップである。

　履行義務とは，顧客との契約において，①別個の財またはサービス，②一連の別個の財またはサービスのいずれかを顧客に移転する約束をいう (収益認識会計基準7項)。収益はこの履行義務の単位において計上されることになる。

　例えば，商品を販売する約束とその販売した商品のアフターサービスを実施する約束が1つの売買契約書において定められていた場合，これらを別個の履行義務として識別すべきかを検討する必要がある。

図表2-2-1　履行義務

①	別個の財またはサービス（あるいは別個の財またはサービスの束）
②	一連の別個の財またはサービス（特性が実質的に同じであり，顧客への移転のパターンが同じである複数の財またはサービス）

(2)　履行義務の例示

　履行義務の例示として次のものが挙げられる (収益認識会計基準129項)。

- 企業が製造した財の販売（例えば，製造業者の製品）
- 企業が購入した財の再販売（例えば，小売業者の商品）
- 企業が購入した財またはサービスに対する権利の再販売（例えば，企業が再販売するチケット）
- 契約上合意した顧客のための作業の履行
- 財またはサービスを提供できるように待機するサービス（例えば，利用可能となった時点で適用されるソフトウェアに対する不特定のアップデート）あるいは顧客が使用を決定した時に顧客が財またはサービスを使用できるようにするサービスの提供
- 財またはサービスが他の当事者によって顧客に提供されるように手配するサービスの提供（例えば，他の当事者の代理人として行動すること）
- 将来において顧客が再販売する，またはその顧客に提供することができる財またはサービスに対する権利の付与（例えば，小売店に製品を販売する企業が，当該小売店から製品を購入する個人に追加的な財またはサービスを移転することを約束すること）
- 顧客に代わって行う資産の建設，製造または開発
- ライセンスの供与
- 追加の財またはサービスを取得するオプションの付与（当該オプションが重要な権利を顧客に提供する場合）

　これらの履行義務は，小売業者における商品の販売のように単独で履行義務として成立するものもあれば，建設業のように建物の設計および建設を合わせて顧客に財またはサービスを移転する場合もあり，複数の財またはサービスがまとまって単一の履行義務として成立するものもある。

　また，ソフトウェア業におけるソフトウェアの年間保守サービスのように，顧客に対して実質的に特性が同一のサービスを毎月提供するものもあり，全体を一連の財またはサービスとして，単一の履行義務となる場合もある。

　契約を履行するための活動は，当該活動により財またはサービスが顧客に移転する場合を除き，履行義務とならない。例えば，サービスを提供する企業が契約管理活動を行う場合には，当該活動によりサービスが顧客に移転しないた

め，当該活動は履行義務ではない（収益認識適用指針4項）。

　なお，重要性が乏しい細かな履行義務まで識別するとなると，過度の実務上の負担となることが考えられる。そのため，約束した財またはサービスが顧客との契約の観点で重要性が乏しい場合には，当該約束した財またはサービスが履行義務であるかについて評価しないことができるという代替的な取扱いが認められている（収益認識適用指針93項）。この点，実務上は留意しておきたい。

2 | 契約書に必要な条項

　契約書において，1(2)の履行義務の例示に示されたような履行義務が明示されていることが望まれる。建設業法における工事請負契約書など業法による規制がある契約書もあるが，通常，売買基本契約であれば売買契約の対象物，業務委託契約であれば委託業務の内容が記載されているものと思われる。しかし，契約書がない場合であっても注文書，注文請書ならびに約款等において履行義務が記載されていることも多く，履行義務の識別の検討にあたっては契約書以外も確認すべきである。その他，履行義務を明らかにするうえで商慣習も考慮すべきと考えられる。

図表2-2-2　契約書で見るべきポイント

種　類	内　容
売買基本契約 動産売買契約 不動産売買契約　　　　　など	売買契約における対象物
業務委託契約 システム開発委託契約 コンサルティング契約　　　など	委託契約における業務内容

3 会計上の取扱い

(1) 履行義務の識別単位

　履行義務を識別するために，各財またはサービスが別個のものであるかを判定する必要がある。この判定にあたっては次の観点から検討を行い，いずれの要件も満たす場合には別個の履行義務となる（収益認識会計基準34項）。

図表2-2-3　履行義務の識別要件

個々の財またはサービスの観点	当該財またはサービスから単独で顧客が便益を享受することができること，あるいは，当該財またはサービスと顧客が容易に利用できる他の資源を組み合わせて顧客が便益を享受することができること。
契約の観点	当該財またはサービスを顧客に移転する約束が，契約に含まれる他の約束と区分して識別できること。

① 個々の財またはサービスの観点

　個々の財またはサービスが，財またはサービスの使用，消費，あるいは廃棄における回収額より高い金額によって売却を行うことができる場合や，経済的便益を生じさせるその他の方法によって財またはサービスを保有することができる場合に，別個のものであると判断される可能性がある（収益認識適用指針5項）。

　すなわち，顧客が財またはサービスから単独で経済的便益を得られるか，あるいは，顧客が容易に利用できる他の資源と組み合わせることで経済的便益を得られるかという観点で判断する。

② 契約の観点

　財またはサービスを顧客に移転する約束が契約に含まれる他の約束と区分して識別できるかの判断は，当該約束の性質が，「契約」において，当該財またはサービスのそれぞれを個々に移転するものか，あるいは，当該財またはサー

ビスをインプットとして使用した結果生じる結合後のアウトプットを移転する
ものかを判断基準する（収益認識適用指針 6 項）。

　例えば，第 1 節 **5(1)** で述べた複数の契約を束ねるケースとは反対に，実務上，
個々の財またはサービスについて別々に交渉を進めていたものが最終的に単一
の契約書としてまとめられたような場合，複数の履行義務が束ねられている可
能性があることから，それぞれ別個の履行義務を識別すべきかを検討する必要
があると考えられる。

　なお，契約において，財またはサービスを顧客に移転する約束が別個のもの
であるかの判断においては，財またはサービスを移転する義務の履行に係るリ
スクが，他の財またはサービスを移転する約束に係るリスクと区分できるかが
判断の基礎となる（収益認識適用指針112項）。

　一方で，財またはサービスを顧客に移転する複数の約束を区分できないこと
を示す指標として次の要因がある（収益認識適用指針 6 項）。実務上，契約書
の分析にあたっては，まずはこの要因の観点から検討を進めることになると思
われる。

---

① **重要な財またはサービスが統合されていること**

　当該財またはサービスをインプットとして使用し，契約において約束し
ている他の財またはサービスとともに，顧客が契約した結合後のアウト
プットである財またはサービスの束に統合する重要なサービスを提供して
いる場合である。

② **著しい修正やカスタマイズが行われていること**

　当該財またはサービスの 1 つまたは複数が，契約において約束している
他の財またはサービスの 1 つまたは複数を著しく修正する，または顧客仕
様のものとするか，あるいは他の財またはサービスによって著しく修正さ
れる，または顧客仕様のものとしている場合である。

③ **相互依存性，相互関連性が高いこと**

　当該財またはサービスの相互依存性または相互関連性が高く，当該財ま
たはサービスのそれぞれが，契約において約束している他の財またはサー
ビスの 1 つまたは複数により著しく影響を受ける場合である。

(2) 製品の販売契約のケース

以下，具体的な契約書の内容をもとに該当する事案を説明する。

第○条　売買の内容
　甲（小売業者）は，乙（顧客）に対して業務用エアコンを譲渡する。これに付随して次のサービスの提供を実施する。
　1．業務用エアコンの配送
　2．据付サービスの提供

業務用エアコンは甲独自の仕様のものではなく，どこの小売業者でも販売しており，単独で稼働できる。また，配送作業は標準的なものであり，業務用エアコンに必要な据付サービスも複雑なものではなく，同業他社もこれらのサービスを提供している。

① 個々の財またはサービスの観点

契約書の内容からは，業務用エアコンの販売，業務用エアコンの配送，据付サービスの提供という約束が存在することから，まずこれらが別個のものであるかを判断する必要がある。

甲は，業務用エアコンの使用または廃棄における回収額より高い金額で業務用エアコンを売却することで便益を享受することができる。また，業務用エアコンの配送作業や据付サービスは同業他社によっても提供されているものであり，乙以外にも提供できるものである。すなわち，単独で便益を享受できている。

したがって，個々の財またはサービスの観点からは，これらの約束は別個のものとして識別しうるものであると判断できる。

② 契約の観点

契約の観点から，業務用エアコンの販売，業務用エアコンの配送，据付サービスの提供という約束が，契約に含まれる他の約束と区分して識別できるかを判定する。

　最初に「重要な財またはサービスが統合されているか」という要因についてである。この点，甲は，業務用エアコンを引き渡し，その後に据え付けることを約束していることから，業務用エアコンを移転する約束を，その後に設備を据え付ける約束とは別に履行することができる。つまり，甲の約束は，業務用エアコンと据付サービスを結合後のアウトプットに統合することではなく，重要な統合サービスを提供していないと考えられる。

　次に「著しい修正やカスタマイズが行われているか」という要因についてである。この点，標準的な作業であることから甲の配送作業や据付サービスによって，業務用エアコンを著しく修正するまたは顧客仕様のものとするものではないことは明らかである。

　最後に「相互依存性および相互関連性が高いか」という要因についてである。乙は，業務用エアコンに対する支配を獲得した後にのみ据付サービスから便益を享受することができるものの，甲は，業務用エアコンを移転する約束を，配送作業や据付サービスを提供する約束とは別に履行できるため，配送作業や据付サービスは業務用エアコンに著しい影響を与えるものではない。業務用エアコンと配送作業や据付サービスは，それぞれ他方に対し著しい影響を与えないため，相互依存性および相互関連性は高くないと考えられる。

③　履行義務の識別単位

　以上から，これらのサービスは契約の観点からも別個のものとして識別しうると判断できる。上記の判断に基づき，当該契約では業務用エアコンの販売，業務用エアコンの配送，据付サービスについて履行義務を識別する。

(3)　重要な財またはサービスの統合が検討対象となるケース

　重要な財またはサービスが統合され複数の約束を区分できるかを検討すべき契約書を確認する。

第〇条　委託業務の内容
　　甲（顧客）は，乙（建設会社）に対して以下各号の業務の全部を委託し，

乙はこれを受託する。
1. マンション建設の設計
2. マンション建設の基礎工事
3. マンション建設の材料調達
4. マンション設備の据付け
5. マンション建設のプロジェクトの全般管理

　乙は，建設会社であり，これらのマンション建設に関する業務全般を甲以外の顧客に対して日常的に独立して提供している。また，同業他社によってこれらのサービスは日常的に提供されている。

①　個々の財またはサービスの観点

　契約書における委託業務の内容からは，マンション建設の設計，マンション建設の基礎工事，マンション建設の材料調達，マンション設備の据付け，マンション建設のプロジェクトの全般管理という約束が存在することから，まずこれらが別個のものであるかを判断する必要がある。

　この点，乙が受託した，マンション建設の設計，マンション建設の基礎工事，マンション建設の材料調達，マンション設備の据付け，マンション建設のプロジェクトの全般管理は，他の建設業務でも実施できるような標準的な業務である限り，甲はそれぞれのサービスを使用，消費，売却することで，それぞれ経済的便益を生み出すことができると考えられる。

　また，甲は，これらのサービスを甲が容易に利用できる他の資源と組み合わせても経済的便益を享受することができると考えられる。

　したがって，個々の財またはサービスの観点からは，これらの約束は別個のものとして識別しうるものであると判断できる。

②　契約の観点

　しかし，契約の観点からは，これらのマンション建設の設計，マンション建設の基礎工事，マンション建設の材料調達，マンション設備の据付け，マンション建設のプロジェクトの全般管理という約束はそれぞれ単独での履行義務とは

ならないと考えられる。なぜなら，甲と乙はマンションの建設という目的で契約を締結しており，個々の約束のみではマンションの建設という目的を果たすことはできないからである。

すなわち，マンション建設の設計，マンション建設の基礎工事，マンション建設の材料調達，マンション設備の据付け，マンション建設のプロジェクトの全般管理をそれぞれインプットとして使用し，それぞれの約束が束になって，アウトプットである建設されたマンションを提供することになるものであり，個々の約束のみでは目的を達成できない。

したがって，これらの約束は束として統合するサービスになると考えられる。

③　履行義務の識別単位

以上のことから，当該契約書からは，契約の観点からの要件を満たすことにはならず，個々の財またはサービスの観点および契約の観点の両方の要件を満たすものではない。したがって，契約書に記載された履行義務は別個のものとして識別するのではなく，すべてを単一の履行義務として識別することになると考えられる。

(4)　著しい修正やカスタマイズが検討対象となるケース

次に，著しい修正やカスタマイズが行われ複数の約束を区分できるかを検討すべき契約書を確認する。

第○条　委託業務の内容

甲（顧客）は，乙（ソフトウェア開発業者）に対して以下各号の業務の全部を委託し，乙はこれを受託する。

1．ソフトウェアの開発

2．インストール・サービス（甲が利用するソフトウェアとのインターフェースを可能とする新機能の追加を含む）

3．オンラインや電話によるテクニカル・サポート（契約締結時から2年間）

　乙は，ソフトウェアの開発，インストール・サービス，およびテクニカル・サポートをそれぞれ独立して提供している。インストール・サービスには，利用者である甲の使用目的（例えば販売，在庫管理，情報技術）に応じてウェブ画面を変更することが含まれている。また，当該ソフトウェアはテクニカル・サポートがなくても機能し続けるものである。

①　個々の財またはサービスの観点

　契約書における委託業務の内容からは，ソフトウェアの開発，甲の利用するソフトウェアとのインターフェースを可能とする新機能の追加を含むインストール・サービス，契約締結時から2年間のオンラインや電話によるテクニカル・サポートという約束が存在することから，まずこれらが別個のものであるかを判断する必要がある。

　ソフトウェアの開発の成果物自体は，顧客である甲に対してインストールする前であっても引き渡すことができ，テクニカル・サポートがなくても機能し続けることができるものである。よって，単独で経済的便益を享受できるものである。

　また，譲渡日に移転されるソフトウェアの開発の成果物と，その後のインストール・サービスやテクニカル・サポートを組み合わせることによっても，甲は経済的便益を享受することができる。

　よって，甲は，乙が財またはサービスのそれぞれから単独で，あるいは甲が容易に利用できる他の資源と組み合わせて経済的便益を享受することができるものと考えられる。以上から，個々の財またはサービスの観点からはこれらの約束は別個のものとして識別しうるものであると判断できる。

②　契約の観点

　次に，契約の観点から，開発されたソフトウェアの譲渡と甲が利用するソフトウェアとのインターフェースを可能とする新機能の追加を含むインストール・サービス，契約締結時から2年間のオンラインや電話によるテクニカル・サポートという約束が，契約に含まれる他の約束と区分して識別できるかを判定する。

契約条件により，インストール・サービスの履行によって，乙によって開発されたソフトウェアを，既存の甲のソフトウェアに統合する重要なサービスを提供する約束が生じている。すなわち，甲は，乙によって開発されたソフトウェアおよび甲仕様とするインストール・サービスを，契約に定められた結合後のアウトプット（すなわち，機能的かつ統合されたソフトウェア・システム）を生み出すためのインプットとして使用している。

また，開発されたソフトウェアはインストール・サービスによって甲の使用するソフトウェアとインターフェースできるよう甲仕様に修正されている。そのため，ソフトウェアの譲渡とそのインストール・サービスは，ソフトウェア・カスタマイズとして一体となって経済的便益とリスクを構成するものと考えられる。また，ソフトウェアはインストール・サービスによって著しく影響を受けるものであるから，相互依存性も高い。よって，インストール・サービスは契約上別個のものとはならないと考えられる。

一方で，テクニカル・サポートを提供する約束はそれぞれ独立して履行することができる。また，ソフトウェアは，テクニカル・サポートがなくても利用できるものであり，これらのサービスは互いに著しい影響を与えない。よって，相互依存性および相互関連性は高くないと考えられる。以上から，テクニカル・サポートは契約の観点からも別個のものとして識別しうると判断できる。

③　履行義務の識別単位

当該契約書からは，ソフトウェア・ライセンスの移転と甲仕様とする新機能の追加を含むインストール・サービスは，ソフトウェア・カスタマイズとして履行義務を識別し，ソフトウェア・アップデートおよびテクニカル・サポートはそれぞれ単一の履行義務として識別することになると考えられる。

(5)　相互依存関係が検討対象となるケース

最後に相互依存性，相互関連性が高いことを検討すべき契約書を確認する。

> 第○条　売買物件
>
> 　甲は乙に対し，次の物件を売り渡すものとする。
>
> 　1．除菌機器X
>
> 　2．除菌機器X仕様の除菌液Yの3年間の提供

　なお，消耗品である除菌液Yは甲だけが製造しているものの，他社にも販売しており，独立して販売されているものである。

①　個々の財またはサービスの観点

　契約書における委託業務の内容からは，除菌機器Xの販売，除菌機器X仕様の除菌液Yの3年間の提供という約束が存在することから，まずこれらが別個のものであるかを判断する必要がある。

　除菌液Yは，甲により日常的に独立して販売されている。このため，乙は，除菌液Yを容易に利用することができ，除菌機器Xと組み合わせることにより，除菌機器Xから便益を享受することができる。つまり，乙は，契約に基づき当初において乙に引き渡された除菌機器Xと組み合わせることにより，契約に基づき3年にわたり引き渡される除菌液Yから便益を享受することができる。

　したがって，個々の財またはサービスの観点からは，これらの約束は別個のものとして識別しうるものであると判断できる。

②　契約の観点

　最初に「重要な財またはサービスが統合されているか」という要因についてである。この点，除菌機器Xと除菌液Yは，単独で利用または販売できるものであり，結合後のアウトプットに変換する重要な統合サービスを提供していないと判断されることを考慮すると，除菌機器Xと除菌液Yは，この契約における結合後のアウトプットのもととなるインプットとはいえない。

　次に「著しい修正やカスタマイズが行われているか」という要因についてである。この点，除菌機器Xと除菌液Yは単独でも販売されているものであり，他方を著しく修正する，または顧客仕様のものとするものではない。

　最後に「相互依存性および相互関連性が高いか」という要因についてである。

乙がこの契約において除菌液Yから便益を享受することができるのは，除菌機器Xに対する支配を獲得した後のみである。また，契約における約束を，それぞれを他方の約束と独立して履行することができる。すなわち，甲は，仮に乙が除菌液Yを購入しなかったとしても除菌機器Xを移転する約束を履行することができ，また，仮に乙が除菌機器Xを他の業者から別に取得したとしても，甲は除菌液Yを提供する約束を履行することができる。そのため，除菌液Yは除菌機器Xを機能させるために必要なものではあるが，除菌機器Xと除菌液Yはそれぞれ互いに著しい影響を与えない。

　よって，除菌機器Xと除菌液Yは互いに著しい影響を与えないため，これらの相互依存性および相互関連性は高くないと考えられる。

③　履行義務の識別単位

　この契約書からは，除菌機器Xの販売，除菌機器X仕様の除菌液Yの3年間の提供は，それぞれ単一の履行義務として識別することになると考えられる。

4 ┃ 契約書を見るときの実務上のポイント

(1)　保守サービス

> 第○条　保守サービス
> 　甲は，乙に対し，本件ソフトウェアの運用または使用に関する技術サービスおよび本件ソフトウェアの動作不良に対する技術サービスを行わせることができる。

　ソフトウェア開発の受託契約等で行われる販売後の保守サービスについて，別個の履行義務とすべきか注意を要する。これまで述べたとおり，契約の観点からは別個の履行義務として識別される可能性が高いが，例えば，保守サービスも乙使用となっている高度にカスタマイズされたソフトウェアに対して，専門的知識や技能を有した技術者でなければ保守サービスを請け負うことはできないといった特殊な事情がないかを慎重に検討することが求められる。

(2) 出荷・配送

第○条　売買の内容

　甲（小売業者）は，乙（顧客）に対して業務用エアコンを譲渡する。これに付随して次のサービスの提供を実施する。

　1．業務用エアコンの配送

　2．据付サービスの提供

　製品，商品の販売とともに行われる出荷や配送について，別個の履行義務とすべきか注意を要する。これは，通常，上記3(2)で述べたように別個の履行義務として識別される。

　ただし，代替的な取扱いとして，顧客が商品または製品に対して支配を獲得した後に行うこれらの出荷および配送活動は，これを履行義務として識別することの実務上のコストを勘案し，履行義務として識別しないことも会計処理の選択として認めている点に実務上留意しておきたい（収益認識適用指針94項，167項）。

第3節　本人・代理人の区分

1 概　要

(1) 本人・代理人取引の概要

　企業が顧客に財またはサービスを提供する際に，企業と顧客以外の他の当事者が関与している場合がある。例えば，他の当事者が製造した製品を企業が仕入れて顧客に販売する場合や，顧客へあるサービスを提供する場合にそのサービスの提供を他の当事者に依頼するような場合である。

　収益認識会計基準は，このような場合に，顧客との約束の性質を評価したうえで，企業がこれらの取引において「本人」または「代理人」のいずれとして行動しているのかを判断することを求めている。

　つまり，顧客への財またはサービスの提供に他の当事者が関与している場合において，顧客との約束が財またはサービスを企業自らが提供する履行義務であると判断され，企業が本人に該当するときには，収益を総額で計上することになるが，顧客との約束が財またはサービスを他の当事者によって提供されるように企業が手配する履行義務であると判断され，企業が代理人に該当するときには，収益を代理業務に関する手数料として純額で計上することになる。

図表 2 - 3 - 1　本人・代理人取引

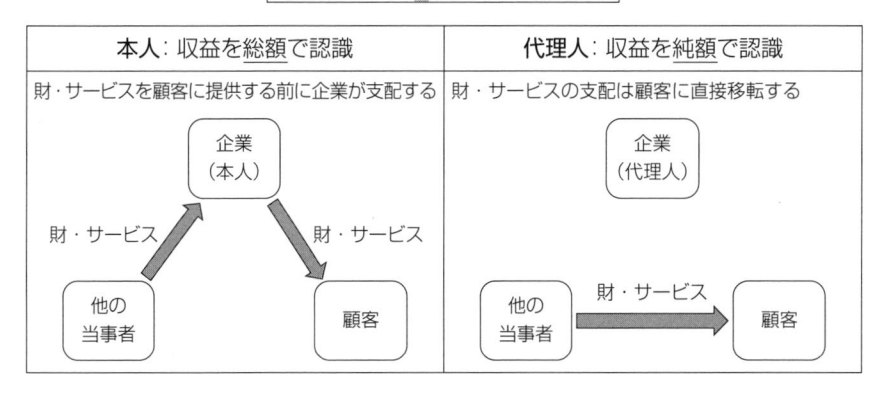

　なお，自ら財を製造する場合またはサービスを提供する企業が当該財またはサービスに対する支配を顧客に移転する場合には，当該企業は明らかに本人に該当するため，本人と代理人の区分を判定しないとされている（収益認識適用指針135項）。

(2)　本人と代理人の区分の判定の考え方

　本人と代理人の区分の判定は，顧客に約束した特定の財またはサービスのそれぞれについて行われる。顧客との契約に複数の特定の財またはサービスが含まれている場合には，一部の特定の財またはサービスについて本人に該当し，他の特定の財またはサービスについて代理人に該当する可能性もある（収益認識適用指針41項）。

　本人と代理人のどちらに該当するかの判断にあたり，企業は顧客に提供する財またはサービスを識別し，それが顧客に提供される前に企業が支配しているかを判断することとなる（収益認識適用指針42項）。これは，企業が本人として行動，すなわち財またはサービスを自ら提供するためには，当該財またはサービスを顧客に提供する前にまず支配していなければならないと考えられるためである。

　なお，支配とは，企業が財またはサービスの使用を指図し，当該財またはサービスからの残りの便益のほとんどすべてを享受する能力を有していることをいう（収益認識会計基準37項）。例えば，企業が顧客以外の当事者に対して財またはサービスを提供されるように指示することができる，または，それを自ら使用できる場合，企業は当該財またはサービスを支配していると考えることができる。

　この支配の移転を検討する際には，例えば，図表2-3-2の指標を考慮するとされている（収益認識会計基準40項）。

図表2-3-2	支配の移転の指標

①	企業が顧客に提供した資産に対する対価を収受する現在の権利を有していること
②	顧客が資産に対する法的所有権を有していること
③	企業が資産の物理的占有を移転したこと
④	顧客が資産の所有に伴う重大なリスクを負い，経済価値を享受していること
⑤	顧客が資産を検収したこと

　加えて，当該支配の定義を満たしているかどうかの判断が必ずしも容易ではないことから，収益認識適用指針47項では，当該支配の有無を判断するために考慮する3つの指標の例を示している。

　本人として財またはサービスを自ら提供しているのか，あるいは代理人として他の当事者によって提供されるように手配しているのかを判定するために，具体的には図表2-3-3の手順に従って判断を行うことになる。

図表2-3-3	本人か代理人かの評価プロセス

顧客に提供すべき特定された財またはサービスを識別する

↓

それぞれの特定された財またはサービスを，顧客に移転される前に企業が支配しているか

この分析の一環として，支配の定義（収益認識会計基準37項）を考慮することを要求される。また，追加的な手助けとして，支配の移転の指標（図表2-3-2）を考慮することが有用となる場合がある

支配の定義を考慮した後，企業が特定された財またはサービスを支配しているか否かが明確ではない場合，追加的な手助けとして本人の指標（収益認識適用指針47項）を考慮する

- ☑ 企業が約束の履行に対して主たる責任を有している
- ☑ 企業が顧客への移転前または移転後に在庫リスクを有している
- ☑ 企業が価格の設定において裁量権を有している

　　はい↓　　　　いいえ↓

本人として収益を総額で認識する　　代理人として収益を純額で認識する

(3) 本人・代理人に関連する契約

本人・代理人の判定における支配の指標の判断においては，顧客との契約のみでなく，他の当事者との契約内容も考慮して判断されることになるため，それぞれの契約書の条項がどのようなものとなっているか，把握する必要がある。

この前提として，企業が顧客や他の当事者との関係で，どのような法的行為を行っているのかは，本人・代理人の判定の考え方と密接に関わるものであるため，ここで商品の売買を具体例とし，契約形態の分類の整理を行う。

例えば，ある商品を顧客に販売する際に，ある企業が，売買契約の当事者となるのか，販売の委託を受けて顧客へ販売を行うのか，または他の企業の代理行為を行うのか，といった法的行為により以下の関係が整理される。

図表2-3-4　契約形態の分類

No.	契約形態	内　容
①	独立した売買契約	企業は，他の当事者から売買契約を締結することにより財を購入し，さらに顧客と売買契約を締結したうえで財の販売を行う。
②	委託販売契約（取次）	企業は，他の当事者から財を顧客に販売することの委託を受け，顧客と売買契約を締結したうえで財の販売を行う。
③	代理契約	他の当事者と顧客との間で売買契約が締結され，企業は他の当事者の代理人として財を顧客に移転する。

それぞれの契約形態における当事者の関係は以下のようになる。

① 独立した売買契約の法的関係

売買契約とは，当事者の一方が一定の財産権を相手方に移転することを約し，相手方がこれに対してその代金を支払うことを約する契約をいう（民法555条）。

独立した売買契約を締結する場合，それぞれの契約に基づいて他の当事者から企業，企業から顧客へ商品の所有権が移転することになるため，企業は本人

として行動していることが通常は想定される。ただし，独立した売買契約が締結されていても所有権を瞬間的にしか獲得していない場合もあり，契約条件から取引の実態を考慮すると，企業が代理人に該当する場合もあり得ることから，双方の契約条件に照らして，本人・代理人の判定を判断することが必要になる場合がある。

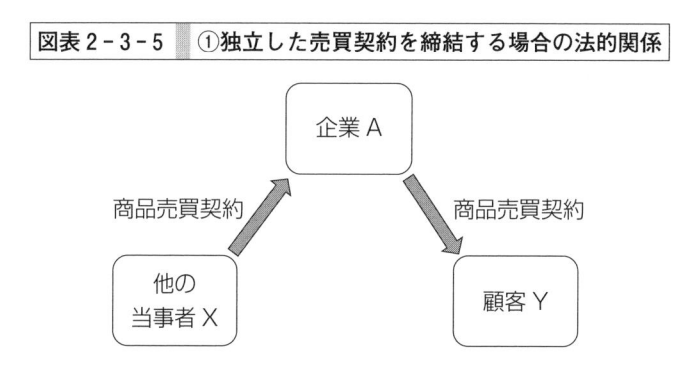

図表2-3-5　①独立した売買契約を締結する場合の法的関係

②　委託販売契約の法的関係

委託販売契約は，民法上は準委任契約に該当し，当事者の一方が一定の事務をすることを相手方に委託し，相手方がこれを受託する契約をいう（民法656条）。

委託販売契約においては，販売の委託を受けた企業は顧客に対し，商品を自己の名義をもって販売するため，自ら契約の当事者として顧客との間で売買契約を締結することになる。このため，顧客に対して一次的に責任を負う外観を有するが，それが主たる責任に該当するかは，委託者の最終的な責任も含めて判断される。また，一般に販売の委託を受けた企業は在庫リスクや価格裁量権を保有しておらず，通常は代理人に該当することが考えられる。

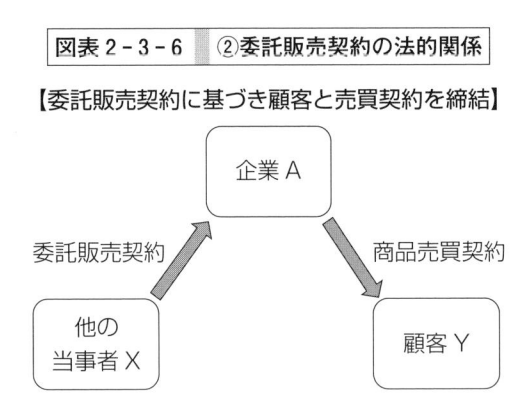

図表2-3-6　②委託販売契約の法的関係

【委託販売契約に基づき顧客と売買契約を締結】

③　代理契約の法的関係

代理とは，本人に代わって別の者が意思表示をし，その効果を本人に帰属させることをいう（民法99条）。

代理契約の場合，他の当事者と顧客との間で売買契約が締結され，企業は他の当事者の代理人として財を顧客に移転する。

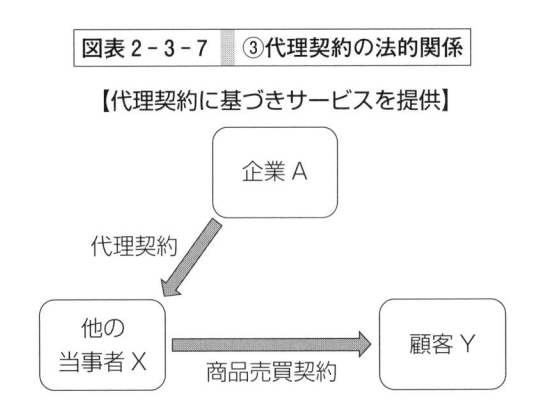

図表2-3-7　③代理契約の法的関係

【代理契約に基づきサービスを提供】

企業と他の当事者との間の法的な関係が代理契約であるときは，企業が代理人であることが明らかと考えられるが，企業と他の当事者との関係が売買契約であったとしても，その契約実態は委託や代理と実質的に同等な関係になっている場合があり，収益認識会計基準等が示す支配の指標に照らして判断する必

要が生じるものとなる。

　このため，本節では，商品売買契約に係る内容を中心に解説する。

　なお，肝要なのは，本人・代理人取引の判定は，その取引の経済的実態から判断されるものであり，契約書の文言が単に代理契約や委託販売契約ではないことから本人と判定するといった形式的な判断がされるものではなく，契約条項から他の当事者とどのような経済関係があるのかを判断する必要があることに留意する必要がある。

2 ｜ 契約書に必要な条項

　代表的な契約形態として商品の売買契約を取り上げるが，商品の売買取引は，売主が買主に，ある仕様・品質・数量等の商品を販売・供給することを，両当事者が合意することで成立する。商品売買契約を締結するにあたり作成される契約書には，第1節**2**のようにさまざまな条項があるが，支配の有無の判定指標を検討する際に関連する条項を例示すると，図表2-3-8のようになる。

図表 2 - 3 - 8　売買契約書に必要な条項

No.	支配の有無の判定指標	関連する条項の例示
①	主たる責任	目的，取引条件
		品質規格
		契約不適合責任
		製造物責任
		損害賠償
②	在庫リスク	商品の引渡し，検収
		危険負担
		返品条項
③	価格裁量権	代金の支払い
		価格設定の条項

独立した売買契約を締結する場合，それぞれの契約に基づいて他の当事者から企業，企業から顧客へ商品の所有権が移転することになる。ただし，契約条件から取引の実態を考慮すると，企業が代理人に該当する場合もあり得ることから，企業と顧客との契約だけでなく，企業と他の当事者の契約の双方の契約条件に照らして，本人・代理人の判定を判断することが重要となる。

3 ▮ 会計上の取扱い

収益認識会計基準においては，企業が本人に該当するのか，または代理人に該当するのかによって，収益を総額で表示するのか，純額で表示するのかが決定し，認識する収益の額が大きく異なることになる。

> ① **本人に該当する場合**
>
> 企業が本人に該当する場合は，履行義務は財またはサービスを自ら提供することであるため，当該財またはサービスの提供と交換に企業が権利を得ると見込む対価の総額を収益として認識することになる（収益認識適用指針39項）。
>
> ② **代理人に該当する場合**
>
> 企業が代理人に該当するときは，履行義務は財またはサービスが他の当事者によって提供されるように企業が手配することであるため，当該手配することと交換に企業が権利を得ると見込む報酬または手数料の金額（あるいは他の当事者が提供する財またはサービスと交換に受け取る額から，当該他の当事者に支払う額を控除した純額）を収益として認識することになる（収益認識適用指針40項）。

この本人・代理人の区分における企業が財またはサービスを顧客に提供する前に支配の定義を満たしているかの判断は必ずしも容易ではないことから，主たる責任，在庫リスクおよび価格裁量権の3つの指標を，総合的に勘案して判定することになる。このため，それぞれの指標を検討する際に，どのような契約条項を考慮することになるのかについて以下に考察する。

図表２-３-９	支配の有無の判定指標（収益認識適用指針47項）

No.	指標	内　　容
①	主たる責任	企業が当該財またはサービスを提供するという約束の履行に対して主たる責任を有していること
②	在庫リスク	当該財またはサービスが顧客に提供される前，あるいは当該財またはサービスに対する支配が顧客に移転した後（例えば，顧客が返品権を有している場合）において，企業が在庫リスクを有していること
③	価格裁量権	当該財またはサービスの価格の設定において企業が裁量権を有していること

(1)　主たる責任

　企業が財またはサービスの履行に対して主たる責任を有していることには，通常，財またはサービスの受入可能性に対する責任（例えば，財またはサービスが顧客の仕様を満たしていることについての主たる責任）が含まれる。

　顧客に対して主たる責任を誰がどのように負っているのかを検討することになるため，主に企業と顧客との契約関係を検討することになるが，その前提として，他の当事者と企業との契約関係がどのようなものかについても留意する必要がある。

　契約書においては，以下の条項が関連する場合がある。なお，本項においても商品の売買契約を前提とする。

①　目的，取引条件や品質規格

第〇条　目的
　甲（企業）は，本契約の定めるところに従い，乙（顧客）に対して継続的に商品を供給し，乙はこれを買い受けることを約する。
第〇条　取引条件
　甲は乙に対し，〇〇を代金総額〇〇円にて売り渡し，乙はこれを買い受

> ける。
>
> ### 第○条　品質規格
>
> 　商品の品質規格については，甲及び乙が協議して作成した規格書による。

　商品の供給義務を負う当事者が誰であるかという点は，考慮要素となる。仕入先から商品が供給されなかった場合には，会社は他の仕入先からの調達などにより納期までに納入する義務があり，顧客に対するペナルティを負っている場合，これらの事実関係は会社が主たる責任を有することを示す状況の1つと考えられる。

　仕入先の選定を誰の責任で行っているかも考慮要素となり，例えば取引条件に仕入先が指定されていたり，調達先の決定をする際に，買主の承諾が必要となる場合などに，会社が主たる責任を負っていないと考慮される可能性もあるため留意が必要となる。

　また，顧客から指定される内容を踏まえて，顧客が要望する仕様を満たすことについて企業が主たる責任を負っているかどうかを判断する必要があると考えられる。例えば，顧客から，仕入先や製品名を指定されるようなケースなど，顧客が自己の責任で要望する仕様を満たす商品を指定しているものと判断される場合には，会社は顧客が要望する仕様について責任を負っておらず，すなわち，受入可能性に対する責任を有しておらず，主たる責任を有していないことを示唆している可能性があると考えられる。

②　契約不適合責任

> ### 第○条　契約不適合責任
>
> 　1．買主は，本件商品が契約の内容に適合していないときは，売主に対し直ちに通知しなければならない。
>
> 　2．前項の通知を受けた場合，売主は買主の指示に従い，本件商品の修補，代替品の引渡し，又は代金の減額を行う。
>
> 　3．前項の規定は，買主による解除及び損害賠償請求権の行使を妨げない。

　会社がクレームの窓口となっており，会社の仕入先への発注ミスにより得意先への商品の提供ができなくなった場合には他の仕入先からの仕入や得意先への補償などを行う必要があるとされる場合，この事実関係は会社が主たる責任を有することを示す状況の 1 つであると考えられる。一方で，例えば，不良品，仕入先起因の欠品や遅配などにより顧客への補償が生じた場合に仕入先へその補償を転嫁しており，実質的に責任を負っていない場合には，主たる責任を有していないことを示唆している可能性があると考えられる。

(2)　在庫リスク

　顧客に提供する前に在庫リスクを有している場合や，顧客が返品権を有している場合に，企業が本人に該当すると評価する場合がある。

　なお，顧客との契約を獲得する前に，企業が財またはサービスを獲得する場合，あるいは獲得することを約束する場合には，当該財またはサービスが顧客に提供される前に，企業が当該財またはサービスの使用を指図し，当該財またはサービスからの残りの便益のほとんどすべてを享受する能力を有していることを示す可能性がある。

　契約書においては，以下の条項が関連する場合がある。

　なお，顧客との契約関係において在庫リスクを有していても，最終的に他の当事者が在庫リスクを有する場合には，企業が在庫リスクを有していない場合があるため，企業と顧客との契約関係のみならず，他の当事者と企業との契約関係がどのようなものかについても留意する必要がある。

①　商品の納品，危険負担

第○条　商品の納品
　売主は商品受領後遅滞なく，売主と買主が別途協議した検査方法により，商品の数量および内容の検査を行い，合格したものを検収する。
第○条　危険負担

> 商品の所有権移転前に生じた商品の滅失，毀損，変質，その他一切の損害は，買主の責に帰すべきときを除き，売主の負担とし，商品の所有権移転後に生じたこれらの損害は，売主の責に帰すべきときを除き，買主の負担とする。

なお，在庫リスクについては，単に物理的な占有がなければ在庫リスクがないというわけではない。在庫リスクは，通常，利益の出る金額で転売することを目的に在庫を取得する企業が引き受けるリスクであり，再販業者が特定の財またはサービスを，顧客が注文する前に取得している（あるいは取得することを確約している）場合に存在する。

例えば，直送取引により，一義的に物理的な占有をしていない場合であっても，顧客が返品権を有し，顧客がその権利を行使した場合に再販業者が特定の財またはサービスを引き取ることになる場合等にも存在することになる。

② 返　　品

> 第○条　返品
> 　商品に検査では発見できない瑕疵があり，買主が検収後○か月以内にその旨を通知したときは，売主は，買主に対し，返品に応じる。

企業が販売できなかった財または顧客が返品した財を供給業者に返品する権利を有している場合や，在庫の価格保証を受けている場合等には，在庫リスクを低減または解消する要因となるため，他の当事者と企業との契約関係の検討が重要となる。

返品についても，その発生要因および返品の受入先について検討する必要がある。例えば，品質上の欠陥等がある場合には，仮に会社が本人として取引していたとしても，仕入先へ返品することになると考えられ，在庫リスクに与える影響がないということも考えられる。一方で，顧客の要求仕様を満たさないことによる返品も仕入先起因として取引先へ返品している場合には，会社は返品リスクを負っておらず，在庫リスクも負っていないことを示唆している可能性があると考えられる。

このように，返品の発生要因および返品の受入先についての取引の実態を踏まえて分析し，会社がどの程度の返品リスクを負っているのかを検討し，在庫リスクの程度を評価する必要があると考えられる。

(3)　価格裁量権

　財またはサービスに対して顧客が支払う価格を企業が設定している場合には，企業が当該財またはサービスの使用を指図し，当該財またはサービスからの残りの便益のほとんどすべてを享受する能力を有していることを示す可能性がある。

　契約書においては，以下の条項が関連する場合がある。

　なお，価格裁量権は，顧客との契約ではなく，通常，他の当事者との契約において取り決められるものであるため，他の当事者と企業との契約関係がどのようなものかを検討することが重要となる。

①　販売価格の設定

【他の当事者である仕入先との契約】

第○条　価格

　会社と仕入先との交渉により決定された仕入価格に，販売先との交渉により決定された○％のマージンを上乗せして決定される。

　販売価格は会社と顧客との間で決定するものであるが，上記のように仕入先との契約において，顧客への販売価格が取り決められる場合がある。この場合は会社が代理人として行動していることを示す可能性がある。

　ただし，代理人においても，価格の設定における裁量権を有している場合もある。例えば，代理人は，財またはサービスが他の当事者によって提供されるように手配するサービスから追加的な収益を生み出すために，価格の設定について一定の裁量権を有している場合があるため，留意が必要となる。

4 契約書を見るときの実務上のポイント

　各取引が本人または代理人のいずれに該当するかは，個々の取引の契約内容と取引実態等の事実と状況を踏まえて，判断する事項となる。収益認識適用指針では，本人と代理人の区分に関して我が国に特有な取引等の設例を紹介している。ここでは，個別の取引として，小売業における消化仕入取引の契約書の検討のポイントについて解説する。

(1) 小売業における消化仕入等

　小売業などでは，企業が仕入先から商品を仕入れる際に，通常の商品売買契約（買取仕入契約）のほか，消化仕入契約が締結される場合がある。

　消化仕入取引は，形態として他の当事者から企業への売買契約の形態がとられるものの，他の当事者の商品が企業の顧客に販売されることを前提とした取引となるため，実質的に一部の業務が他の当事者から企業に委託されていることが含まれていることが考えられる。

　このため，そもそも契約の目的として，消化仕入取引の形態により商品の売買契約を締結すること，およびその売買取引に伴って，他の当事者が企業に業務の委託を行うことが定められている場合がある。

【通常の商品売買契約（買取仕入契約）】甲：会社，乙：仕入先

第○条　所有権の移転

　甲の店舗への商品納品時に検収を行い，その時点で商品の法的所有権は甲に移転する。

第○条　危険負担

　商品の所有権移転前に生じた商品の滅失，毀損，変質，その他一切の損害は，甲の責に帰すべきときを除き，乙の負担とし，商品の所有権移転後に生じたこれらの損害は，乙の責に帰すべきときを除き，甲の負担とする。

第○条　返品

　甲が検収後○か月以内に返品の旨を通知したときは，甲の責に帰すべき

> 不良品を除き，乙は返品に応じる。

　この買取仕入契約では，会社は店舗への商品納品時に検収を行い，その時点で商品の法的所有権は会社に移転し，その後の商品に関するリスクは会社が負っている。なお，一部の契約では，一定期間に限り買主に責任が帰属する不良品以外の商品の返品が認められている返品条項付買取仕入契約がある。

　このような買取仕入契約においては，商品が店舗へ納品された時点でその法的所有権は会社に移転している。会社は，一定期間の不良品以外の商品の返品が可能な場合でも，自社の責任による不良品は返品できず，棚卸ロス等の在庫リスクを有しており，また，当該商品について，顧客に販売されるまでの期間においてその使用を指図する能力を有しており，商品の残りの便益のほとんどすべてを享受する能力を有するため，顧客に提供される前に支配していると判断されることになると考えられる（収益認識適用指針47項参照）。

　この場合，会社は買取仕入契約においては，自らの履行義務は商品を顧客に提供することであり，本人に該当すると判断されることになる。

【消化仕入契約】甲：会社，乙：仕入先

> 第〇条　所有権の移転
> 　商品の所有権は，甲が，購入者に本商品を販売した時点で，乙から甲に移転する。
> 第〇条　商品管理
> 　甲は，乙から納品された商品を，善良な管理者の注意をもって管理するものとする。
> 第〇条　販売業務
> 　販売する商品の種類，陳列方法，価格については乙が決定するが，甲の指示がある場合は，その内容について甲乙協議を行う。
> 第〇条　仕入代金
> 　甲は，甲の顧客に販売された商品の売上高に，〇％の売上歩率を乗じたものを仕入代金として支払う。

　この消化仕入契約では，会社は，店舗への商品納品時には検収を行わず，店

舗にある商品の法的所有権は仕入先が保有している。また，会社は善管注意義務を負うものの，商品に関する保管管理責任および商品に関するリスクも仕入先が有している。会社は店舗に並べる商品の種類や価格帯等のマーチャンダイジングについて一定の関与を行うが，個々の消化仕入商品の品揃えや販売価格の決定権は仕入先にある。また，会社は商品の販売代金を顧客から受け取り，販売代金にあらかじめ定められた料率を乗じた金額について，仕入先に対する支払義務を負う。

このような消化仕入契約においては，会社は，商品の法的所有権を，顧客に移転される前に一時的に獲得しているものの，在庫リスクを一切負っておらず，また，当該商品について，顧客に販売されるまでのどの時点においてもその使用を指図する能力を有しておらず，商品を支配していないため，当該商品について顧客に提供される前に支配していないと判断することになると考えられる（収益認識適用指針45項および47項参照）。

この場合，会社自らの履行義務は商品が提供されるように手配することであり，自らは代理人に該当すると判断されることになる。

第4節　取引価格の算定，変動対価

1 概　　要

　収益認識会計基準は，収益認識の基本原則を「約束した財又はサービスの顧客への移転を当該財又はサービスと交換に企業が権利を得ると見込む対価の額で描写するように，収益を認識することである」（収益認識会計基準16項）とし，契約の識別，履行義務の識別，取引価格の算定，履行義務への取引価格の配分，履行義務の充足による収益の認識からなる5つのステップを適用することで，基本原則に従って収益を認識することを求めている。取引価格の算定は，5つのステップのうちの3番目のステップである。

　取引価格は契約書上の商品価格や単価でそのまま決定されるとは限らず，取引価格の算定にあたっては図表2-4-1のすべての影響を考慮する（収益認識会計基準48項）。

図表2-4-1　取引価格算定に影響を与える項目
・変動対価 ・契約における重要な金融要素 ・現金以外の対価 ・顧客に支払われる対価

2 契約書に必要な条項

　販売契約を締結する際には，基本契約書，個別契約書のほか複数の付随する契約書等（覚書など）が取り交わされることがある。ここでは基本契約書に記載される項目のうち，取引価格算定に関連するものを図表2-4-2に取り上げた。基本契約書には，一般的に以下の条項が含まれる。

| 図表 2-4-2 | 基本契約書に必要な条項 |

条　項	内　容
基本契約と個別契約	契約書が基本契約書と個別契約書とに分かれている場合に，適用関係が記載される。
個別契約の成立	個別契約の方法などが記載される。
商品単価等	商品の単価または単価の決定方法が記載される。

基本契約書の契約条項サンプルは以下のとおりである。

第〇条　基本契約と個別契約

　本契約に規定する内容は，本契約に基づく個々の取引（以下「個別契約」という）に適用し，委託者および受託者は，本契約および個別契約を遵守しなければならない。ただし，個別契約に特段の定めをした場合には，その定めの範囲内では本契約の適用は排除されるものとする。

第〇条　個別契約の成立

　個別契約は，委託者が発注日，品名，数量，納入期日，納入場所等を記載した発注書により個別契約の申込みを行い，受託者がこの申込みに対し，委託者の発注書に受領印を押印したものを提出することによって成立するものとする。

第〇条　商品単価等

　商品単価は，委託者受託者間で別途協議して定めるものとする。

　商品単価は，覚書等（取引条件確認書など）で別途定められることが多い。ここで，覚書は当事者間で合意した内容について後の紛争防止の観点から文書として残しておくという点で，契約書と同じである。しかし，契約書は契約時点において当事者間で決めた内容を記載することが主目的である場合が多い一方で，覚書は契約書の内容についての一部変更や補完的な内容を記載する目的で作成されることが多い。ただし，覚書について法的拘束力が認められるだけ記載が行われているかは実務上留意しておきたい。

　商品単価覚書等のサンプルは以下のとおりである。

第○条　○○株式会社と○○株式会社とは，令和○年○月○日付基本契約
　　　書○条記載の商品単価について次のとおりとすることを確認した。

商品名	単価
○○	○○円

3 会計上の取扱い

(1) 変動対価

① 変動対価とは

　変動対価とは，顧客と約束した対価のうち変動する可能性のある部分である
（収益認識会計基準50項）。変動対価が含まれる取引の例として，値引き，リベー
ト，返金，インセンティブ，業績に基づく割増金，ペナルティ等の形態により
対価の額が変動する場合や，返品権付きの販売等がある（収益認識適用指針23
項）。

　例示項目にある値引き，リベートなどの項目がすべて変動対価となるわけで
はなく，あくまでも変動する可能性があるものだけが変動対価である点に留意
が必要である。

　また，変動対価は取引開始時点で将来の対価の変動が見込まれている場合で
あり，事後的な当事者間の交渉によって対価の変動が生じる契約変更とはこの
点で異なる。

　変動対価は契約条件として示されている場合に限定されず，企業の取引慣行
や公表した方針などに基づき，契約の価格よりも価格が引き下げられるとの期
待を顧客が有している場合や，顧客との契約締結時に価格を引き下げるという
企業の意図が存在している場合が含まれる（収益認識適用指針24項）。

　後者の「価格を引き下げるという企業の意図が存在している場合」とは，例
えば，景気動向などにより契約額の全額は回収できないと契約締結時点で見込
んでいる場合などが該当する。

【変動対価（達成リベート）契約書サンプル】

> 第○条　計算期間は令和○年○月○日より令和○年○月○日までの1年間
> とする。
>
> 第○条　売上目標額を○○円とする（昨年対比○○％）。
>
> 第○条　○社は○社に対して，
>
> 　　　1．第○条の目標額達成時に○○円を支払うものとする。
>
> 　　　2．前年度売上達成時に○○円を支払うものとする。
>
> 　　　3．前年度売上未達成の場合は○○円を支払うものとする。

② **変動対価の会計処理**

　変動対価が含まれる収益の取引価格は，財またはサービスの顧客への移転と
交換に企業が権利を得ることとなる対価の額を見積ることで算定される。また，
見積った金額は，決算日ごとに見直すことが必要である。

(i) **最頻値法と期待値法**

　変動対価の額の見積方法には，最頻値法と期待値法の2つの方法（図表2-
4-3）があり，契約全体を通じて単一の方法を首尾一貫して適用する（収益
認識会計基準51項，52項）。

図表2-4-3　変動対価の見積方法

最頻値法	発生しうる対価の額のうち，最も発生可能性の高い単一の金額（最頻値）により対価の額を見積る方法
期待値法	発生しうると考えられる複数の対価の額を確率で加重平均した金額（期待値）による方法

　最頻値法と期待値法のいずれを採用するかについては，企業が権利を得るこ
ととなる対価の額をより適切に予測できる方法を選択する必要がある。例えば，
ある基準をクリアすれば支払われ，クリアしなければ支払われないような達成
リベートを少数の取引先と契約している場合のように，起こりうる結果の数が
非常に少ない場合は，最頻値法が適切であることが多い。期待値法は，類似の

契約が多数あり確率の分布が把握できるような場合に適切であることが多い。

(ii) 変動対価の見積りの制限

最頻値法または期待値法により見積られた変動対価の額の全額を，自動的に取引価格とすることができるわけではなく，過大計上を防ぐために一定の制限が設けられている。すなわち，変動対価の額に関する不確実性が事後的に解消される際に，解消される時点までに計上された収益の著しい減額が発生しない可能性が高い部分に限り，取引価格に含めるとされている（収益認識会計基準54項）。

また，収益の著しい減額が発生しない可能性が高いかどうかを判定するにあたっては，収益が減額される確率および減額の程度の両方を考慮する必要がある（収益認識適用指針25項）。

(2) 重要な金融要素

① 重要な金融要素とは

「契約の当事者が明示的又は黙示的に合意した支払時期により，財又はサービスの顧客への移転に係る信用供与についての重要な便益が顧客又は企業に提供される場合には，顧客との契約は重要な金融要素を含むもの」とされる（収益認識会計基準56項）。

契約により約束した財またはサービスの顧客への移転時期と，対価の支払時期とに差異があり，当該支払額と仮にサービス移転時期に支払った場合の支払額との差額がある場合，差額は後払いによる金利相当分の調整としての性格を有すると考えられる。当該差額が重要である場合が，重要な金融要素である。この点，実務上は契約書上に金利相当の調整と明示される場合はほとんどないと考えられる。そのため，契約書における対価の支払価額，支払時期および実際の支払価格などを確認し，差額が生じている場合には金利の調整部分が含まれていないかについて十分に留意する必要がある。

例えば，×1年1月に販売価格1,000で財が顧客へ移転され，1年半後の×2年6月に支払う契約であるとする。×1年1月の財移転時に支払うならば，支払額は950である場合，50（1,000－950）は金利相当の調整分と考えられ，重

要性があれば重要な金融要素となる。

② 重要な金融要素の会計処理

契約に重要な金融要素が含まれる場合，約束した対価に含まれる金利相当分の影響を調整して取引価格を算定する（収益認識会計基準57項）。

例えば，前記の例であれば，契約上の販売価格1,000ではなく，仮に財移転時に支払う場合の現金販売価格950が取引価格となる。販売価格との差額50は金利の受取りとして会計処理する。

なお，約束した財またはサービスを顧客に移転する時点と顧客が支払いを行う時点との間が1年以内であると見込まれる場合には，金利相当分の調整をしないことができる（収益認識会計基準58項）。

(3) 現金以外の対価

① 現金以外の対価とは

約束した財またはサービスと交換に企業が権利を得る対価は，現金に限定されず，株式や固定資産などである場合がある。

② 現金以外の対価の会計処理

対価が現金以外である場合は，当該現金以外の対価の時価により取引価格を算定する（収益認識会計基準59項）。対価が株式等の場合，株価の変動に伴って時価も変動する。契約書において時価の取扱いに定めがあれば，その定めに従うことになるが，特段の記載のない場合には契約日における時価が取引価格になると考えられる。現金以外の対価の時価を合理的に見積ることができない場合は，顧客に約束した財またはサービスの独立販売価格を基礎として対価の額を算定する（収益認識会計基準60項）。

販売企業による契約の履行に資するために，顧客が材料，設備，労働などの財またはサービスを販売企業に提供することがある。この場合は，販売企業に提供された財またはサービスが，現金以外の対価に該当しないかに留意が必要である。現金以外の対価に該当するか否かの判定は，提供された財またはサー

ビスに対する支配を販売企業が獲得するかにより行う。

　販売企業が，顧客から提供された財またはサービスに対する支配を獲得する場合は，現金以外の対価に該当する（収益認識会計基準62項）。

⑷　顧客に支払われる対価

①　顧客に支払われる対価とは

　顧客に支払われる対価は，販売企業が顧客に対して支払う，または支払うと見込まれる現金の額や，クーポンのように顧客の販売企業に対する債務額に充当できる額を指す（収益認識会計基準63項）。

　顧客に支払われる対価の例としては，図表2-4-4のような項目が含まれる。ただし，名称が同様であっても，個社ごとの実際の契約内容によっては顧客に支払われる対価として収益の取引価格から減額される項目に該当しないことがあるので留意が必要である。

　また，図表2-4-4の名称例のように契約書で明確にされている場合もあるが，顧客に支払われる対価はさまざまな形態が取られることから，各取引を慎重に検討しなければならない。

図表2-4-4　顧客に支払われる対価の例

名称例	内　容
達成リベート（数量リベート）	一定の条件を満たした場合に支払われるリベート
販売奨励金（商品種類リベート）	特定の商品に対して売上の一定率などで支払われるリベート
値差保証	特売などで店頭価格が卸価格を下回った場合に，メーカーが小売業者への損失補填目的で行う支払い
販売奨励金（拡販準備金）	小売店などに自社特定商品の販売を強化してもらうことを目的とした支払い
協賛金	小売店などでの販売イベントなどに対する支払い

　顧客に支払われる対価は，販売企業から，直接の顧客に対して支払われる対価に限定されない（収益認識会計基準63項）。

　例えば，販売企業である製造メーカーが，問屋企業に製品を売却し，問屋から小売企業に製品が販売されるようなケースで，製造メーカーが小売企業に支払う金額も，顧客に支払われる対価に含まれる。

【顧客に支払われる対価（販売奨励金（商品種類リベート））覚書サンプル】

販売奨励金に関する覚書

　株式会社〇〇（以下甲とする）と株式会社〇〇（以下乙とする）とは乙が製造および販売する商品の販売奨励金に関して，次のとおり覚書を締結する。

第〇条　対象商品は次のとおりとする。

　　　　商品〇

第〇条　対象期間は西暦〇年〇月〇日から西暦〇年〇月〇日とする。

第〇条　乙は甲に対し，売上実績に応じて次のとおり販売奨励金を支払うものとする。

　　　　売上金額に対して　〇％

【顧客に支払われる対価（販売奨励金（拡販準備金））覚書サンプル】

覚　　書

　株式会社〇〇（以下甲とする）と〇〇株式会社（以下乙とする）とは拡販準備金に関して，次のとおり覚書を締結する。

第〇条　本契約は令和〇年〇月〇日から令和〇年〇月〇日までの契約とする。

第〇条　本契約は，甲の販売する商品の拡販を準備する費用として使用する。

第〇条　甲は乙に対して〇〇円を拡販準備金として支払うものとする。

---

② **顧客に支払われる対価の会計処理**

　顧客に支払われる対価は，収益の取引価格から減額するが，顧客に支払われる対価のすべてが取引価格からの減額対象となるわけではない。顧客から受領する別個の財またはサービスと交換に支払われるものである場合は，収益の取引価格からの減額ではなく，当該財またはサービスを仕入先からの購入と同様の方法で費用処理する（収益認識会計基準63項）。

　なお，別個の財またはサービスを顧客から受領する場合でも，財またはサービスの時価を合理的に算定できない場合や，顧客への支払額が財またはサービスの時価を超える場合は，収益の取引価格から減額される。

　顧客に支払われる対価と変動対価とは，それぞれ別個に存在するとは限らず，顧客に支払われる対価に変動対価が含まれている場合がある。

　顧客に支払われる対価が収益の取引価格から控除されるか費用処理されるかの区分の検討方法については，「4　契約書を見るときの実務上のポイント」にて詳述する。

　また，顧客に支払われる対価を取引価格から減額する場合には，遅い方が発生した時点または発生するにつれて，収益を減額する（収益認識会計基準64項）。

(i)	関連する財またはサービスの移転に対する収益を認識する時
(ii)	企業が対価を支払うか，または支払いを約束する時（当該支払いが将来の事象を条件とする場合も含む。また，支払いの約束は，取引慣行に基づくものも含む）

　前掲図表2-4-4で記載したリベートは，達成リベートに代表されるように実際に販売が行われる前に条件が定められていることが多い。すなわち，将来の販売見込み等の見積りに基づきリベートの金額を算定することになるから，変動対価として見積った金額を収益から減額することになると考えられる。

4 契約書を見るときの実務上のポイント

(1) 契約書以外の契約情報の入手

　販売契約を締結する際には，単一の契約書のみが取り交わされるとは限らない。基本契約書と個別契約書とが取り交わされるケースや，販売価格などについて覚書などの付随する書面が複数取り交わされることも多い。

　また，販売契約とは別個に結ばれた顧客に支払われる対価の契約が取引価格に影響することもある。このような契約は販売契約書からは存在の有無を把握することが難しいことがある。

　取引価格の算定に必要な契約情報を網羅的に把握するためには，同一顧客に対する関連契約を整理する仕組みが重要である。また，関連する費用項目の調査や，営業担当者へのヒアリングなどを通じて，情報の網羅性を確保する必要がある。営業担当者へのヒアリングなどの調査をする際には，前掲図表2-4-4の顧客に支払われる対価の例，後掲図表2-4-8の計上区分の検討が必要な項目の例のような関連する支払項目例のリストや，図表2-4-5のような契約書および契約書以外の情報の例のリストなどが参考情報として有用である。

図表2-4-5　契約書および契約書以外の情報の例

項目例	備　考
基本契約書	
個別契約書	
覚書	
取引条件確認書	
発注書	FAXやメールであることもある。
取引先システム上の単価情報	
支払項目の契約書	顧客に支払われる対価の契約書，覚書など
パンフレット，説明書	協賛金や販売促進費の募集パンフレットなど
請求書	顧客に支払われる対価の請求書，計算書など

(2)　顧客に支払われる対価の実務対応

①　検討の全体像

　顧客に支払われる対価の実務的な検討ステップの全体像は，例えば図表2－4－6のような手順となる。

図表2－4－6　**実務的な検討ステップの全体像**

検討のステップ	説　　明
①検討対象となる支出の抽出	
顧客に対して支払いが行われるか？	検討のスタート地点として，顧客に対する支払いが行われる取引を抽出する。

⬇

②別個の財またはサービスに該当するかの検討	
別個の財またはサービスと交換に支払われるものであるか？	NOであれば，収益の取引価格から控除する。 YESであれば，原則費用処理する。
顧客から受領する財またはサービスは何か？	受領する財またはサービスを特定する。

⬇

③財またはサービスの時価の検討	
財またはサービスの時価は合理的に算定可能か？　顧客に対する支払いは財またはサービスの時価を超えるか？	別個の財またはサービスに該当する場合でも，収益から減額されることがある。

⬇

④変動対価の検討	
変動対価に該当するか	顧客に支払われる対価には変動対価が含まれることがある。
変動対価の見積方法の検討	最頻値法，期待値法の選択など。

　最初に，検討対象となる顧客に対する支払いを幅広く抽出する。収益の取引

価格から控除する対象の顧客に支払われる対価に限定した検討から始まらないのは，顧客に支払われる対価のすべてが収益の取引価格から控除する対象に該当するわけではなく，該当するか否かの検討が実務上の主要な論点となるからである。

この判断には，契約書の文言の吟味に加え，取引の実態を理解し，判断することが必要となる。顧客に支払われる対価を収益の取引価格から控除する会計処理とするか，費用処理とするかは，会計上の影響が大きい検討ステップである。顧客に支払われる対価を収益の取引価格から控除する場合は売上高を減額する会計処理となり，費用処理する場合には販管費が増額する会計処理となることから，いずれの処理となるかで売上総利益に影響がある。

収益の取引価格から控除する対象の顧客に支払われる対価には変動対価が含まれることがあり，顧客から別個の財またはサービスを受領するかの検討に続けて，一連の連続するステップとして検討することが効率的である。

② 顧客から別個の財またはサービスを受領するかの検討

収益認識会計基準63項は，「顧客に支払われる対価は，顧客から受領する別個の財又はサービスと交換に支払われるものである場合を除き，取引価格から減額する」と定めており，支払いに伴い，別個の財またはサービスの受領があるかが判断基準となる。

契約書を入手し，支払いの目的がどのようなもので，顧客から受領する財またはサービスが何なのか，あるいは別個の財またはサービスの受領がないのかを把握する必要がある。契約書上は，契約の目的物または目的のサービスの何らかの記載があることが通常であり，例えば，後記の顧客に支払われる対価契約書サンプルおよび覚書サンプルの例では品出しサービス（品出し手数料）や物流センターの利用（センターフィー）が目的のサービスとなる。これらが別個の財またはサービスに該当するかを判断していく必要がある。

財またはサービスが「別個」であるためには，図表2-4-7の2つの要件のいずれも満たす必要がある（収益認識会計基準34項）。

顧客に支払われる対価は，販売契約とは別の契約となっていることが多いため，実務的には2つの要件のうち前者を主に検討して判断する。

| 図表2-4-7 | 「別個」であるための要件 |

- 財またはサービスから単独で顧客が便益を享受することができる，あるいは，財またはサービスと顧客が容易に利用できる他の資源を組み合わせて顧客が便益を享受することができる。
- 財またはサービスを顧客に移転する約束が，契約に含まれる他の約束と区分して識別できる。

　別個の財またはサービスの受領に該当するか否かの契約書の検討にあたり，慎重に検討する必要がある項目の例としては図表2-4-8のような項目がある。

　類似する名称の項目があっても，その内容は契約ごとに差異があり，別個の財またはサービスの受領に該当するか一律に示すことはできない。契約内容，取引の実態を理解し慎重に判断する必要がある。

| 図表2-4-8 | 計上区分の検討が必要な項目の例 |

項目例	内　　容
センターフィー	物流センターを運営する量販店などの小売業者に対して，メーカーや卸売業者が支払う物流センター利用料
POP代	小売店舗の店頭で商品説明などを記載したPOPを置いてもらうための支払い
データ料	問屋から小売店への販売実績データやPOSデータなどを入手するための支払い
チラシ代	小売店のチラシに掲載された際の支払い
ポイント代	小売店のポイント制度に対しメーカー等が負担する際の支払い
マネキン代	試食販売などの業務委託料
棚代	小売店の商品陳列に際し，自社商品を有利な場所に陳列してもらうための支払い
展示会コマ代	商品の展示会参加に伴う支払い

【顧客に支払われる対価（品出し手数料）契約書サンプル】

割戻し金に関する契約書

第〇条　商品等

　　　　〇〇株式会社〇〇部門で取り扱う〇〇。

第〇条　契約対象期間

　　　　西暦〇年〇月〇日から西暦〇年〇月〇日。

第〇条　基準と金額

　　　　納入商品の売上の〇％を品出手数料として割戻しする。

第〇条　使用データ

　　　　〇のデータに基づく。

【顧客に支払われる対価（センターフィー）覚書サンプル】

覚　　書

　〇株式会社と〇株式会社との間において，令和〇年〇月〇日締結の物流センター利用契約書に付随して下記のとおり覚書を締結する。

第〇条　センターフィーは以下のとおりとする。

　　　　商品　〇〇　〇〇％

第〇条　センターフィーの内容は以下のとおりとする。

　　　　〇が〇に支払うセンターフィーは，業務場所における商品取扱高（〇の売上金額を基準とする）に前条料率を乗じた額とする。

第5節　履行義務の充足時点

1 ┃ 概　要

　収益認識会計基準は，収益認識の基本原則を「約束した財又はサービスの顧客への移転を当該財又はサービスと交換に企業が権利を得ると見込む対価の額で描写するように，収益を認識することである」（収益認識会計基準16項）とし，契約の識別，履行義務の識別，取引価格の算定，履行義務への取引価格の配分，履行義務の充足による収益の認識からなる5つのステップを適用することで，基本原則に従って収益を認識することを求めている。履行義務の充足による収益の認識は，5つのステップのうちの5番目のステップである。

　この5番目のステップでは，2番目のステップで識別した各履行義務について，どの時点で収益を認識するかを決定する。収益認識会計基準では，財またはサービスを顧客に移転することで履行義務を充足した時または充足するにつれて収益を認識することを求めている。その財またはサービスは，顧客がその財またはサービスに対する支配を獲得した時または獲得するにつれて移転するとされている。

　そのため，顧客との契約書を分析することで，財またはサービスに対する支配がどのように顧客に移転するのかを把握することが実務上重要なポイントとなる。

2 ┃ 契約書で確認する条項

　一定期間か一時点かを判定するときや，収益の認識時点を検討するときに確認すべき契約書の主な条項は図表2-5-1のとおりである。

図表2-5-1　契約書で確認すべき条項

条項	内　容
引渡し	履行義務の充足時点の検討
検査および検収	履行義務の充足時点の検討
所有権の移転	一時点で充足される履行義務について支配の移転に関する検討
危険負担	一時点で充足される履行義務について支配の移転に関する検討
契約期間	進捗率の把握
中途解約	一定期間か一時点かの検討
報酬	一定期間か一時点かの検討および進捗率の把握

3 会計上の取扱い

(1) 一定期間か一時点かの判定

　契約書を分析することで，支配が一定の期間にわたり顧客に移転し履行義務を充足することになるのか，あるいは支配が一時点で移転することで履行義務を充足することになるのかを判定することになる。

　ここで「支配」とは，収益認識会計基準において「当該資産の使用を指図し，当該資産からの残りの便益のほとんどすべてを享受する能力」（収益認識会計基準37項）と定義されている。一定の期間にわたり履行義務を充足すると判定された場合，例えば履行義務の充足度に関する進捗度を合理的に見積って収益を認識することになる。

(2) 一定の期間にわたり充足される履行義務

　以下のいずれかを満たす場合には，一定の期間にわたり履行義務が充足されるものと判定される（収益認識会計基準38項）。

図表2-5-2	一定の期間にわたり充足される履行義務の判定要件

①	企業が顧客との契約における義務を履行するにつれて，顧客が便益を享受すること
②	企業が顧客との契約における義務を履行することにより，資産が生じるまたは資産の価値が増加し，当該資産が生じるまたは当該資産の価値が増加するにつれて，顧客が当該資産を支配すること
③	次の要件のいずれも満たすこと • 企業が顧客との契約における義務を履行することにより，別の用途に転用することができない資産が生じること • 企業が顧客との契約における義務の履行を完了した部分について，対価を収受する強制力のある権利を有していること

以下，それぞれの判定要件について説明する。

①　企業が顧客との契約における義務を履行するにつれて，顧客が便益を享受すること

例えば，清掃サービスのような日常的または反復的なサービスに関する契約では，サービスから生じる資産を顧客が受け取るのと同時に消費しており，企業の履行により生じた資産は瞬時にしか存在しないことになる。これは，当該契約において，企業が顧客との契約における義務を履行するにつれて，顧客が便益を享受することを意味するといえる。

企業が顧客との契約における義務を履行するにつれて顧客が便益を享受しているかの判定基準として，他の企業が顧客に対する残存履行義務を充足する場合に，企業が現在までに完了した作業を他の企業が大幅にやり直す必要があるかどうかが判断要素となる。仮に大幅にやり直す必要がない場合，企業が顧客との契約における義務を履行するにつれて顧客が便益を享受するものと判定される。

大幅にやり直す必要性の有無は，企業の残存履行義務を他の企業に移転することを妨げる契約上の制限または実務上の制約は存在しないという仮定，および残存履行義務を充足する他の企業は企業が現在支配する資産からの便益を享受せず，当該他の企業は履行義務が当該他の企業に移転した場合でも企業が支

配し続けることになる当該資産の便益を享受しないという仮定を置いて判定を行うことになる。

② **企業が顧客との契約における義務を履行することにより，資産が生じるまたは資産の価値が増加し，当該資産が生じるまたは当該資産の価値が増加するにつれて，顧客が当該資産を支配すること**

この要件を満たすかどうかを判定するにあたっては，資産に対する支配の定めを考慮する。資産に対する支配とは，当該資産の使用を指図し，当該資産からの残りの便益のほとんどすべてを享受する能力（他の企業が資産の使用を指図して資産から便益を享受することを妨げる能力を含む）であり，顧客がこの能力を有しているかを検討することになる。

企業が顧客との契約における義務を履行することにより生じる資産または価値が増加する資産は，有形または無形のいずれの場合もある。例えば，顧客の土地の上に建設を行う工事契約の場合には，通常，顧客は企業の履行から生じる仕掛品を支配すると考えられる（収益認識会計基準136項）。

③ **企業が顧客との契約における義務を履行することにより，別の用途に転用することができない資産が生じ，かつ企業が顧客との契約における義務の履行を完了した部分について，対価を収受する強制力のある権利を有していること**

別の用途に転用することができない場合とは，企業が履行するにつれて生じる資産または価値が増加する資産を別の用途に容易に使用することが契約上制限されている場合，あるいは完成した資産を別の用途に容易に使用することが実務上制約されている場合である（収益認識適用指針10項）。すなわち，契約上の制限と実務上の制限を検討する必要がある。

「契約上制限されている場合」とは，当該契約上の制限が実質的な場合である。企業が資産を別の用途に使用する場合に，顧客が資産に対する権利を強制できるときには，契約上の制限は実質的と判断される。逆に，契約に違反することなく，かつ，多額のコストが生じることなく，他の資産で代替できる資産を別の顧客に移転できる場合には，契約上の制限は実質的ではない（収益認識

適用指針117項)。

　資産を別の用途に容易に使用することが実務上制約されている場合とは，当該資産を別の用途に使用するために重要な経済的損失が生じる場合である。重要な経済的損失は，企業が当該資産に手を加えるために重要なコストが生じること，または重要な損失が生じる売却しかできないことのいずれかの理由により生じる可能性がある。

　例えば，顧客仕様の資産または遠隔地にある資産を別の用途に使用することは，実務上制約されている可能性があると考えられる（収益認識適用指針119項)。

　次に履行を完了した部分について対価を収受する強制力のある権利を有している場合とは，契約期間にわたり企業が履行しなかったこと以外の理由で顧客または他の当事者が契約を解約する際に，少なくとも履行を完了した部分についての補償を受ける権利を企業が有している場合である。その判定は，契約条件および当該契約に関連する法律を考慮して行うことになる（収益認識適用指針11項)。

　そして，履行が完了した部分についての補償額は，合理的な利益相当額を含んでいる必要があり，現在までに移転した財またはサービスの販売価格相当額である（収益認識適用指針12項)。

　契約で示される支払予定は，顧客が支払う対価の時期および金額を定めるものであるが，必ずしも，企業が履行を完了した部分について対価を収受する強制力のある権利を有しているかどうかを示すものではない。例えば，契約により顧客から受け取った対価が，企業が履行しなかったこと以外の理由により返金されることが定められている場合がある（収益認識適用指針122項)。

(3)　一時点で充足される履行義務

　前掲図表2-5-2で記載したいずれの要件も満たさない場合は，一時点で履行義務が充足されたと判定される。一時点で充足される履行義務については，財またはサービスに対する支配が顧客に移転した時点で，収益を認識すること

になる（収益認識会計基準39項）。

　顧客に財またはサービスに対する支配が移転したかの判断基準として，例えば図表2-5-3に掲げた事項がある（収益認識会計基準40項）。

図表2-5-3　一時点で充足される履行義務

①	企業が顧客に提供した資産に関する対価を収受する現在の権利を有していること
②	顧客が資産に対する法的所有権を有していること
③	企業が資産の物理的占有を移転したこと
④	顧客が資産の所有に伴う重大なリスクを負い，経済価値を享受していること
⑤	顧客が資産を検収したこと

　以下，それぞれの判定要件において考慮すべき事項を記載する（収益認識適用指針14項）。

①　企業が顧客に提供した資産に関する対価を収受する現在の権利を有していること

　顧客が企業から提供された資産に関する対価を支払う現在の義務を企業に対して負っている場合には，顧客が当該資産の使用を指図し，当該資産からの残りの便益のほとんどすべてを享受する能力を有していることを示す可能性があり，この点を考慮する。

②　顧客が資産に対する法的所有権を有していること

　顧客が資産に対する法的所有権を有している場合には，顧客が当該資産の使用を指図し，当該資産からの残りの便益のほとんどすべてを享受する能力または他の企業が当該便益を享受することを制限する能力を有していることを示す可能性があることから，顧客が資産に対する支配を獲得していることを示しているかを考慮する。

　なお，顧客の支払不履行に対して資産の保全を行うためにのみ企業が法的所有権を有している場合には，当該権利は，顧客が資産に対する支配を獲得する

ことを妨げない。

③ 企業が資産の物理的占有を移転したこと

　顧客が資産を物理的に占有する場合には，顧客が当該資産の使用を指図し，当該資産からの残りの便益のほとんどすべてを享受する能力または他の企業が当該便益を享受することを制限する能力を有していることを示す可能性があることから，この点を考慮する。

　ただし，買戻契約，委託販売契約，請求済未出荷契約等，物理的占有が資産に対する支配と一致しない場合がある。

④ 顧客が資産の所有に伴う重大なリスクを負い，経済価値を享受していること

　資産の所有に伴う重大なリスクと経済価値を顧客に移転する場合には，顧客が当該資産の使用を指図し，当該資産からの残りの便益のほとんどすべてを享受する能力を獲得することを示す可能性があることから，この点を考慮する。

⑤ 顧客が資産を検収したこと

　顧客が資産を検収した場合には，顧客が当該資産の使用を指図し，当該資産からの残りの便益のほとんどすべてを享受する能力を獲得したことを示す可能性があることから，この点を考慮する。

4 契約書を見るときの実務上のポイント

　履行義務が充足されるのが一定期間か一時点かの判定および一時点で充足される履行義務について支配の移転時期を検討するにあたり，契約書における次の条項を確認すべきと考えられる。

(1) 引渡し

> 第○条　引渡し
>
> 　甲は，本契約の目的物について，○年○月○日に乙が指定する引渡場所に持参して納入する。なお，引渡しに係る費用は甲が負担する。

　目的物の引渡しに関する条項では，目的物がいつ，どこで引き渡されるかを理解することができる。一時点で充足される履行義務の考慮要素の１つである「企業が資産の物理的占有を移転したこと」の要件を検討する際に利用する。

　特に目的物が有形物である場合には，物理的な占有の移転時期に関する理解を得られることになる。

(2) 検査および検収

> 第○条　検査および検収
>
> 　1．甲は，乙から目的物の納入を受けた後速やかに受入検査を行い，その結果を乙に通知するものとする。
>
> 　2．甲の検査の結果，本件目的物が不合格となった場合，乙は別途甲乙協議して定める期限内に，代品の引渡しを行う。代品の引渡しおよび検査については，第○条の規定が準用される。

　検査および検収に関する条項では，どの時点で検査が行われ検収が完了するのかを理解することができる。一時点で充足される履行義務の考慮要素の１つである「顧客が資産を検収したこと」の要件を検討する際に利用する。

　対象となる目的物が有形物の場合は物理的な占有の移転が明確となるが，ソフトウェアのような無形物の場合は物理的な占有の移転が不明瞭であることが多いため，この検査および検収に関する条項で支配の移転時期が明確になることが多いと考えられる。

(3)　所有権の移転時期

> 第〇条　所有権の移転時期
>
> 　本契約の目的物の所有権は，目的物の引渡し時に，甲から乙へ移転する。

　所有権の移転時期に関する条項では，どの時点で所有権が移転するかの理解を得ることができる。一時点で充足される履行義務の考慮要素の1つである「顧客が資産に対する法的所有権を有していること」の要件を検討する際に利用する。

　所有権の移転時期は引渡し時点や検収完了時点など，契約によって異なるケースが多く，上記(1)や(2)から得られた判定結果をサポートするために利用することが考えられる。

(4)　危険負担

> 第〇条　危険負担
>
> 　本契約の目的物の引渡し前に，乙の責めに帰さない事由により，本件目的物に生じた滅失，毀損および価値減少等の損害は，甲の負担とする。

　危険負担に関する条項では，リスクの移転時期に関する理解を得ることができる。一時点で充足される履行義務の考慮要素の1つである「顧客が資産の所有に伴う重大なリスクを負い，経済価値を享受していること」の要件を検討する際に利用する。

　この条項も所有権の移転時期の条項と同様，上記(1)や(2)から得られた判定結果をサポートするために利用することが考えられる。

(5) 契約期間

第〇条　契約期間

　本契約の契約期間は，〇〇年〇月〇日から〇〇年〇月〇日までとする。

　契約期間に関する条項では，一定期間にわたり充足される履行義務の検討にあたり確認することになる。一定期間にわたり充足される履行義務の場合，当該契約期間内に進捗率等に応じて収益を認識していくことになる。なお，契約期間が定められているものであっても，例えば月末で履行義務が完結するようなサービスの提供である場合には一時点で充足される履行義務と判定される。

(6) 中途解約

第〇条　中途解約

　1．甲は，本契約の契約期間中であっても，乙に対し，1か月前までに書面により通知することで，本契約を解約することができる。

　2．前項による解約をする場合，乙はすでに発生した業務委託料を受領することができる。

　中途解約に関する条項では，一定の期間にわたり充足される履行義務かの判定要件の1つである「企業が顧客との契約における義務の履行を完了した部分について，対価を収受する強制力のある権利を有していること」を検討する際に確認すべき条項である。中途解約した場合であっても，すでに履行義務を完了した部分について対価を受領できるのであれば，当該要件を満たす可能性が高い。

(7) 報　　酬

　実務上，報酬に関する条項にはさまざまなパターンがある。以下では収益の認識時点を検討するにあたり注意すべきものを取り上げる。

第〇条　報酬

　甲が乙に対して支払う本契約に基づく年間のサービス利用料金は，金12,000,000円（消費税等別途）とし，サービス終了時に別に請求書を発行するものとする。

　この条項では，年間のサービス利用料が定められている。年間のサービス提供が終了した時点で支払いが行われる場合，まずは他の条項を分析し，一定期間にわたり充足される履行義務なのか，一時点で充足される履行義務なのかを慎重に検討する必要がある。

第〇条　報酬

　1．甲は，乙に対して，本契約業務の対価として，それぞれの成果物の検査合格後速やかに，以下のとおり対価を支払うものとする。

　① 第1フェーズ終了：金1,000,000円（消費税等別途）

　② 第2フェーズ終了：金5,000,000円（消費税等別途）

　③ 第3フェーズ終了：金3,000,000円（消費税等別途）

　この条項では，フェーズごとの報酬対価が定められている。このようにフェーズに区切って報酬が定められている場合，フェーズごとに別個の履行義務となるかの検討を実施したうえで，それぞれのフェーズにおいて一定期間にわたり充足される履行義務と判定されるかの検討が必要となる。一定期間にわたって収益を認識していく場合，進捗率の見積りなどが課題となることが多い。このようなフェーズに区切って契約が定められている場合，各フェーズにおける履行義務の内容を把握しておくことが実務上のポイントとなる。

⑻　履行義務の充足に係る進捗度

　一定期間にわたり充足される履行義務と判定された場合，進捗率の見積りを行って収益を認識していくことになる。

　進捗率の見積方法については，インプット法とアウトプット法の2つの考え方がある。

　インプット法とは履行義務の充足に使用されたインプットが契約における取引開始日から履行義務を完全に充足するまでに予想されるインプット合計に占める割合に基づき，収益を認識するものである（収益認識適用指針20項）。例えば，工事契約における原価比例法（見積られた総コストに対するすでに発生したコストの割合に基づいて進捗率を算定する方法）はインプット法の代表例である。

　他方，アウトプット法とは現在までに移転した財またはサービスの顧客にとっての価値を直接的に見積るものであり，現在までに移転した財またはサービスと契約において約束した残りの財またはサービスとの比率に基づき，収益を認識するものである（収益認識適用指針17項）。移転した財またはサービスの顧客にとっての価値に注目する方法である。

　それぞれの指標の例示は図表2-5-4のとおりである。

図表2-5-4　インプット法とアウトプット法における指標の例示

インプット法	アウトプット法
• 消費した資源 • 発生した労働時間 • 発生したコスト • 経過期間 • 機械使用時間　など	• 現在までに履行を完了した部分の調査 • 達成した成果の評価 • 達成したマイルストーン • 経過期間 • 生産単位数 • 引渡単位数　など

①　インプット法

　上述のとおり，インプット法は履行義務の充足に使用されたインプットが契約における取引開始日から履行義務を完全に充足するまでに予想されるインプット合計に占める割合に基づき，収益を認識する方法である。

　このインプット法の適用について次のようなケースが考えられる。

第○条　報酬

　甲は，乙に対して，本件業務の対価として，以下の条件と計算式に基づき対価を算定し，翌月末ごとに支払うものとする。

> 総報酬額：○○○円
>
> 合計予定労働時間：合計○○時間
>
> 対価計算方法：総報酬額×当月労働時間／合計予定労働時間

　この条項によれば，インプットである合計予定労働時間に対する当月労働時間をもとに進捗率を算定することができる。この点，労働時間と履行義務の充足に相関関係が認められる場合，毎月の労働時間数に応じて収益を認識できる可能性がある。

　しかし，インプット法の欠点は，インプットと財またはサービスに対する支配の顧客への移転との間に直接的な関係がない場合があることである。この場合，労働時間数と顧客に対するサービスの提供に関連性が求められる。

　このようなコストに基づいてインプット法を使用するにあたっては，発生したコストが履行義務の充足に係る進捗度に寄与しない場合や，発生したコストが履行義務の充足に係る進捗度に比例しない場合の状況において，履行義務の充足に係る進捗度を修正するかどうかを判断する必要がある（収益認識適用指針22項）。

②　アウトプット法

　アウトプット法はインプット法の欠点を解決することができると考えられる。しかし，アウトプット法の欠点として，履行義務の充足に係る進捗度を見積るために使用されるアウトプットが直接的に観察できない場合があり，過大なコストを掛けないとアウトプット法の適用に必要な情報が利用できない場合があるということがある。

　そこで実務上の便法として，現在までに企業の履行が完了した部分に対する顧客にとっての価値に直接対応する対価の額を顧客から受け取る権利を有している場合には，請求する権利を有している金額で収益を認識することができるとされている（収益認識適用指針19項）。

　この実務上の便法の適用について，次のようなケースが考えられる。

> 第○条　報酬
>
> 　甲は，乙に対して，本件業務の対価として，以下の条件と計算式に基づ

> き対価を算定し，翌月末ごとに支払うものとする。
>
> 　契約期間：２年間　○年○月○日～○年○月○日
>
> 　単価：１時間当たり2,500円
>
> 　対価算定：作業時間×単価

　実務上の便法を用いた場合，作業時間×単価で算定した金額について収益を認識できる可能性がある。ただし，他の条件や実務上の慣行等も考慮して，顧客に対する支配の移転の進捗度の見積りが適切に反映できているかを慎重に検討する必要がある。

(9)　原価回収基準

　原価回収基準とは，履行義務を充足する際に発生する費用のうち，回収することが見込まれる費用の金額で収益を認識する方法である（収益認識会計基準15項）。

　履行義務の充足に係る進捗度を見積ることができる場合には，(8)で述べたよ

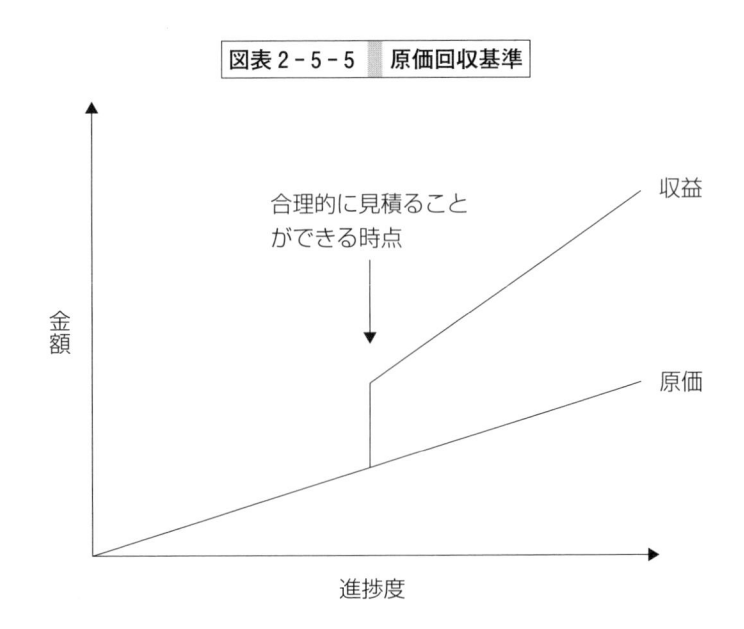

図表２-５-５　原価回収基準

うな見積方法に基づき，進捗度を見積り一定期間にわたり充足される履行義務について収益認識できることになる。

　しかし，進捗度を反映する適切な指標がなく，履行義務の充足に係る進捗度を合理的に見積ることができない場合も想定される。その場合であっても，履行義務を充足する際に発生する費用を回収することが見込まれる場合には，履行義務の充足に係る進捗度を合理的に見積ることができる時まで，一定の期間にわたり充足される履行義務について原価回収基準によって処理することになる（収益認識会計基準44項，45項）。

　なお，原価回収基準によっても履行義務の充足に係る進捗度を合理的に見積ることができない場合には，進捗度を合理的に見積ることができるようになるまで収益認識することはできない点に留意が必要である。

5 ▌ 代替的な取扱い

　収益認識会計基準では，実務上の便宜を勘案していくつかの代替的な取扱いを認めている。ここでは代表的な出荷基準について取り上げる。

> 第○条　出荷・引渡し
> 　甲は，本契約の目的物について，○県○工場から○年○月○日に出荷し，○年○月○日までに乙が指定する○県○工場に納入する。なお，引渡しに係る費用は甲が負担する。

　履行義務の充足時点の要件に照らすと，原則として要件を満たす時点は顧客の受領日となる。上記の条項によれば，工場への納入日となる。

　しかしながら，実務上の慣行を考慮して，収益認識会計基準では，重要性に基づく代替的な取扱いとして，出荷基準による収益認識を認めている（収益認識適用指針98項）。

　具体的には，国内販売であることを条件として，商品または製品の販売において出荷時から支配移転時までの間が通常の期間である場合には，出荷時から当該商品または製品の支配が顧客に移転される時までの間の一時点（例えば，出荷時や着荷時）に収益を認識することが認められている。

　この通常の期間か否かについては，取引慣行に照らして出荷から支配移転までに要する日数が合理的であるかを判断する。

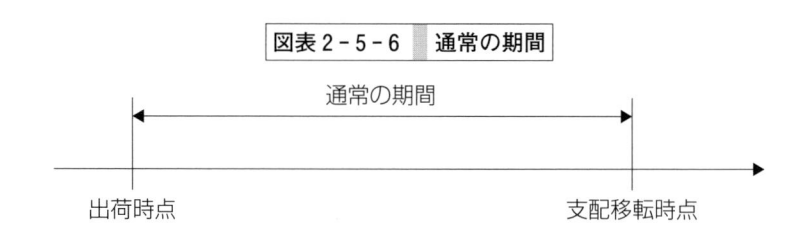

図表2-5-6　通常の期間

通常の期間

出荷時点　　　　　　　　　　　支配移転時点

　これは，国内の販売であれば出荷および配送に要する日数は通常数日程度であることが多い点に鑑みて，出荷時から顧客への支配移転時までの期間が通常の期間である場合には，出荷時点で収益を認識しても金額的な重要性が乏しいと考えられるためである（収益認識適用指針171項）。

　この点，契約書等において，通常は納品日等が記載されることが多く，出荷日まで記載されることは多くないことが想定される。実際の出荷日は内部の出荷指示書や配送業者の出荷伝票などにより確認することになると思われる。

第**3**章

金融商品に関する
契約書の読み方

第1節　株式の購入・売却

1 株式取引の概要

(1) 株式取引

　株式は，取引所に上場されている有価証券や非上場ベンチャー企業の時価評価額の増加等を狙ったキャピタルゲインの獲得や，自社事業とのシナジー等を目的として取引される。また，株式取引はM&A取引の手段の1つとして買収目的企業の株式を取得するとき等にも行われる。

　一般的に，取引所に上場されている上場有価証券は証券会社を通じて市場で取引が行われることが多く，取引ごとに契約書が取り交わされるケースはほとんどない。一方で，取引所に上場されていない非上場有価証券の売買は当事者間での相対取引によって行われることが多い。そして，この場合，当事者間でさまざまな条件を付すことが多いことから，株式譲渡契約書という形で契約書が取り交わされる。

　ここでは，相対取引により有価証券の会計処理を行うときに，株式譲渡契約書のポイントとなる事項について解説する。

　なお，会社が新株発行を行い新たな投資者が引き受けるという株式引受契約という取引形態もあるが，会計処理の観点から留意すべき事項は多くはなく，

ここでは対象外とする。

(2) 株式譲渡契約

　株式譲渡契約は，ある会社の株主が，保有する株式を第三者である買主へ譲渡する契約である。また，株式の発行会社である株式会社からすると株主が移動することになる。

　株式会社における有価証券，すなわち株式は，株主としての権利である配当を受ける権利（会社法105条１項１号），残余財産の分配を受ける権利（会社法504条），議決権を行使する権利（会社法308条１項）等の権利が含まれている一方で，対象となる株式の評価が変動するリスクも存在する。このため，株式譲渡契約書においてさまざまな条項が定められることになる。

2 ┃ 契約書に必要な条項

　株式譲渡契約書では図表３-１-１に掲げる条項が記載されることが一般的と考えられる。

図表３-１-１　株式譲渡契約書の記載条項

条項	内　　容
合意内容	譲渡の対象となる株式の種類（普通株式や種類株式等）や株式数が記載される。
譲渡対価	株式の１株当たりの譲渡対価が記載される。
譲渡日	実際に株式が譲渡される日付が記載される。
支払方法	譲渡対価の金額や支払先が記載される。
株主名簿の名義書換	株主名簿の名義書換の請求について記載される。株式譲渡制限がある場合には，譲渡側の取締役会承認が必要となる。
表明保証	以下が記載される。 • 当該株式譲渡契約に必要となる手続が完了していること • 対象株式が有効なものであること

	● 譲渡人が対象株式の所有者であること 　等
契約解除	契約違反や表明保証と相違する事実が判明した場合に契約が解除される旨が記載される。
損害賠償	契約違反や表明保証と相違する事実が判明した場合に契約が解除される旨が記載される。
裁判管轄	契約違反や表明保証と相違する事実が判明した場合の損害賠償の金額算定について記載される。
契約日付	当該株式譲渡契約が締結された日付が記載される。

3 ┃ 会計上の取扱い

(1)　株式譲渡の会計処理

　株式譲渡契約書の基本合意および譲渡対価の箇所に以下の記載が行われる。この譲渡対価等の記載をもとに会計処理を行うことになる。

> 第1条　譲渡合意
> 　乙（株式譲渡者）は，本契約の規定に従い，×1年4月1日または甲（株式取得者）および乙が別途合意する日（以下「譲渡日」という）をもって，乙が所有する，丙の発行する普通株式1,000株（以下「本件株式」という）を甲に譲渡し，甲はこれを譲り受けるものとする（以下，本件株式譲渡を「本件譲渡」という）。
>
> 第2条　譲渡の実行
> 　前条に定める本件譲渡は，本契約の締結および乙から甲に対する本件株式の譲渡についての株主名簿の名義書換請求書（乙による記入が必要な箇所について記入済みのもの）の交付をもって行うものとする。
>
> 第3条　譲渡価額および支払方法
> 　1　甲は，乙に対し，譲渡日において，本件譲渡の対価として金50,000,000円（1株当たり金50,000円）（以下「本件譲渡価額」という）を前条の名義書換請求書の交付と引換えに，乙に対して支払うものと

する。

2 前項に定める支払いは、乙が指示する以下の銀行口座に対する振込

送金によってなされるものとする。

　金融機関：○△銀行（金融機関コード：××）×××支店（支店コード：××）

　　　　　　×××)

　口座種別：普通

　口座番号：×××××

　口座名義：カ）×××××

以下、株式の取得者（買主）と譲渡者（売主）のそれぞれで、株式譲渡契約書をもとに会計処理を行ううえでの留意点を解説する。

① 株式の取得者（買主）が行う会計処理

株式の取得者は、契約書に記載された譲渡対価を取得価額として会計処理を行う。ここで株式譲渡契約書に保有目的自体が明記される場合はほとんどないと考えられるが、会計処理を行うにあたり取得した株式の保有目的を決定する必要がある。いずれの保有目的でも取得時点は時価で評価することになるが、決算期末時点での評価方法が異なるためである。

保有目的に応じた決算期末時点での会計処理は図表3−1−2のとおりである。

図表3−1−2 保有目的に応じた決算期末時点での会計処理

保有目的	評価基準
売買目的有価証券	時価
満期保有目的の債券	取得原価または償却原価法に基づいて算定された価額
子会社株式及び関連会社株式	取得原価
その他有価証券	時価。ただし、市場価格のない株式等は取得原価

ここで時価とは「算定日において市場参加者間で秩序ある取引が行われると想定した場合の、当該取引における資産の売却によって受け取る価格又は負債

の移転のために支払う価格」（金融商品会計基準6項）をいう。

　また，償却原価法とは「金融資産又は金融負債を債権額又は債務額と異なる金額で計上した場合において，当該差額に相当する金額を弁済期又は償還期に至るまで毎期一定の方法で取得価額に加減する方法」であり（金融商品会計基準注5），債権を債権金額より低い価額または高い価額で取得した場合において，取得価額と債権金額との差額の性格が金利の調整と認められるときに認められる方法である。

　株式の取得に伴って発生した財務・法務調査費用，弁護士や公認会計士に対するアドバイザリー費用や各種手数料等といった付随費用は，株式の取得価額に含めて処理する（金融商品実務指針56項）。ただし，取得した株式が子会社株式である場合には，連結財務諸表上，これらの付随費用は費用処理することになる（企業結合会計基準94項）。

②　株式の譲渡者（売主）が行う会計処理

　株式の譲渡者は，株式譲渡契約書に記載された譲渡価額から株式の帳簿価額を差し引いた金額を売却損益として処理する。この売却損益の計上区分が検討ポイントとなる。

　子会社株式および関連会社株式である場合，これらの株式の売買は，連結グループの範囲の変更を伴う場合もあり，通常は臨時的な事象である。そのため，売却損益は特別損益に計上することが考えられる。

　その他有価証券の売却損益は，原則として特別損益に計上することになる。これは，財務諸表等規則において，特別損益のうちのその他の項目（財務諸表等規則95条の2および95条の3）には，転売目的以外の目的で取得した有価証券の売却による損益を含むとされているためである。もっとも，その他有価証券は，売買目的または満期保有目的といった保有目的が明確に認められない有価証券と定義されており（金融商品会計基準75項），市場動向の推移を見ながら売却を行うことを目的として取得した有価証券もある。このような有価証券については，売却損益の大部分が過年度における時価変動に起因しているような臨時的な場合を除いて，ある程度経常性が認められれば，営業外損益に計上

することが適当と考えられる（金融商品会計Q&A Q68）。

　なお，通常，株式譲渡契約を締結して実施する株式取引は売買目的有価証券以外の保有区分になると考えられる。売買目的有価証券は１日に何度も繰り返し売買を行うことが想定されていることから，取引の都度，株式譲渡契約書を取り交わすことは想定されていないためである。

⑵　会計処理を行うタイミング

　株式譲渡契約書のうち，株式譲渡日および契約日を確認することが重要なポイントとなる。株式の取得や売却について，どの時点で有価証券の発生および消滅の認識を行うかという点が会計処理のポイントとなる。なお，ここでは非上場株式の譲渡契約を前提とする。

第１条　譲渡合意

　乙は，本契約の規定に従い，×1年4月1日または甲および乙が別途合意する日（以下「譲渡日」という）をもって，乙が所有する，丙の発行する普通株式1,000株（以下「本件株式」という）を甲に譲渡し，甲はこれを譲り受けるものとする（以下，本件株式譲渡を「本件譲渡」という）。

第７条　前提条件

　1　甲は，以下の条件が成就することを前提条件として，本件譲渡における甲の義務を履行するものとする。ただし，甲はその裁量により下記条件のいずれも放棄することができる。

　　⑴　乙が，丙をして本件譲渡につき，丙の株主総会の承認を得たうえで，当該株主総会の議事録の写し（丙の代表権限を有する者による原本証明書付のものに限る）を甲に提出していること。

　　⑵　乙において，本契約の重大な不履行が存在しないこと。

　　⑶　第○条に定める乙の表明および保証が，本契約締結日および譲渡日においてすべて真実かつ正確であること。

　2　乙は，以下の条件が成就することを前提条件として，本件譲渡における乙の義務を履行するものとする。ただし，乙は，その裁量により

下記条件のいずれも放棄することができる。

(1)　第〇条に定める甲の表明および保証が，本契約締結日および譲渡日においてすべて真実かつ正確であること。

(2)　甲において，本契約の重大な不履行が存在しないこと。

（契約書末尾　契約日）

×1年3月31日

〇〇株式会社

代表取締役　〇〇　〇〇

△△株式会社

代表取締役　△△　△△

①　約定日基準と受渡日基準

金融商品会計基準では，有価証券の取得および売却について，どの時点で会計処理を実施するかという点について，約定日基準と受渡日基準を定めている。すなわち，株式譲渡契約の約定日に株式の取得者は有価証券の発生を認識し，株式の譲渡者は有価証券の消滅の認識を行うという約定日基準（金融商品実務指針22項）と，金融商品会計基準における金融資産の消滅の認識要件（金融商品会計基準8項，9項）を満たす時点である受渡日に認識を行うとする受渡日基準を定めている。

例示として記載した株式譲渡契約書では，契約日は×1年3月31日である。したがって，約定日基準によれば，株式の取得者は×1年3月31日に有価証券の発生を認識することになり，株式の譲渡者は有価証券の消滅を認識することになる。

一方で，株式の譲渡日は×1年4月1日または別途合意した日である（ここでは×1年4月1日に譲渡したとする）。したがって，受渡日基準によれば，株式の取得者は×1年4月1日に有価証券の発生を認識し，株式の譲渡者は有価証券の消滅を認識することになる。

設例 3 - 1　約定日基準と受渡日基準の会計処理

前提条件

- 甲社は乙社と株式の売買契約を締結した。売買価格は1,000円である。
- 約定日は×1年3月30日である。
- 受渡日は×1年4月1日である。

会計処理 （単位：円）

約定日基準と受渡日基準のそれぞれについて取得者側と譲渡者側の会計処理を示すと次のとおりとなる。

(1)　約定日基準

①　取得者側の会計処理

＜×1年3月30日（約定日）＞

| （借）投 資 有 価 証 券 | 1,000 | （貸）未　　払　　金 | 1,000 |

＜×1年4月1日（受渡日）＞

| （借）未　　払　　金 | 1,000 | （貸）現　金　預　金 | 1,000 |

②　譲渡者側の会計処理

＜×1年3月30日（約定日）＞

| （借）未　収　入　金 | 1,000 | （貸）投 資 有 価 証 券 | 1,000 |

＜×1年4月1日（受渡日）＞

| （借）現　金　預　金 | 1,000 | （貸）未　収　入　金 | 1,000 |

(2)　受渡日基準

①　取得者側の会計処理

＜×1年3月30日（約定日）＞

| 仕訳なし |

＜×1年4月1日（受渡日）＞

| （借）投 資 有 価 証 券 | 1,000 | （貸）現　金　預　金 | 1,000 |

② 譲渡者側の会計処理

＜×1年3月30日（約定日）＞

仕訳なし

＜×1年4月1日（受渡日）＞

（借）　現　金　預　金　　　　　　1,000　（貸）　投 資 有 価 証 券　　　　　1,000

② 約定日から受渡日までの期間

　約定日基準は，約定日から受渡日までの期間が市場の規則または慣行に従った通常の期間である場合に認められる処理である（図表3-1-3参照）。仮に約定日から受渡日までの期間が通常の期間よりも長い場合，株式譲渡契約は売買契約ではなく，先渡取引として処理されることになる。このように約定日基準を採用する前提として，市場の規則または慣行が基準となっている。

　約定日基準を選択した場合，株式譲渡契約書を見るときは，約定日から受渡日までが通常の期間であるかを確認することも重要なポイントとなる。

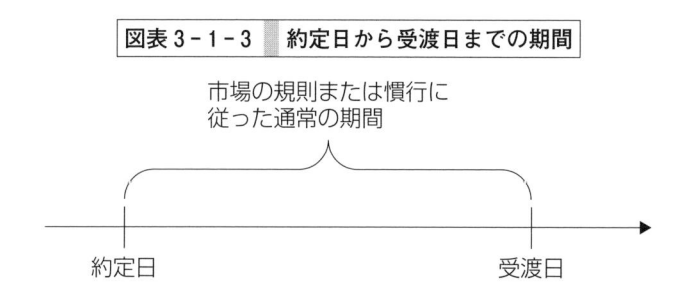

図表3-1-3　約定日から受渡日までの期間

4 契約書を見るときの実務上のポイント

(1) 譲渡対価の検討

　株式の取得者においては，特に非上場株式を取得する場合，株式譲渡契約書で譲渡対価として記載されている株式の評価額が重要なポイントとなる。すな

わち，非上場株式の取引，特にベンチャー投資においては，株式の発行会社の超過収益力を見込んで純資産額よりも高い金額で売買する場合が多いと考えられることから，譲渡対価が株式の価値を適切に反映しているかを検討する必要がある。なぜなら，市場価格のない株式の期末評価において，発行会社の財政状態の悪化により実質価額が著しく低下したときは，相当の減額を行い，評価差額は当期の損益として処理するものとされているため（金融商品会計基準21項），取得時点の超過収益力の見積りを誤ると取得後早々に減損処理をしなくてはならなくなる可能性があるためである。

株式価値の算定方法にはマーケット・アプローチ，インカム・アプローチ，コスト・アプローチがあり，実務上，株価算定の専門業者等に評価を依頼することになる。

(2) アーンアウト条項の確認

株式譲渡契約に以下のような条項が付されることがある。

> 第○条
>
> 　買主は，売主に対して，クロージング後，本株式譲渡の対価として，クロージング日譲渡価額に加え，以下に規定する計算方法に従い算出される対価を支払う。

これは，アーンアウトと呼ばれるものであり，クロージング日後に対象となる会社が一定の条件を達成した場合に，追加的な支払いを行うという条項を契約に盛り込んでおくものである。会計上は条件付取得対価といい，「将来の特定の事象または取引の結果に依存して，企業結合日後に追加的に交付される若しくは引き渡されるまたは返還される取得対価」と定義される（企業結合会計基準注2）。

このような条件付取得対価は，条件付取得対価の交付または引渡しが確実となり，その時価が合理的に決定可能となった時点で，支払対価を取得原価として追加的に認識することになる。また，対価の一部が返還されるときには，条件付取得対価の返還が確実となり，その時価が合理的に決定可能となった時点

で，返還される対価の金額を取得原価から減額する（企業結合会計基準27項）。

　したがって，このような条項がある場合，将来的に取得原価を修正する必要があるため，株式譲渡契約書にこのようなアーンアウト条項が付されているかを確認することは重要なポイントとなる。

(3)　買戻条件特約等の確認

　株式譲渡契約書において買戻条件の特約が付されることがある。株式上場を目指している会社が，株式上場を諦めた場合に投資者から買い戻す，といったケースである。

第○条　発行会社による株式の買取り

　1．投資者は，以下の各号のいずれかの事由が発生した場合には，その保有する本株式を発行会社が買い取ること，または発行会社が指定し，投資者が認めた第三者に譲渡することを請求することができる。投資者が，買取対象株式を発行会社が買い取るよう請求した場合には，発行会社は投資者から請求を受けた日から30日以内に当該買取価額を投資者に支払うものとする。

　金融商品会計基準では，金融資産の契約上の権利が他に移転することの要件の1つとして，「譲渡人が譲渡した金融資産を当該金融資産の満期日前に買戻す権利および義務を実質的に有していないこと」が求められている（金融商品会計基準9項(3)）。一方で，譲渡人が買戻権を有する場合であっても，対象となる株式を市場でいつでも取得できるとき，または買戻価格が買戻し時点の時価であるときは，当該株式に対する支配は移転しているといえる。

　しかし，対象となる株式が市場でいつでも取得できるものではないときは，譲受人はいつ譲渡人から買戻しの請求を受けるか不明であり，当該株式を自由に処分することができない。また，買戻価額が固定価格であるときは，譲受人は当該株式の権利を通常の方法で享受することができない。したがって，このような場合では，当該株式に対する支配は移転していないといえる（金融商品実務指針250項）。

　したがって，株式譲渡契約書に上記のような株式買取請求権が記載されている場合には，金融商品会計基準で要求される金融資産の消滅の認識要件を満たすかどうかを慎重に検討する必要がある。

　なお，金融資産の消滅の認識要件を満たさない場合は，有価証券を担保とした金銭貸借と実質的に同様であると考えられ，売買取引ではなく金融取引として処理することになる。

第2節　デリバティブ取引およびヘッジ取引

1 ┃ デリバティブ取引およびヘッジ取引の概要

デリバティブとは金融派生商品のことであり，目的に応じてさまざまな金融商品により構成される。

デリバティブはその目的から以下の3種類に分類される。

> ① リスクヘッジ（ヘッジ対象の損益の相殺を目的とする）
>
> ② スペキュレーション（少量の投資をもとに多額の利益を得ることを目的とする）
>
> ③ アービトラージ（市場価値と比較して割高もしくは割安の金融商品を売買することにより利益を得ることを目的とする）

デリバティブの目的

├─ リスクヘッジ（リスク相殺取引）　┐　時価評価により評価差額を損益計上
│　　　　　　　　　　　　　　　　　　├　ただし，要件を満たす場合はヘッジ
│　　　　　　　　　　　　　　　　　　┘　会計により損益を繰り延べる
├─ スペキュレーション（投機取引）　┐
│　　　　　　　　　　　　　　　　　　├　時価評価により評価差額を損益計上
└─ ア ビト・ラ ジ（裁定取引）　　　┘

(1)　デリバティブ取引の特徴

デリバティブ取引の特徴は以下のとおりである（金融商品実務指針6項）。

① その権利義務の価値が，特定の金利，有価証券価格，現物商品価格，外国為替相場，各種の価格・率の指数，信用格付・信用指数，または類似する変数（これらは基礎数値と呼ばれる）の変化に反応して変化する基礎数値を有し，かつ，想定元本か固定もしくは決定可能な決済金額のいずれか，または想定元本と決済金額の両方を有する契約である。

② 当初純投資が不要であるか，または市況の変動に類似の反応を示すその他の契約と比べて当初純投資をほとんど必要としない。

③ その契約条項により純額（差金）決済を要求もしくは容認し，契約外の手段で純額決済が容易にでき，または資産の引渡しを定めていてもその受取人を純額決済と実質的に異ならない状態に置く。

(2) デリバティブ取引の種類

デリバティブの分類方法にはさまざまなものがある。

① 金融商品時価適用指針による分類

金融商品時価適用指針では，デリバティブは図表3-2-1のとおり分類されている。

図表3-2-1　金融商品時価適用指針による分類

分　類	内　容
取引の対象物の種類による分類	通貨，金利，株式，債券および商品等
デリバティブ取引の種類による分類	先物取引，オプション取引，先渡取引，スワップ取引等
市場取引とそれ以外の取引の区分（図表3-2-2参照）	市場デリバティブ・外国市場デリバティブと店頭デリバティブ

② 金融商品取引法2条20項に基づく区分

金融商品取引法による分類では，取引される市場を基準とした分類がなされている。

図表3-2-2　金融商品取引法による分類

分　類	内　容
市場デリバティブ（金融商品取引法2条21項）	金融商品市場において，金融商品市場を開設する者の定める基準および方法に従い取引されるデリバティブ

	取引。 主な市場として次のものがある（例示）。 ● 東京金融取引所（金利，為替，株式） ● 大阪取引所（株価，貴金属，農産物） ● 東京商品取引所（エネルギー）
店頭デリバティブ （金融商品取引法2条22項）	金融商品市場および外国金融商品市場によらないで行うデリバティブ取引。
外国市場デリバティブ （金融商品取引法2条23項）	外国金融商品市場において行う取引であって，市場デリバティブ取引と類似の取引。

2 ┃ 契約書に必要な条項

　以下では，デリバティブ取引として比較的利用度合いが多いと思われる，輸出入取引に関連して為替予約を付す取引を題材として解説する。

① 為替予約の仕組み

　為替予約には，輸出予約と輸入予約がある。

図表3-2-3　輸出予約と輸入予約

【輸出予約】
顧客（金融機関）が，あらかじめ定められた予約レートで，外貨を売り渡す（買い取る）契約。

- A社は，米国へ製品を輸出しており，その代金10,000ドルが1か月後入金されることになっている。
- A社は，為替リスクの変動を回避するために，金融機関と1ドル＝110円の予約レートで為替予約（輸出予約）を締結した。

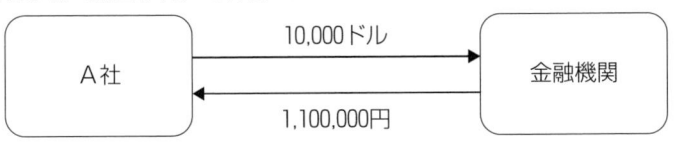

> 【輸入予約】
> 顧客（金融機関）が，あらかじめ定められた予約レートで，外貨を買い取る（売り渡す）契約。

- A社は，米国から製品を輸入しており，その代金8,000ドルを1か月後支払う必要がある。
- A社は，為替リスクの変動を回避するために，金融機関と1ドル＝110円の予約レートで為替予約（輸入予約）を締結した。

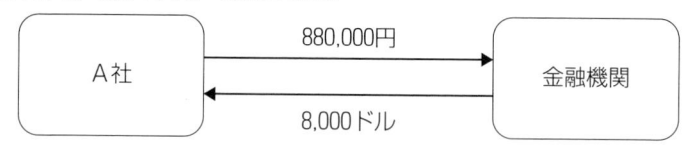

②　外国為替取引約定書

　金融機関と外国為替取引を行う場合，外国為替取引約定書が締結される。外国為替取引約定書は，外国為替取引に共通して適用される事項を取りまとめたものである。外国為替取引約定書は，共通して適用される事項を取り決めたものであるため，具体的な内容は，別途締結する契約その他規定により定められることが多い。

　外国為替取引契約書のうち，為替予約に関連する部分には，一般的に以下の条項が含まれる。

> 第○条　取引内容の確認
> 　予約締結後，当行が発行するContract Slip（予約取引確認書）で，お客様が内容を確認後，記名捺印したContract Slipの1部を当行へ返却していただきます。

　（Exchange）Contract Slipとは，為替予約を行う場合に取り交わす文書である。最近はオンライン上で取引可能な例もあるが，項目は概ね同じとなっている。

　ここで記載される内容は図表3-2-4のとおりである。

図表3-2-4　Contract Slip記載事項

記載事項	内　　容
依頼日	当該予約を申し込んだ日
外貨の売手・買手	輸入予約の場合には，売手＝金融機関 輸出予約の場合には，買手＝金融機関
外貨金額	外貨予約金額・通貨種類
適用レート	輸入予約の場合には，TTS 輸出予約の場合には，TTB
受渡時期	確定期間渡し（日付）／特定期間渡し（期間）

3 ｜ 会計上の取扱い

　予定取引について為替予約を付した場合，すなわちヘッジ取引の会計処理には，以下のパターンがある。

図表3-2-5　為替予約の会計処理パターン

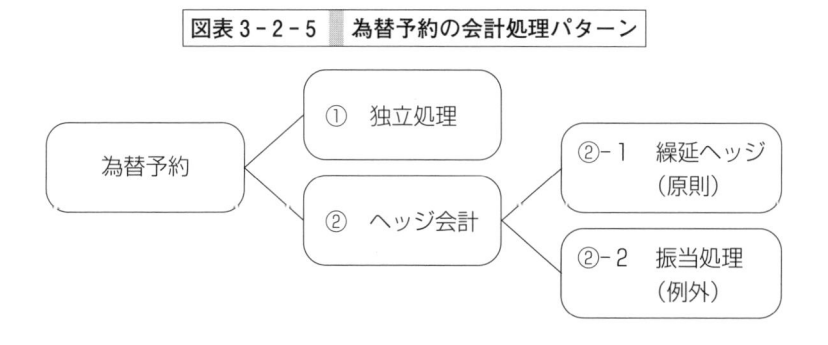

①　独立処理（ヘッジ取引にヘッジ会計を適用しない会計処理）

　独立処理は原則的な処理方法である。ヘッジ対象取引（外貨建取引により発生する債権債務），ヘッジ手段（為替予約等）をそれぞれ別個の取引として，関連する会計基準に沿って会計処理する。

　具体的には，独立処理はヘッジ対象取引（ここでは仕入取引），ヘッジ手段（こ

こでは為替予約）をそれぞれ別個の取引として処理する方法である。

したがって，仕入債務は外貨建取引等会計処理基準等に従って期末日に為替換算を行い，為替予約取引は，金融商品会計基準等に従って期末日に時価評価を行うことになる。

決算時の為替相場による換算により，外貨建金銭債権債務および為替予約に関して為替差損益が発生することになるが，外貨建金銭債権債務と為替予約の為替差損益は反対方向に発生するため，双方を総合して判断すると，為替相場の変動の影響は相殺されることになる。

このように，独立処理を行うことにより，ヘッジ会計という特殊な方法を用いなくても，ヘッジ効果が財務諸表に反映される。

② ヘッジ会計

ヘッジ会計は，ヘッジ取引の会計処理の方法による。

ヘッジ会計とは，ヘッジ取引のうち一定の要件を充たすものについて，ヘッジ対象に係る損益とヘッジ手段に係る損益を同一の会計期間に認識し，ヘッジの効果を会計に反映させるための特殊な会計処理をいう（金融商品会計基準29項）。

例えば，輸出入取引では，翌期以降に行われる輸出入取引の為替変動リスクを回避するために，当期において為替予約を行った場合，期末レートで換算される為替予約の評価差額を翌期以降に繰り延べることで，輸出入取引の為替差損益と，繰り延べた評価差額を同時期に対応させるものである。

ヘッジ会計には繰延ヘッジ，時価ヘッジ，振当処理の３つがある。

i 繰延ヘッジ

予定取引にヘッジ会計を採用する場合，原則的な方法は繰延ヘッジである。繰延ヘッジは，ヘッジ手段から発生した損益または評価差額を，ヘッジ対象から発生する損益が認識されるまで繰り延べる方法である。

したがって，期末日に為替予約について時価評価を行い，その差額を繰り延べることになる。

ii 時価ヘッジ（ヘッジ対象がその他有価証券の場合のみ）

ヘッジ対象の時価を貸借対照表価額とすることが認められているもの（現状，

その他有価証券のみ）については，その他有価証券を時価評価し，評価差損益を損益に計上することで，ヘッジ手段の損益とタイミングを一致させる。

ⅲ　振当処理

外貨建金銭債権債務をヘッジ対象，為替予約等をヘッジ手段とする場合，ヘッジ会計の特例として振当処理が認められている。

振当処理は，為替予約に関する直先差額（為替予約時の直物為替レートと先物為替レートとの差額）を為替予約時点と決済時点の期間で期間按分する方法である。

③　設　　例

以下，外貨建取引（ヘッジ対象）に対して，ヘッジ取引として，為替予約（ヘッジ手段）を実施した場合について，独立処理，繰延ヘッジ処理，振当処理を行った場合について設例を用いて解説する。なお，簡略化のため，証拠金，手数料，税効果会計は考慮しないものとする。

設例 3 - 2　独立処理

（前提条件）

- 1 月 1 日　A社は商品1,000ドルを掛取引で輸入した。買掛金の決済日は 5 月31日である。
- 2 月 1 日　上記1,000ドルに対し，ヘッジ目的で為替予約を行った。
- 3 月31日　決算日
- 5 月31日　買掛金および為替予約を決済した。

【為替レート（TTM）のデータ】

	直物為替相場	先物為替相場
取引発生日　（ 1 月 1 日）	110円	100円
為替予約日　（ 2 月 1 日）	115円	111円
決　算　日　（ 3 月31日）	117円	113円
決　済　日　（ 5 月31日）	120円	120円

【当該取引にかかる為替予約スリップ】

依頼日	2月1日
外貨の売手・買手	売り予約　ABC銀行
外貨金額	1,000ドル
適用レート	TTS　112円
受渡時期	確定期間渡し（5月31日）

会計処理（単位：円）

＜1月1日＞

（借）商　　　　品	[※]110,000	（貸）買　掛　金	110,000

（※）　1,000ドル×直物為替レート110円

＜2月1日＞

仕訳なし[※]

（※）　締結時点では，為替予約の価値（プラスまたはマイナス）は0である。

＜3月31日＞

掛取引

（借）為 替 差 損 益	[※]7,000	（貸）買　掛　金	7,000

（※）　7,000＝1,000ドル×（117円－110円）

　決算日の直物為替レートで換算を行う。円建ての買掛金が増加し，差額は為替差損益（費用）として計上する。

為替予約取引

（借）為 替 予 約	2,000	（貸）為 替 差 損 益	[※]2,000

（※）　2,000＝1,000ドル×（113円－111円）

　2月1日に為替予約を行った際には先物為替レートは111円である。一方，3月31日時点での先物為替レートは113円である。

　5月31日時点でドルを買う予約について，3月31日時点では113円の価格がついているところ，2月1日に予約した時点では111円で予約できているということである。すなわち，この為替予約は期末時点で113円－111円＝2円／ドルのメリットがあることになる。

＜5月31日＞

掛取引

（借）買　　掛　　金	117,000	（貸）現　金　預　金	^{（※）}120,000
為 替 差 損 益	3,000		

（※）　決済日の直物為替レートで買掛金を換算し，現金で決済する。

為替予約取引

（借）現　金　預　金	9,000	（貸）為　替　予　約	2,000
		為 替 差 損 益	7,000

（※）　決算日から決済日までの為替変動は為替差損益として計上する。

　決済日の為替レートが120円／ドルであるのに対し，予約日の先物為替レートは111円／ドルであり，当為替予約は9円／ドルの利益を生じている。したがって，1,000ドルでは9,000円の利益となる。

　ただし，このうち2,000円は予約日から決算日の先物為替レートの変動により生じた利益であるために，決算日に計上していた為替予約を取り崩す。結果として，当取引では買掛金の決済で120,000円の支出，為替予約の決済で9,000円の収入であり，トータル111,000円の支出となる。これは1,000ドル×111円（予約レート）と一致する。

設例3-3　繰延ヘッジ処理

前提条件

- 3月1日に為替予約を締結した（1,000ドル，ドル売り円買い，予約レート108円／ドル，決済日5月31日）
- 3月31日　決算日
- 4月10日に1,000ドルの売上を計上した（売掛金入金予定日5月31日）
- 5月31日に売掛金が入金され，為替予約について差金決済した。

【当該取引にかかる為替予約スリップ】

依頼日	3月1日
外貨の売手・買手	買い予約　XYZ銀行
外貨金額	1,000ドル

適用レート	TTB　107円
受渡時期	確定期間渡し（5月31日）

【為替レート（TTM）のデータ】

	直物為替相場	先物為替相場
為替予約日 （3月1日）	113	108
決　算　日 （3月31日）	110	105
売上計上日 （4月10日）	108	103
決　済　日 （5月31日）	100	－

会計処理（単位：円）

＜3月1日＞

仕訳なし

＜3月31日＞

（借）為 替 予 約	3,000	（貸）繰延ヘッジ損益	(※)3,000

（※）　為替予約を換算し換算差額を繰り延べる。
　　　1,000ドル×（108円－105円）

＜4月10日＞

（借）売 掛 金	108,000	（貸）売　　　　上	(※)108,000

（※）　直物為替レートで売上計上する。
　　　1,000ドル×108円

＜5月31日＞

掛取引

（借）現 金 預 金	100,000	（貸）売 掛 金	108,000
為 替 差 損 益	8,000		

為替予約取引

（借）現 金 預 金	8,000	（貸）為 替 差 損 益	8,000
（借）繰延ヘッジ損益	3,000	（貸）為 替 予 約	(※)3,000

（※）　為替予約を換算する。
　　　8,000 = 1,000 ドル ×（108円 − 100円）
　　　前期計上の為替予約3,000円を取り崩す。

　この取引では，3 月31日時点での為替差益は繰延ヘッジ損益として翌期に繰り延べて，翌期に反対の仕訳を入れて戻している。

　また，5 月31日の仕訳では，為替予約から発生した為替差益8,000円と，掛取引から発生した為替差損8,000円が相殺する形となっている。結果的にこの取引においては前期および当期ともに為替差損益がゼロになる。

　当該取引は売上取引の発生前から，売掛金回収日の 5 月31日までの為替予約を行っており，為替リスクはすべて為替予約取引によりカバーされていることから，為替差損益が 0 ということはこの為替リスクがすべてカバーされているといえる。

設例 3-4　振当処理

前提条件

- 1 月 1 日　A社は商品1,000ドルを掛取引で輸入した。買掛金の決済日は 5 月31日である。
- 2 月 1 日　上記1,000ドルに対し，ヘッジ目的で為替予約を行った。
- 3 月31日　決算日
- 5 月31日　買掛金および為替予約を決済した。

【為替レート（TTM）のデータ】

	直物為替相場	先物為替相場
取引発生日 （1 月 1 日）	110円	100円
為替予約日 （2 月 1 日）	115円	111円
決　算　日 （3 月31日）	117円	113円
決　済　日 （5 月31日）	120円	120円

【当該取引にかかる為替予約スリップ】

依頼日	2 月 1 日
外貨の売手・買手	売り予約　ABC銀行

外貨金額	1,000ドル
適用レート	TTS　112円
受渡時期	確定期間渡し（5月31日）

会計処理（単位：円）

＜1月1日＞

（借）商　　　　品	(※)110,000	（貸）買　掛　金	110,000

（※）　1,000ドル×直物為替レート110円

＜2月1日＞

（借）為　替　差　損　益	(※1)5,000	（貸）買　掛　金	5,000
（借）買　掛　金	4,000	（貸）前　受　収　益	(※2)4,000

（※1）　直直差額（取引発生日から為替予約日までの直物為替レートの差額変動）を認識する。
　　　　（取引発生日直物為替レート110円－為替予約日直物為替レート115円）×1,000ドル＝5,000円
（※2）　直先差額（為替予約日の直物為替レートと先物為替レートの差額）を認識する。
　　　　（為替予約日直物為替レート115円－為替予約日先物為替レート111円）×1,000ドル＝4,000円
　　　　直先差額は当期と次期にわたり配分するが，ここでは全額を前受収益として計上する。

＜3月31日＞

（借）前　受　収　益	2,000	（貸）為　替　差　損　益	(※)2,000

（※）　直先差額を期間按分し当期分を損益として認識する。為替予約締結日から決算日（2か月）と決算日から決済日（2か月）の比率で按分する。

＜5月31日＞

（借）買　掛　金	(※1)111,000	（貸）現　金　預　金	111,000
（借）前　受　収　益	(※2)2,000	（貸）為　替　差　損　益	2,000

（※1）　前期において予約レートで計上していた買掛金（1月の仕訳＋2月の仕訳）を決済する。
（※2）　繰り延べた前受収益を取り崩す。

④　ヘッジの有効性テスト

　ヘッジ会計を適用するためには，ヘッジの有効性テストを行い，ヘッジが有効であることを確認する必要がある（金融商品実務指針143項）。ヘッジの有効性テストは，事前テストと事後テストに分類される。

(i)　事前テスト

　ヘッジ取引開始時の適用要件として，ヘッジ取引が企業のリスク管理方針に従ったものであることが，次のいずれかによって客観的に認められることが求められる。

- 当該ヘッジ取引が企業のリスク管理方針に従ったものであることが文書により確認できる。
- 企業のリスク管理方針について明確な内部規程および内部統制組織が存在する。そして，当該ヘッジ取引が，内部規程・内部統制に従って処理されることが期待される。

(ii)　事後テスト

　企業は，指定したヘッジ関係について，ヘッジ取引時以降も継続してヘッジ指定期間中，高い有効性が保たれていることを確かめなければならない。すなわち，ヘッジ対象の相場変動またはキャッシュ・フロー変動とヘッジ手段の相場変動またはキャッシュ・フロー変動との間に高い相関関係があったかどうか（ヘッジ対象の相場変動またはキャッシュ・フロー変動がヘッジ手段によって高い水準で相殺されたかどうか）をテストしなければならない。

　ただし，一般的にヘッジ手段とヘッジ対象の資産・負債または予定取引に関する重要な条件が同一である場合には，ヘッジ開始時およびその後も継続して，相場変動またはキャッシュ・フロー変動を完全に相殺するものと想定することができる（金融商品実務指針158項）。

　したがって，そのような条件を満たす場合には，事後テストによる有効性の判定を省略することが可能である。

第3節 債権流動化

1 債権流動化の概要

(1) 債権流動化とは

　本節では，営業債権等について，回収期限到来前に他者に有償譲渡する等の方法により，債務者から直接回収する方法以外の方法で回収を行う，いわゆる債権流動化の契約および会計処理について解説を行う。

　債権流動化は，営業債権等を通常の回収サイトより早く回収することができるため，回収サイトが長い事業を行う会社や，短期的な資金繰りに不安のある会社によって，資金繰りを改善する目的で利用されるケースがある。また，営業債権が減少し，運転資金の圧縮を図ることができるため，営業債権回転期間，流動比率，自己資本比率といった経営指標を改善することが可能なことから，経営の効率性や財政状態の健全性を外部に示す目的で利用されることも多い。

　一方で，債権流動化の実施には，これを取り扱う金融機関等に対して一定の手数料を支払う必要があることから，営業債権から得られるキャッシュ・フローの総額は減少するため，債権流動化による効果と費用を比較考量して利用の是非を検討する必要がある。

(2) 債権流動化の手法

　一口に債権流動化と言っても，その手法は多岐にわたり，債権譲渡（ファクタリング等），営業債権を担保とした借入れ（ABL），営業債権の証券化を伴う譲渡，受取手形の裏書譲渡や割引も広くは債権流動化に含まれる。

　いずれの方法であっても，通常の回収サイトよりも早く資金を得られることから，資金繰り上の効果は同じものであるが，貸借対照表上の効果は異なることがある。例えば，営業債権を担保とした借入れの場合，あくまで借入れであることから，営業債権はオンバランスのまま，新たに借入負債を認識したうえ

で，営業債権について担保に供している旨の注記が行われる。この場合，借入れにより資金を得ることはできるものの，資産および負債は増加することになるため，経営指標の改善効果を得ることはできない。一方で，金融資産の消滅の条件を満たした債権譲渡の場合，営業債権をオフバランス処理することができるため，貸借対照表を圧縮することも可能となる。

　そのため，経営指標の改善を目指す場合，選択した流動化の手法やその契約内容がオフバランス処理の要件を満たすかどうか，事前に十分な検討が必要となる。以下では，債権流動化の手法のうち，債権譲渡による流動化を例として，オフバランス処理の要件について取り上げる。

⑶　**債権譲渡契約**

　原債権者が保有する営業債権を第三者に譲渡し，資金化するためには，原債権者を譲渡人，第三者を譲受人とした債権譲渡契約を締結する。債権の譲受人は金融機関や，金融機関が出資者を募って設立した特別目的会社であることが多い。

　通常，営業債権は譲渡を前提としていないため，原債務者は原債権者以外への支払いを想定しておらず，取引基本契約において営業債権の譲渡を禁止する条項が付されている場合も多い。そこで，債権譲渡契約にあたって，原債務者を参加させ，原債務者から譲受人に直接債務の支払いを行うよう，債権者と債務者の法律上の関係を変更する方法（図表3-3-1）と，原債権者と譲受人との二者間で，債権の譲渡に加え，譲渡人が譲受人に代わって原債務者からの債権回収の代行を行う契約を締結する方法（図表3-3-2）のいずれかの方法を採用するケースが多い。後者の場合，原債務者に債権譲渡を知られる懸念がないため，原債務者である得意先との関係に配慮が必要な場合などに採用されるが，原債権者と原債務者の二者間の法律関係は変化しないことから，債権のオフバランス処理について特に慎重に検討を行う必要がある。

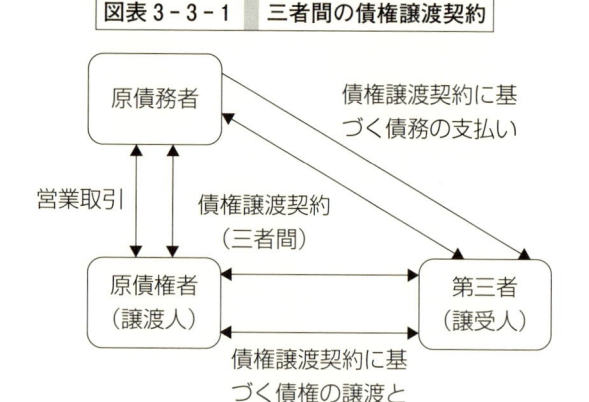

図表 3-3-1 三者間の債権譲渡契約

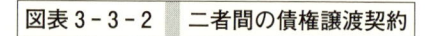

図表 3-3-2 二者間の債権譲渡契約

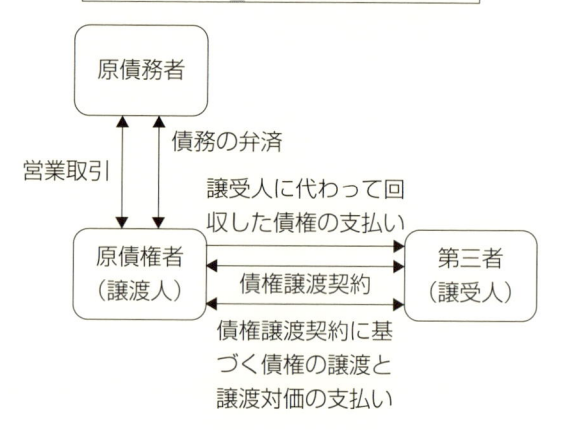

　契約の単位について，個別の債権ごとに契約を締結するほか，特定の譲受人との間で長期にわたり反復して債権譲渡を行おうとする場合，まず一定の期間にわたる包括的な契約を締結したうえで，後日具体的に譲渡を希望する債権を申込書等によって申し込む方法がとられることがあるが，譲渡債権や原債務者の性質は，オフバランス処理の是非の判断に影響しない。どのような契約単位，契約方法であっても，契約条項における権利義務に基づいて会計処理が定まることになる。

2 ┃ 契約書に必要な条項

　債権譲渡契約書では，図表3-3-3のような条項が記載されることが一般的である。

　債権譲渡には，原債務者の信用リスクのほか，原契約（債権の発生原因となった営業取引）の無効による債権の消滅のリスクや，場合によっては原債権者の信用リスクなどが存在することから，譲渡人と譲受人の間でそれぞれどのようにリスク負担を行うかが譲渡契約書に定められている。会計処理の検討の際には，貸倒れが生じた場合の条項のリスク負担に注目する必要がある。

図表3-3-3　契約書に必要な条項

条項	内　容
合意内容	債権譲渡の具体的な方法が記載される。
譲渡対象	譲渡対象となる特定の営業債権，または包括的な契約の場合は対象となる原債務者の名称や譲渡対象債権の決定方法について記載される。
譲渡対価	営業債権の譲渡対価，もしくは包括的な契約の場合は譲渡対価の決定方法が記載される。
譲渡日	債権が譲渡される日付，もしくは包括的な契約の場合には債権譲渡の申込期日等が記載される。
譲渡対価の支払方法	譲受人から譲渡人への譲渡対価の支払先や支払期日が記載される。
債権の回収方法	原債務者を含む三者間契約の場合には，原債務者から譲受人へ債務を支払う場合の支払先等が記載される。 原債務者を含まない二者間契約において原債権者である譲渡人が回収を代行する場合，代行して回収した債権の譲受人への支払方法，未回収債権の報告方法等が記載される。
貸倒れが生じた場合の取扱い	原債務者から債権の回収が不可能となった場合のリスクを譲渡人と譲受人のいずれが，どのような方法で負担するかが記載される。

表明保証	譲受人の保護のため，次のような項目が記載される。 ● 原債権者が原債務者の財政状態等について知り得る情報 ● 譲渡対象債権の発生原因となった営業取引が有効に行われていること ● 対象債権が担保等の処分に制限のある状態にないこと など。
原債権者の義務	譲受人の保護のため，次のような項目が記載される。 ● 原債権者が原債務者に対して負っている，譲渡対象債権に関する営業上の義務について，引き続き負担すること ● 原債権者が，原債務者の財政状態等について，債権の回収が困難となることが予想されるような情報を知り得た場合，譲受人に通知すること など。
買戻し条項	特定の条件下で，譲渡人が譲受人より譲渡債権の買戻しを行う義務を負う場合，または買戻しを行う権利を有する場合，その旨および条件が記載される。
契約解除	契約違反や表明保証と相違する事実が判明した場合に契約が解除される旨が記載される。
損害賠償	契約違反や表明保証と相違する事実が判明した場合の損害賠償の金額算定について記載される。
契約日付	当該債権譲渡契約が締結された日付が記載される。

3 ┃ 会計上の取扱い

　営業債権は，金融商品会計基準4項に例示されている金融資産であることから，同会計基準に基づき会計処理を行う。金融商品会計基準では，財務構成要素アプローチを採用しており，会計処理はその財務構成要素ごとに決定される（金融商品会計基準57項）。

　本項では，営業債権の譲渡に際して，論点となる主要な財務構成要素ごとに会計処理の概要を説明する。

(1)　営業債権の消滅

　営業債権の譲渡によるオフバランス処理の是非については，金融資産の契約上の権利に対する支配が他に移転したと認められるかどうかで判断される（金融商品会計基準8項）。金融資産の契約上の権利に対する支配が他に移転したと認められるのは，次の三要件がすべて充たされた場合である（金融商品会計基準9項）。

①　譲渡された金融資産に対する譲受人の契約上の権利が譲渡人およびその債権者から法的に保全されていること

　この条件は，譲渡された金融資産が譲渡人の倒産等のリスクから確実に引き離されていることを要求している。金融商品会計基準58項では，譲渡人が実質的に譲渡を行わなかったこととなるような買戻権がある場合や，譲渡人が倒産したときには譲渡が無効になると推定される場合を例として挙げているが，この判断においては，会計上ではなく，法的観点から判断することが求められている（金融商品実務指針248項）。

②　譲受人が譲渡された金融資産の契約上の権利を直接または間接に通常の方法で享受できること

　営業債権の場合，契約上の権利の享受は，営業債権を回収または譲渡することによりキャッシュ・フローを得ることで行われるため，譲受人が営業債権の回収や譲渡について制約を受けていない場合に要件を満たすこととなる。また，契約上譲渡制限が付されている場合であっても，以下のような実質的に譲受人の譲渡を制限するものではない場合，支配の移転を認めることとしている（金融商品実務指針32項および249項）。

　譲受人に最も有利な第三者からの購入申込みと同一条件による，譲渡人の優先的買戻権が付されている場合，譲受人は譲渡先を自由に選択できないものの，結果的に第三者に対する譲渡と同じ効果を得ることができるため，譲渡自体に制限があるとはいえない。

　譲受人が譲渡資産を売却または担保差入れをする場合において，債務者の不

利益にならないよう譲渡人の事前承認を必要とするとき，および譲渡人が自己の利益のために不合理に留保するときを除いて，譲受人に譲渡制限があるとはいえない。

また，競合他社への譲渡を禁止する条項が付されている場合において，競合他社以外に譲渡の候補が多数存在するときには，譲受人は競合相手以外の多数の交渉先があることから，譲渡制限があるとはいえない。

このように，譲渡制限に関する条項が実質的に譲受人の譲渡を制限しているかどうかにより，支配の移転が判断される。

③ **譲渡人が譲渡した金融資産を当該金融資産の満期日前に買い戻す権利および義務を実質的に有していないこと**

この条件は，実態として債権を担保とした借入れの性質を持つ金融取引が，債権の消滅として取り扱われオフバランス処理されることを防ぐためのものである。営業債権の譲渡契約の際にしばしば付される，債権が貸し倒れた場合の原債権者の買戻し義務については，あくまで貸倒れという事象が生じた時点で発生する買戻し義務であり，他の消滅の要件を満たしている限り，支配は譲受人に移転していると考えられる（金融商品会計Q&A Q10）。

(2) 回収サービス業務

本節「1(3) 債権譲渡契約」に記載したとおり，譲渡人と譲受人の二者間契約の場合，原債権者である譲渡人が，譲受人に代わって原債務者から債権の回収を代行するケースが多くみられる。このような回収サービス業務については，営業債権とは別の財務構成要素として識別される。回収サービス業務については，金融資産の消滅時に何らかの権利・義務が存在する場合における「残存部分」に該当し，金融商品実務指針39項において，次のとおり処理が定められている。

> **【金融商品実務指針39項】**
>
> 　回収サービス業務による収益が通常得られる収益を上回る場合，譲渡する営業債権の簿価を営業債権と回収サービス業務の時価の比率で按分し，回収サービス資産として計上する。また，回収サービス業務による収益が通常得られる収益を下回る場合，下回る部分の回収サービス業務の時価を回収サービス負債として計上する。ただし，回収サービス業務資産または負債に重要性がない場合については，資産または負債の計上は要しない。

(3)　買戻し権および買戻し義務の評価

　オフバランス処理の障害とならない買戻し権および買戻し義務については，営業債権の譲渡契約において新たに発生した資産および負債であるため，新たに時価により計上される（金融商品実務指針37項）。このときの時価については，時価算定基準に従って算定されることとなる。

　また，買戻し義務に対して譲渡人が金融負債を計上する場合，譲渡債権の貸倒れリスクについては，デリバティブに該当しないことから，時価による評価替えは行われず，対象債権の貸倒れリスク等の増加に伴い，将来の損失の発生可能性が高まった場合に，将来損失に相当する引当金を計上する必要がある（金融商品実務指針45項）。

(4)　偶発債務

　譲渡した債権が貸し倒れた場合において，債権を買い戻す義務が付されているときには，債権を買い戻す義務は将来において事業の負担となる可能性があることから，偶発債務に該当する。譲渡した債権に対する支払義務という点では，手形の遡求義務と同様の性質であり，すでに計上されている買戻し義務にかかる負債を除いた金額について，偶発債務の注記を行う必要がある（財務諸表等規則58条）。

4 ┃ 契約書を見るときの実務上のポイント

　債権流動化の会計処理を判断するうえで，契約書を確認する際，債権の消滅の要件を満たすか否か，および新たに発生する権利および義務を網羅的に識別することが重要となる。

(1)　債権の消滅

①　買戻し権の確認

　債権譲渡契約には，特定の条件において，譲渡人が譲受人から債権を買い取ることができる条項が付されるケースがある。例えば，下記のような条項の場合，決済日の30日前までであれば，譲渡人は自由に債権を買い戻すことができる。

第○条（本契約の解除）
　　1．甲（筆者注：譲渡人を指す）は，譲渡債権の決済日の30日前までに，乙（筆者注：譲受人を指す）に書面で通知した場合，乙に当該譲渡債権の債権額を支払うことで，本契約を解除することができる。

　このような条項が付されている場合，譲渡人が譲渡した金融資産を満期日前に買い戻す権利を実質的に有していると判断され，オフバランス処理を行えない可能性が高い。

　一方で，譲受人が契約に際して虚偽の申告をした場合のような例外的な状況において，譲渡人に買戻し権を認めるような条項が付されることが多い。このような条項であれば，実質的に譲渡人に買戻し権があると判断されず，オフバランス処理が可能となると考えられる。

②　買戻し義務の確認

　債権譲渡契約には，特定の条件において，譲渡人が譲受人から債権を買い取る義務を負う条項が付されるケースがある。代表的なものとしては，下記のように，貸倒れが発生した場合に，そのリスクを譲渡人に負担させることを目的

とした条項が挙げられる。

第○条（譲渡人の義務）

　1．甲は，原債務者が決済日までに全額の支払いを行わなかった場合，その時点で存在するすべての未回収債権について，速やかに乙に支払わなければならない。

　このような債権の回収が困難な場合にその債権を買い戻す義務は，通常不利な条件での債権の買戻しに相当することから，金融負債が発生している可能性がある（金融商品実務指針5項）。そこで負債の時価を算定し，計上する必要がある。

(2)　回収サービス業務に係る条項の確認

　回収サービス業務資産および負債は，その回収業務から通常得られる収益と実際の収益を比較することで算定され，重要性がない場合には計上する必要がない（金融商品実務指針39項）。回収サービスが複雑であれば回収サービスから通常得られる収益も大きくなるため，譲渡人が回収サービス義務を負う場合，まずは契約条項において，複雑性があるかどうかを検討する必要がある。回収サービスにかかる条項としては，次のようなものが考えられる。

第○条（債権の回収）

　1．甲は，自己の負担のもと，善良な管理者の注意義務を果たし，譲渡債権の管理及び回収を行う。

　2．甲は，譲渡債権の決済日までに受領した回収金を，当該決済日に乙に支払うこととする。

　3．甲は，譲渡債権の決済日までに未回収の債権がある場合，当該決済日に，未回収債権に係る原債務者名，決済日，未回収金額，回収見込みについて，書面で乙に報告を行う。また，甲は，決済日後に回収された債権がある場合，直ちにこれを乙に支払うこととし，同時に未回収債権に係る情報を更新し，書面で乙に報告を行う。

　例示のように，自社の保有する営業債権と同等程度の管理のみ要求されている場合，回収コストが多額に上ることは考えにくく，重要性の観点から計上を行わないと判断される可能性が高い。一方で，回収サービスに係る条項が複雑で，譲渡人がサービスの提供にあたって相当の労力を要する場合には，重要性がないとは言い切れず，回収サービス業務に係る時価を算定し，負債を計上する必要があるかを慎重に判断すべきである。

第4節　資金調達

1 資金調達取引の概要

　資金調達取引とは，金融機関・事業会社からの借入，社債・株式の発行等により，事業運営に必要な資金を調達する取引のことである。

　ここでは，企業担当者が直面する機会が多い，金融機関からの借入れについて解説する。

2 契約の種類

　金融機関（銀行等）の提供する主な貸出金の種類としては，主に図表3-4-1に掲げるものがある。

図表3-4-1　　貸出金の種類

証書貸出	金銭消費貸借契約書を交付する融資取引
手形貸出	銀行宛の支払手形（実際には借入専用の手形）を債務者が振り出すことにより，金融機関と債務者に債権関係を構築する貸出
当座貸越	会社が保有する一般当座口座，または専用の当座貸越口座に貸越限度枠を設定することにより実行される貸出
手形割引	会社が商取引により入手した期日前の受取手形を金融機関に持ち込むことで，金融機関に期日までの利息分を割り引いた価格で当該手形を買い取ってもらう取引

(1) 証書貸出

　証書貸出は，金銭消費貸借契約書を交付する融資取引であり，実務上，証書貸出の多くは以下の条件で契約されることが多い。

- 貸出期間は長期（1年以上）である。
- 貸出期間にわたり定期的に返済を行う。
- 主な資金使途は設備の導入・長期運転資金である。

(2) 手形貸出

　手形貸出は，銀行宛の支払手形（実務上は借入専用の手形であることが多い）を債務者が振り出すことにより，金融機関と債務者に債権関係を構築する貸出であり，実務上，手形貸出の多くは以下の条件で契約されることが多い。

- 貸出期間は短期（1年未満）である。
- 期末に一括で返済を行う。
- 主な資金使途は短期運転資金である。

(3) 当座貸越

　当座貸越は，会社が保有する一般当座口座，または専用の当座貸越口座に貸越限度枠を設定することにより実行される貸出であり，いずれの口座も貸越限度枠内で，反復して貸出返済が可能となる。実務上，当座貸越の多くは以下の条件で契約されることが多い。

- 貸出期間には期限がないが，定期的（通常，年1回）に金融機関の審査があり，契約の継続可否，貸越限度枠の変更が行われる。
- 主な資金使途は短期運転資金である。

(4) 手形割引／電子記録債権割引

　手形割引や電子記録債権割引は，会社が商取引により入手した期日前の受取手形を金融機関に持ち込むことで，金融機関は期日までの利息分を割り引いた

価額で当該手形を買い取る形式により実行される。

　手形割引は，手形の売却としての性格を持つとされるが，かつては手形を担保とした貸出として取引されていたという経緯から，金融機関では，上記に記載した各種貸出と同様，貸出の一種として取り扱われている。

　実務上，手形割引の多くは以下の条件で契約されることが多い。

> - 手形の期限内（通常の商行為に基づく手形なので短期）に実行される。
> - 主な資金使途は短期運転資金である。

　電子記録債権割引は，電子記録債権法による債権を銀行にて割り引く取引である。電子記録債権は手形債権とは根拠法が異なることから，紙媒体ではなく電子記録により発生し譲渡され，分割が容易に行えるなど異なる性質を有しているが，一般的には従来の手形の代替手段として利用されることも多い。したがって，従来の手形割引と同様に金融機関で割引を行うことが可能である。

　「電子記録債権に係る会計処理及び表示についての実務上の取扱い」（実務対応報告第27号）では，このような状況を踏まえ，会計上は手形債権に準じて取り扱うこととしている。

3 ┃ 契約書に必要な条項

(1)　銀行・信用金庫取引約定書

　金融機関と事業性融資取引を行う場合，銀行・信用金庫取引約定書を取り交わす。銀行・信用金庫取引約定書は，融資取引に共通して適用される事項を取りまとめたもので，継続反復して融資取引が発生する企業の融資において締結されるものである。なお，反復継続することが予想されない消費性ローン等については，当該ローンの契約書中に銀行・信用金庫取引約定書のうち，必要な部分が抜粋して記載される。

　銀行・信用金庫取引約定書は，共通して適用される事項を取り決めたものであるため，具体的な内容は，別途締結する契約その他規定により定められることが多い。このような特徴を踏まえて，銀行・信用金庫取引契約書では，共通

事項として一般的には図表3-4-2の条項が含まれる。

図表3-4-2　銀行・信用金庫取引約定書に必要な条項

条項	内　容
適用範囲	金融機関と顧客間で行われる借入取引（手形割引を含む）。
担保	担保の範囲として，担保契約で担保設定した物件が記載される。また，金融機関が占有している手形・有価証券等についても担保として取り扱われることもある。 担保の価値が下落した場合においては，追加の担保を提供することが記載され，債務の履行が行われない場合には，担保物件を処分することが記載される。
期限の利益喪失	期限の利益の喪失が発生する事象（破産手続開始，手形交換停止，債務の履行の遅延，債務者・保証人の資産に対して差し押さえがなされた場合など）が記載される。

(2)　金銭消費貸借契約書

　金銭消費貸借契約書は，証書借入の際に用いられる契約書である。金銭消費貸借契約書には，一般的に図表3-4-3の条項が含まれる。

図表3-4-3　金銭消費貸借契約書に必要な条項

条項	内　容
借入要項	借入金額 返済期限 返済方法 適用金利 資金受取・返済口座
利息・損害金	先払・後払の区別，日割計算の方法 遅延損害金の料率
保証人	保証人の義務について記載される。
銀行取引約定書の適用	当契約書に該当のない事項については，銀行取引約定書の条項を適用できる。

(3)　当座貸越契約書

　当座貸越契約書は，当座貸越契約に用いられる契約書である。当座貸越契約書には，一般的に図表3-4-4の条項が含まれる。

図表3-4-4　当座貸越契約書に必要な条項

条項	内　　容
契約極度	契約書記載の金額を極度額とする。 ただし，状況に応じて極度を変更することがある。
契約期限	契約書記載の期日を期限とする。 延長についての記載や期限の利益を喪失した場合についての取扱いが記載される。
返済方法	定期返済（残高の一定割合）／随時返済
利息	金融機関所定金利（一般的には変動金利）

4 ┃ 会計上の取扱い

　支払手形，買掛金，借入金，社債その他の債務は，債務額をもって貸借対照表価額とする（金融商品会計基準26項）。以下，借入金の種類ごとに会計処理を説明する。

①　証書借入・手形借入

　借入れの実行時の仕訳は以下となる。

(借)	現　金　預　金	×××	(貸)	借　　入　　金	(※1)×××
	前　払　利　息	(※2)×××			
	租　税　公　課　等	(※3)×××			

（※1）　借入金の債務額について，証書借入の場合は金銭消費貸借契約書の借入金額となる。また，手形借入の場合は手形の額面金額となる。

（※2）　前払利息について，特に手形借入の場合は，借入実行と同時に一定期間の利息が差し引かれて入金される場合がある。その場合には前払利息として当該金額を会計処理する。

（※3）租税公課について、契約によっては、借入実行に係る印紙税等の経費が差し引かれて入金される場合がある。その場合は当該経費を租税公課等、適切な科目で会計処理する。

② 当座貸越（一般当座貸越）

当座貸越の会計処理には、1勘定制および2勘定制がある。

(i) 1勘定制

1勘定制とは当座勘定のみを用いる方法であり、当座勘定が借方（プラス）の場合は当座預金として、当座勘定が貸方（マイナス）の場合は当座借入金として認識する。したがって、借入実行時には、通常の当座預金口座からの引出しと同じく以下の会計処理を行う。

（借）現　　　金　×××　（貸）当 座 勘 定　×××

決算時に、当座勘定が借方残高（プラス）の場合には当該残高を当座預金として、当座勘定が貸方残高（マイナス）の場合には当該残高を当座貸越として認識する。

（借）当 座 勘 定　×××　（貸）当 座 貸 越　×××

(ii) 2勘定制

2勘定制は当座預金勘定と当座貸越勘定を用いる方法であり、当座預金残高がプラスの場合には当座預金勘定を、当座貸越残高がマイナスの場合には当座貸越勘定を用いる。

（仕訳例）

買掛金300,000円について、小切手を振り出して支払いを行った。なお、現時点での当座口座の残高は100,000円（借方＝プラス）である。

（借）買 掛 金　300,000　（貸）当 座 預 金　100,000
　　　　　　　　　　　　　　　　当 座 貸 越　200,000

1勘定制と2勘定制の違いは、期中における会計処理の違いであり、決算時点においては、当座口座の残高に応じて、当座預金（資産）または当座貸越（負債）のどちらかになる点で、財務諸表に与える影響は同じである。

一般当座貸越自体がプラスであれ、マイナスであれ、1つの残高しか持ちえな

い以上，財務諸表上も資産あるいは負債のどちらかの表示となることになる。

　連結財務諸表等におけるキャッシュ・フロー計算書の作成に関する実務指針
3項では，「当座借越契約に基づき，当座借越限度枠を企業が保有する現金及
び現金同等物と同様に利用している場合があり，この場合の当座借越は，負の
現金同等物を構成するものとする。」との記載がある。
　一般当座貸越は，当座預金口座について一定限度まで残高がマイナスになる
まで引き出せるようにした契約であることから，その運用形態が，「当座借越
限度枠を企業が保有する現金及び現金同等物と同様に利用している」に合致す
る可能性が高く，その場合には，貸借対照表は借入金として表示されるものの，
キャッシュ・フロー計算書上は負の現金同等物として取り扱うことになる。

③　当座貸越（専用当座貸越）

　専用当座貸越の場合は，借入専用の当座口座が開設され，借入および返済に
ついては，利用者が自主的に管理をする必要がある。したがって，2勘定制に
準じて借入実行時には以下の仕訳を行う。

（仕訳例）

　専用当座貸越口座より，100,000円を借り入れ，普通預金口座に預け入れた。

（借）　現　金　預　金	100,000	（貸）　当　座　貸　越	100,000

④　手形割引

　手形割引は，会計上は借入でなく手形の売却として処理する。また，割引料
（金利相当額）が差し引かれて入金されることになる。

（仕訳例）

　受取手形額面100,000円につき金融機関にて割引を行い，割引料100円が差し
引かれ，残金が当座預金に入金された。

（借）　当　座　預　金	99,900	（貸）　受　取　手　形	100,000
手　形　売　却　損	100		

5 ┃ 契約書を見るときの実務上のポイント

(1) 担　　保

　金融機関から借入を行う場合には，担保が設定されることがある。担保が設定された場合には，計算書類等において次の事項の注記を行う必要がある（会社計算規則103条等）。

図表 3 - 4 - 5 ┃ 担保注記事項

> 資産が担保に供されている場合における次に掲げる事項
> イ　資産が担保に供されていること。
> ロ　イの資産の内容及びその金額
> ハ　担保に係る債務の金額

> 第○条
> 　抵当権設定者は，債権者のX銀行に対する下記債務を担保するため，銀行取引約定書の各条項のほか，当約定を遵守します。

債権額	○○○円
原因	YYYY年MM月DD日　金銭消費貸借契約
利息	年XX%
物件の表示	○○市△△番×× 　宅地　 YYm² ○○市△△番×× 　木造　 YYm²

(2) 金　　利

　金利について，契約書上，次のような記載が行われる。

【固定金利の例】

> 第○条
> 　債務者は，次の要項に基づき貴行から金銭を借り受けた。
> 　利率　年　XXXX％

【変動金利の例】

> 第○条　基準金利　各利率適用期間開始日の２営業日前の東京時間午前11
> 　　　　時に公表されるオファードレート（全銀協国内円TIBOR）
> 第○条　借入利率　基準金利に協議のうえ決定した利幅XXX％を加算し
> 　　　　た利率

> 第○条
> 　利払日は2022年６月30日以降３か月ごと，前回利払日の翌日（初回は借
> 入日の翌日）から各利払日までの利息を後払いする。

　金利については，金利計算期間に対する金利を計算期間の期初に支払う方法
（前払）と，期末に支払う方法（後払）がある。

　決算時には，経過勘定の処理を行う必要があるため，各貸出金の種類ごとに
下記の項目を確認する必要がある。

①　証書貸出

　証書貸出の金利支払条件は，金銭消費貸借契約書に記載がある。

②　手形貸出の場合

　手形貸出については，銀行取引約定書以外の契約書はなく，かつ，銀行取引
約定書には，具体的な金利の支払方法は記載されていないのが通常である。

　ただし，手形貸出を実行した際に手形貸付計算書が発行され，当該手形貸付
計算書には利率・利息計算期間等が記載されているので，当該計算書をもとに
経過勘定の会計処理を行う。

③ 当座貸越

当座貸越については，当座貸越契約書に金利条件の詳細が記載されている。取引金融機関および個別の商品ごとに異なるが，基本的には，毎月利息が徴求されることが多いため，経過勘定の会計処理を行う必然性は低いことが多い。

④ 手形割引／電子記録債権割引

手形割引や電子記録債権割引では，利息相当の割引料が徴収される。割引料は利息と同様の方式で計算されるが，手形割引や電子記録債権割引では会計上，借入ではなく手形の売却になるので，当該割引料（手形売却損）の期間按分は不要である。

(3) 財務制限条項

財務制限条項について，契約書上，次のような記載が行われる。

> 第○条
>
> 　借入人は，本契約締結日以降，借入人が本契約上の債務のすべての履行が完了するまで，以下の各項を遵守する。
>
> ①　毎月の売上高が○か月連続して前年同月の売上高と比較して○％下回らないこと。
>
> ②　各年度の決算期における損益計算書の経常利益の金額を○○円以上に維持すること。
>
> ③　各年度の決算期における貸借対照表の資本金の部の金額を○○円以上に維持すること。

財務制限条項付融資は，シンジケートファイナンスに多くみられるほか，財務制限条項を遵守することで，有利な条件で借入を行うことができる商品もある。コベナンツ付融資を利用している場合における会計上の留意点としては以下がある。

仮に財務制限条項に抵触している場合には，継続企業の前提に重要な疑義を生じさせるような事象または状況として例示される，「借入金の返済条項の不

履行又は履行の困難性が生じている状況」に該当する可能性があるため、「継続企業の前提に関する開示について」（監査・保証実務委員会報告第74号）に従い、コベナンツ抵触の状況への対応策への検討、注記の必要性について検討する必要がある。

　また、財務制限条項付融資については、それが財務諸表等に重要な影響を及ぼすと認められる場合などには、追加情報への記載が必要となるほか、有価証券報告書等の事業等のリスクなどに記載することを検討する必要があると考えられる。

(4)　金利スワップ

　借入金自体の契約とは別に変動金利と固定金利を変更する金利スワップ契約を締結することがある。例えば、変動金利の借入金に対して、変動金利を固定金利に変更する金利スワップ契約を締結することにより、実質的に固定金利の借入金に変更することが可能となる。

　金利スワップ自体はデリバティブ取引であることから、原則としてデリバティブ取引として時価評価し、評価差額は当期の損益として処理をする必要がある（金融商品会計基準25項）。

【金利スワップの特例処理】

　ただし、金利スワップが、固定利付債務の支払利息を変動利息に、あるいは、変動利付債務の支払利息を固定利息に実質的に変換するなど、原価評価されている資産または負債に係る金利の受払条件を変換することを目的として利用されているものがある。

　当該資産または負債と金利スワップがヘッジ会計の要件を充たしているものについては、本来、金利スワップの評価差額を貸借対照表に計上する処理を行うが、金利スワップの想定元本、利息の受払条件（利率、利息の受払日等）および契約期間が金利変換の対象となる資産または負債とほぼ同一である場合には、金利スワップを時価評価せず、両者を一体として、実質的に変換された条件による債権または債務と考え、金利スワップの評価差額を繰り延べる処理に

代えて，当該金利スワップに係る金銭の受払の純額等を当該資産または負債に係る利息に加減して処理することも認められる（金融商品会計基準107項，金融商品実務指針177項）。

　このような会計処理は，金利スワップの特例処理と呼ばれる。すなわち，一定の条件を満たすならば，変動金利の借入金について，変動金利を固定金利に変換する金利スワップであれば固定金利の借入金のように会計処理し，また，固定金利の借入金について，固定金利を変動金利に変換する金利スワップであれば，変動金利の借入金のように会計処理をすることが認められている。

　金利スワップの特例処理の適用にあたっては，まず会計方針として金利スワップの特例処理を採用することを決定したのち，契約書の以下の条項を確認し，金利スワップの特例処理が適用できるかを確認する必要がある。

第○条　金利スワップ契約の条件
　ABC株式会社が自社の変動金利借入金（金利TIBOR 6 か月プラス 1 ％）を実質的な固定金利借入金（2 ％）に変換するため，XYZ銀行と金利スワップを締結した。

第○条　この契約に基づくスワップ取引の条件は以下のとおりである。
　　1．想定元本　JPY1,000,000,000円
　　2．契約日　2022年 1 月10日
　　3．開始日　2022年 2 月12日
　　4．満了日　2032年 3 月10日
　　5．固定金額
　　　固定金利支払人　ABC社
　　　固定金利支払日　2022年 3 月10日から2032年 3 月10日まで，毎月10日
　　　固定金利　2 ％／年
　　6．変動金額
　　　変動金利支払人　XYZ銀行

> 変動金利支払日　2022年 3 月10日から2032年 3 月10日まで，
> 毎月10日
> 変動金利　1 ％＋TIBOR6M

　この金利スワップにより，ABC社は，2 ％を支払うことで，XYZ銀行からTIBOR 6 か月 1 ％を受け取ることができる。この受け取った金利でABC社は変動金利借入金の金利を支払うことで，実質的に 2 ％の固定金利の借入金を借り入れているのと同様の効果となる。

　上記の金利スワップの特例条件を適用するポイントは以下のとおりである。

- 想定元本（○○円）が対象となる借入金の金額とほぼ同額であること
- 契約期間（契約開始日，契約終了日）が借入金の期間とほぼ一致すること
- 金利（この場合，金利スワップで受け取る金利［TIBOR 6 か月プラス 1 ％］）が借入金の金利と概ね一致していること

第4章

不動産取引に関する契約書の読み方

第1節　不動産売買

　本節では，不動産売買契約書に基づき不動産の売買取引を行う際の買主側と売主側のそれぞれにおける会計処理および契約書の確認ポイントを解説する。

1 ┃ 不動産売買取引の概要

　不動産売買取引とは，不動産の売却および購入をいい，売主と買主が目的物および代金を確定させ，売主が当該目的物を買主に移転することを約し，買主がこれに対して代金を支払うことを約することで成立する（民法555条）。
　一般的に，不動産売買の契約は不動産売買契約書に基づき行われる。

2 ┃ 契約書に必要な条項

　不動産売買契約に関しては，一般的に契約当事者双方にとって，金額やリスクの大きい取引であると考えられるため，契約の効力を生じさせるための条項のほかに，買主あるいは売主が不測のリスクを被ることを避けるための条項が盛り込まれている。また，売主と買主に関して生じるさまざまなリスク負担を定める条項が追加されていることも多い。
　一般的に考えられる条項としては下記の条項がある。

目的物および売買金額を定めるための条項
・目的物 ・売買代金 ・境界の明示 ・売買対象面積
決済条件あるいは売買契約の効力発生日を確定させるための条項
・事実の表明および保証 ・所有権移転の時期 ・引渡し ・支払方法 ・所有権移転登記
不動産の売買に関する公租公課の負担区分に関する条項
・印紙の負担区分 ・公租公課の負担
対象不動産に係る収益および費用の精算に関する条項
・収益物件の収益負担および管理経費の負担
契約の解除，瑕疵担保等の責任に関する条項
・履行義務の前提条件 ・負担の消徐 ・手付解除 ・引渡し前の滅失・損傷 ・不動産の維持・管理責任 ・瑕疵担保責任
その他
・反社会的勢力の排除 ・守秘義務 ・諸規定の承継 ・裁判の管轄

3 会計上の取扱い

　不動産の売買に係る会計処理は，販売用か自社利用かによって異なることか

ら，保有目的に応じて下記の会計処理を行う。

(1)　販売用不動産として取得した場合の会計処理

①　取得時の会計処理

　販売目的で取得した不動産については，購入価格に付随費用を加えた合計金額を取得原価として棚卸資産に計上する。取得原価は，一般的に個々の物件ごとに，あるいは販売区画ごとに集計する。

　付随費用は，一般的に土地代金，仲介手数料，不動産取得税，登記移転の場合の登録免許税，造成費用，建物の建築費用などが含まれると考えられる。

　また，不動産を取得する際に受けた融資に係る利子は，期間費用として処理するが，不動産開発事業を行う場合に取得した不動産に紐付く融資に係る，いわゆる紐付き融資に係る利子については，一定の要件を満たす場合，原価算入することが認められる（不動産開発事業を行う場合の支払利子の監査上の取扱いについて（日本公認会計士協会））。ただし，要件が煩雑であることから，実務上は利子を原価算入しているケースは少ないと考えられる。

②　期末時の会計処理

　販売用不動産は，取得原価をもって貸借対照表価額とする。ただし，期末に個々の物件ごとに，あるいは販売区画ごとの正味売却価額が取得原価よりも下落している場合には，当該正味売却価額をもって貸借対照表価額とし，取得原価と正味売却価額との差額は原則として収益性の低下による簿価切下額として当期の売上原価に計上する（棚卸資産会計基準7項，17項）。

　正味売却価額について，市場価格が観察できない場合には，合理的に算定された価額を売価とする。合理的に算定された売価には，期末前後での販売実績に基づく価額を用いる場合や，契約により取り決められた一定の売価を用いる場合なども含まれる（棚卸資産会計基準8項）。

　前期に計上した簿価切下額は，継続適用を原則として，棚卸資産の種類ごとに当期に戻入れを行う方法（洗替え法）と行わない方法（切放し法）のいずれかを棚卸資産の種類ごと，かつ売価の下落要因（物理的劣化，経済的劣化，ま

たは市場の需給変化）ごとに選択することができる（棚卸資産会計基準14項）。

収益性の低下が臨時の事象に起因し，かつ，多額である場合には，特別損失に計上する。特別損失に計上する場合，当該簿価切下額の戻入れを行うことができない（棚卸資産会計基準17項）

③　販売時の会計処理

不動産を販売した場合，一般的に，物件を引き渡した時点で収益を計上する。収益金額は顧客との売買契約金額を基礎として測定し，売上高に計上する。

(2)　固定資産として取得した場合の会計処理

①　取得時の会計処理

販売目的ではなく，自社で継続的に利用する目的で不動産を取得した場合，原則として購入価格に付随費用を加えた合計金額を取得原価として固定資産に計上する（企業会計原則第三・五D）。購入価格は一般的に売買契約書に記載された価額で測定する。固定資産取得の認識時点は不動産の引渡時点となるが，引渡日を決済日とすることが一般的である。

付随費用には固定資産の取得に直接要した費用が含まれる。不動産に関していえば，仲介手数料，鑑定評価書取得費用，不動産取得税，各種調査の調査費用等，さまざまな費用が取得に直接要した費用として取得価額に含められる。

また，値引きまたは割戻しを受けた場合には購入代金から控除する。

②　期末時の会計処理

固定資産に計上した不動産は，建物等のように時間の経過により劣化するものについては使用開始時から減価償却により毎期規則的に費用配分する。

また，「固定資産の減損に係る会計基準」に従って減損判定を行い，減損の要件を満たす場合には減損損失を計上する。

③　売却時の会計処理

不動産を売却した場合，一般的に，物件を引き渡した時点で収益を認識し，

当該時点の帳簿価額と売却価額との差額を固定資産売却損益として処理する。売却価額は一般的に売買契約書に記載された価額で測定する。

　固定資産売却の認識時点は不動産の引渡時点となるが，引渡日を決済日とすることが一般的である。売却に際して付随費用等が発生した場合には，売却損益に加減算する。売却損益に含められる付随費用等に関しては，売却に伴う仲介手数料や各種調査費用のほか，売却に際して契約に基づき売主が負担する修繕費等も含まれると考えられる。

4 ┃ 契約書を見るときの実務上のポイント

　通常の不動産売買取引については，買主にとっては不動産売買契約書の購入価格に付随費用を合計した価額が取得原価となり，売主にとっては不動産の売却価格に売却時の帳簿価額を控除した金額を不動産売却損益として計上するため，売買価格および売買の効力発生時期を確認することが重要となる。

　そのうえで，不動産売買契約書には買主あるいは売主が取引に関して不測の損失を被るリスクを回避する条項，あるいは買主が不動産購入の目的を達成できないリスクを被ることを回避するために規定されている条項が，会計処理に影響を及ぼす可能性を慎重に検討する必要がある。

(1)　目的物および売買代金の決定

　不動産売買契約書には目的物および売買代金が記載される。

> 第〇条　目的物および売買代金
> 　甲は乙に対し，甲が所有する末尾記載の土地建物（以下，土地を「本土地」，建物を「本建物」という。また，本土地および本建物を総称して「本物件」という）を次のとおり，計〇円で売り渡し，乙は，〇〇の目的で譲り受ける。

1	土地	金	○○円
2	建物	金	○○円
3	上記2に係る消費税	金	○○円
合計		金	○○円

　土地建物を一括して取得する場合には，取得代金のうち，土地建物それぞれに関する購入価格相当額（購入価格の内訳）と消費税額が記載される。

　消費税は，土地に関しては非課税であるが，建物は課税されること，購入価格の内訳相当額が土地建物それぞれの取得価額を構成することから，会計処理の観点からは購入代金が土地と建物にどのように配分されているかを把握することが重要である。

　土地と建物への購入代金への配分方法については，不動産売買契約書に記載されていない場合がほとんどであるが，一般的には売買を行うために不動産鑑定評価書を取得し，当該不動産鑑定書における土地と建物の積算価格の比で配分されることが多い。

(2)　対象不動産の引渡日および支払方法

　対象不動産の売買の会計処理は，原則として対象となる不動産の所有権が移転された時点で行う。

第○条　所有権の移転時期
　本物件の所有権は，甲が乙から第○条に定める売買代金の支払いを受けたときに，甲から乙へと移転する
第○条　引渡し
　1　甲は乙に対し，第○条に定める売買代金の支払いを受けるのと引換えに，本物件，本物件および付帯設備の鍵類一式，建築確認通知書，検査済証書および図面・仕様書ならびに本物件に付属する給排水・電気・防災等の諸設備について甲が現に保有する関係書類（保守管理契約書・保守点検報告書・保証書・取扱説明書等）を引き渡す。
　2　乙は，甲に対し，引渡確認書を交付して，前項に定める本物件の引

　　渡し（以下「本引渡し」という）の確認を行う。
第〇条　支払い
　　甲は乙に対し，第〇条に定める金員（以下「売買代金」という）のうち，
この契約の締結時期と同時に，手付金として金〇円を以下の口座に振り込
む方法により支払う。なお，振込手数料は乙の負担とする。また，手付金
は無利息とし，売買代金の金額を支払う際に，売買代金の一部に充当する。
　　金融機関　　〇〇銀行〇〇支店
　　種　　別　　普通預金
　　口座番号　　〇〇〇〇
　　名 義 人　　〇〇〇〇

　一般的には目的物の引渡しと売買代金の支払いの確認をもって所有権の移転
とする場合が多いため，支払いの完了の確認時に固定資産の売買の会計処理を
行えば足りる。実務上は，手付金あるいは中間金を支払い，不動産の引渡日に
残額の支払いの履行が行われることもある。
　なお，所有権移転の登記は第三者への対抗要件を示すものであり，会計処理
は登記完了時点ではなく，売買契約書に記載された所有権の移転時期に行うも
のと考えられる。

(3)　公租公課の負担

第〇条　公租公課
　　甲および乙は，本物件から生じる収益または本物件に対して賦課される
固定資産税，都市計画税等の公租公課ならびにガス，水道，電気料金およ
び各種負担金等の諸負担について，引渡完了日の前日までの分を甲の収益
または負担とし，引渡完了日以降の分を乙の収益または負担として，引渡
完了日またはその後速やかに精算する。

　不動産に関する公租公課には，固定資産税，都市計画税，不動産取得税があ
る。不動産取得税は当然買主が負担する租税であるため，買主側は不動産の取

得原価に含めるか，取得原価に含めず購入時の費用として処理する。固定資産税および都市計画税については，市町村が毎年1月1日付けの固定資産の課税台帳に記載された名義人に対し課税されるが，地域によって慣習が異なる場合等があり，買主と売主の負担関係やどの時点の金額を基準として精算を行うかは，売買契約書に定められることが多い。

　負担関係については，365日の日割計算により引渡日の前日までは売主負担，引渡日以降は買主負担とすることが一般的である。精算方法については，前年度の税額等により引渡し時に精算するか，引渡時点では精算せずに，納付書が送付された時点で精算する方法等があるため，付随費用を購入価格に加算する，あるいは売却損益に加算減する際に留意が必要である。

(4)　対象不動産に係る収益および費用の精算

> 第〇条　収益および費用ならびに管理経費の負担
> 　譲渡実行日が属する本物件の収入および費用については，譲渡実行日以前の期間に対する部分は売主に帰属し，譲渡実行日の当日以降に対応する部分は買主に帰属する。

　収益物件の売買に関する収益や費用の期間帰属に関しても，固定資産税や都市計画税と同様，365日の日割計算により引渡日の前日までは売主負担，引渡日以降は買主負担とすることが一般的であるが，契約上別途の定めがある場合があるので留意が必要である。

　また，精算方法についても売買契約書に定めがある場合がほとんどであるため，特に不動産の売買と収益および費用の精算が会計期間をまたいで行われる場合，売主または買主に帰属する費用の計上漏れがないように留意が必要となる。

(5)　瑕疵担保責任等

　民法上，売買の目的物に隠れた瑕疵があった場合に，買主は売主に対する損

害賠償請求，および当該瑕疵の存在により契約の目的を達成できないときには，契約の解除をすることができる（民法570条，566条）。

> 第○条　瑕疵担保責任
>
> 　乙は，甲に対し，本物件に瑕疵があり，本契約を締結した目的を達せられない場合には本契約の解除を，その他の場合には損害賠償を請求することができる。

　「瑕疵」として何を想定するかについて，契約書に詳細な規定がある場合に，当該事実の発生により売主と買主との間で新たな権利義務が生じる可能性があり，それが会計処理に与える影響に関して把握しておく必要がある。（なお，瑕疵担保責任のうち，土壌汚染義務に関しては後述する。）

5 ▎売主と買主で特段に定める契約条項

　前記のとおり，売主と買主に関して生じるさまざまなリスク負担を定める条項が追加されていることも多い。例えば，下記の契約が存在する場合，会計処理を検討する際に，留意する必要がある。

(1)　買戻条件特約

　売手が資産を買い戻す権利（先渡取引）や売手が資産を買い戻す義務（コール・オプション）のような条件が付いている場合において，不動産の買戻価格が当初の販売価格より低いときには，当該契約をリース会計基準に従ってリース取引として処理する。買戻価格が当初の販売価格以上であるときには，当該契約を金融取引として処理する（収益認識会計基準69項）。

　また，買手が売手に資産の買戻しを要求する権利（プット・オプション）のような条件が付いている場合において，買戻価格が当初の販売価格より低いときには，買手がプット・オプションを行使した場合の経済的インセンティブを考慮し，経済的インセンティブがある場合にはリース取引，ない場合には返品権付販売として処理する。買戻価格が当初の販売価格より高いときには，金融

取引として処理する（収益認識会計基準72項，73項）。

(2)　土壌汚染

> 第○条　土壌汚染
>
> 　　1　乙の土壌汚染調査の結果，本物件に土壌改良が必要となる汚染が発見された場合には，甲は，甲の責任と負担にて土壌改良を行うものとする。なお，乙が通知した相当の期間内に甲が土壌改良を行わなかったときは，乙は，土壌改良を行い，それに要した一切の費用を甲に請求することができる。
>
> 　　2　乙は，前項の土壌汚染によって乙が被った一切の損害賠償責任を甲に請求することができる。

　瑕疵担保責任の中で，土壌汚染については特に買主への追加負担や資産価値の下落をもたらすことがある。このため，買主として土壌汚染リスクが想定される場合は瑕疵担保責任とは別個に規定が設けられていることがある。土壌汚染対策法は，特定の状況で土地浄化の義務を求める場合があるため，土壌汚染に関する将来の土地浄化義務が企業に課され，それが企業会計原則注解（注18）に定められる要件に当てはまる場合，土壌汚染対策に係る費用の契約上の負担者は引当金を計上することになる。

(3)　共有持分

　売買契約書の条項に関する留意点ではないが，不動産は現物そのものの売買のほか，不動産を「信託」として設定したうえで，信託受益権として売買を行う場合が考えられる。また，物件の所有権を複数の所有者で所有することを「共有」といい，各共有者が持つ所有権の割合を「持分」というが，不動産の持分を取得あるいは売却の対象とする場合もある。この場合には，持分を保有することによる権利関係を別途協定書等で定める場合があるため，協定書等で定められた権利義務の負担関係が会計処理に影響を及ぼす可能性がある点に留意す

る必要がある。

　なお，不動産を「信託」として複数の所有者で所有することを「準共有」という。「信託」に関しては，第8章で解説する。

6 ┃ 不動産の譲渡先がSPCである場合に考慮する事項

　企業の活性化や資金調達の多様化に伴い，不動産を流動化して不動産の譲渡を行う取引が行われている。

　特別目的会社（SPC）に対する売却が行われた場合，譲渡を行ったにもかかわらず，経済環境の変化等による地価下落やその他の当該流動化した不動産に係るリスクが依然として譲渡人に存在していると認められるときがある。このため，不動産流動化実務指針において，「不動産が特別目的会社に適正な価額で譲渡されており，かつ，当該不動産に係るリスクと経済価値のほとんど全てが，譲受人である特別目的会社を通じて他の者に移転していると認められる場合には，譲渡人は不動産の譲渡取引を売却取引として会計処理」し，他方「不動産が特別目的会社に適正な価額で譲渡されているが当該不動産に係るリスクと経済価値のほとんど全てが，譲受人である特別目的会社を通じて他の者に移転していると認められない場合には，譲渡人は不動産の譲渡取引を金融取引として会計処理する。」とされている。

　不動産の譲渡，特に特別目的会社への不動産の売却を行う場合には，契約書を見る際に，以下の例示項目に該当するような条項がないかに留意が必要と考えられる。

【譲渡人が継続的に関与している場合の例示項目】
(1)　譲渡人が譲渡した不動産の管理業務を行っている場合
(2)　譲渡人が不動産を買戻条件付で譲渡している場合
(3)　譲受人である特別目的会社が譲渡人に対して売戻しの権利を保有している場合
(4)　譲渡人が譲渡不動産からのキャッシュ・フローや譲渡不動産の残存価額を実質的に保証している場合

(5) 譲渡人が，譲渡不動産の対価の全部または一部として特別目的会社の発行する証券等（信託の受益権，組合の出資金，株式，会社の出資金，社債，劣後債等）を有しており，形式的には金融資産であるが実質的には譲渡不動産の持分を保有している場合

(6) 譲渡人が譲渡不動産の開発を行っている場合

(7) 譲渡人が譲渡不動産の価格上昇の利益を直接または間接的に享受している場合

(8) 譲渡人が譲受人の不動産購入に関して譲受人に融資または債務保証を行っている場合

(9) 譲渡人がセール・アンド・リースバック取引により，継続的に譲渡不動産を使用している場合

第2節　不動産賃貸借取引に関する契約

1 不動産賃貸借取引の概要

(1)　不動産賃貸借取引

　賃貸借とは，賃貸人があるものを賃借人に使用収益させ，これに対して賃借人が使用収益の対価（賃料）を支払う契約をいう（民法601条）。

　動産でも不動産でも使用収益に対して対価を支払う関係にあれば，賃貸借の対象になるが，本章では建物賃貸借契約を想定して解説を行う。

　不動産賃貸においては，賃貸人と賃借人としてのテナントとの間で賃貸借契約が締結され，テナントの入居後は賃貸借の契約条件に従って，毎月，賃貸料や共益費を収受する。事務所や住宅の賃貸借期間は一般的に2年程度と考えられるが，商業施設等の賃貸で，テナントの仕様に合わせて建設した建物などについては，賃貸借期間は長くなる傾向にある。また，賃料の決定には，毎月一定額を収受する固定賃料と，最低保証額を設けるとともにテナントの売上高等に応じて歩合の家賃を収受する変動賃料がある。

　また，入居後の一定期間について賃料を無料とする賃貸借契約であるフリーレントをはじめとして賃貸契約にさまざまな特約が付加されることもあり，それらの契約条項も会計処理に影響を与えうる論点となる。

(2)　不動産賃貸借契約の種類

　不動産賃貸借契約には，大きく分類して4つの類型がある。それぞれの定義および特徴については，以下のとおりである。

①　普通借地権

　借地権とは，建物の所有を目的とする地上権または土地の賃借権をいう（借地借家法2条1号）。地上権とは，土地の所有者との地上権設定契約により，

他人の土地において工作物または竹木を所有するため，その土地を使用する権利である（民法265条）。賃借権とは，土地の所有者との賃貸借契約により賃料を支払い土地を使用および収益する権利である（民法601条）。

借地権の期間は原則として30年であり，契約により30年を超える期間を定めることも可能である（借地借家法3条）。

② 定期借地権

（ i ） 一般定期借地権（借地借家法22条）

借地期間が50年以上の借地権である。また，特約として契約の更新および建物の築造による期間の延長がなく，建物等の買取請求権を排除することができる。これらの特約は，公正証書による等書面によってしなければならない。

（ii） 事業用定期借地権（同法23条）

借地期間が10年以上50年未満の専ら事業の用に供する建物の所有を目的とする借地権である。借地期間が10年以上30年未満の場合には一般定期借地権に記載の特約を付す必要があるが，30年以上50年未満の場合には任意である。

（iii） 建物譲渡特約付借地権（同法24条）

借地期間が30年以上の場合に，建物を土地の所有者に譲渡することができる特約を借地契約に含めることができる借地権である。

③ 普通建物賃貸借契約（同法26条から29条）。

期間を定める，または定めない賃貸借契約である。加えて，契約の更新も可能である。賃貸人から契約の更新を拒絶，または解約の申入れをする場合には，建物の使用を必要とする事情等の正当の事由がなければ認められない。

④ 定期建物賃貸借契約（同法38条1項から6項）

期間を定めた賃貸借契約である。加えて，契約の更新は不可能（再契約は可能）である。この場合，公正証書による等書面によって契約をする必要がある。

また，賃貸人は，あらかじめ賃借人に対して契約の更新がなく，期間の満了により契約が終了することについて，契約書とは別の書面を交付して説明しなければならない。説明がない場合には，契約の更新がないこととする定めは無

効である。さらに期間が1年以上の場合には，賃貸人は期間満了の1年前から6か月の間に賃借人に対して期間満了により賃貸借が終了する旨を通知しなければならない。

(3)　本節で取り扱う不動産賃貸借契約

本節では，普通建物賃貸借契約と定期建物賃貸借契約を取り扱う。

普通建物賃貸借契約では，「正当な理由」がある場合でなければ賃貸人から契約の拒絶や解約の申入れができない。ただし，特約として契約解除権等を付す場合がある。

これに対し，定期建物賃貸借契約は契約で定めた期間が満了することにより，更新されることなく，確定的に賃貸借が終了する賃貸借契約である。定期建物賃貸借の契約期間は1年未満の期間でも設定可能だが，一般的には長期に及ぶことが考えられる。そのため，賃料についても，将来の賃料相場変動リスク等に対応するため，賃料に関して特約が定められていることが多いと考えられ，特に賃料改定時には留意が必要である。

2 ┃ 契約書に必要な条項

賃貸借契約書には図表4-2-1に掲げる条項が記載されることが一般的と考えられる。

図表4-2-1　賃貸借契約書における記載条項

条項	内　容
契約の目的	賃貸人が賃借人に使用収益させる物件の対象が記載される。
賃貸借期間	賃貸借期間が記載される。
使用目的	借手の使用目的が記載される。
賃料	契約で定める賃料が記載される。
共益費	契約で定める共益費が記載される。

賃料等の改定条件	契約で定める賃料等を改定する条件が記載される。
敷金	敷金の預託，利息の取扱い等が記載される。
費用負担等	修繕等の費用負担および実施方法が記載される。
原状の変更	増改築，改造，模様替え，新たな造作設備の設置等，原状の変更を行う場合の条件が記載される。
禁止・制限行為	契約上，物件管理上の禁止事項・制限事項が記載される。
中途解約	中途解約条件が記載される。
原状回復	原状回復に関する義務が記載される。
造作買取請求	賃借人が実施した造作費用の請求等の可否が記載される。
損害保険の付保	損害保険の付保条件が記載される。

3 ┃ 会計上の取扱い

(1) 賃料・共益費の会計処理

> 第○条　賃料
> 　賃料は月額○○円とする。1か月に満たない賃料の計算は日割計算とする。
> 第○条　共益費
> 　賃借人は，共益部分の維持管理に必要な水道光熱費，清掃費，保守点検費等に充てるため，共益費として月額○○円を賃貸人に支払う。

　賃借人と賃貸人のそれぞれで，賃貸借契約書をもとに下記の会計処理を行う。

　不動産賃貸を事業として営む賃貸人は賃料収入・共益費収入に加え，更新料等も損益計算書上の売上に計上し，それ以外の企業は営業外収益に計上する。

　賃料の入金条件は，民法上は当月入金であるが，実際の契約上は前月入金になっている場合が多い。月次決算を行っている場合，入金月に前受金として処理し，賃料発生月に売上に振り替える。

　賃借人も賃貸人と同様，賃料・共益費等の発生月に販売費及び一般管理費で

処理する。

　共益費は，建物やその敷地の共有部分もしくは共用施設の管理などに必要な経費を賃料とは別に賃借人が負担するものであり，賃料とは別のものであるが実務的には賃料と同様の会計処理を行う。

(2)　敷金の会計処理

　敷金は，名目を問わず，賃料債務その他賃貸借に基づいて生ずる賃借人の賃貸人に対する金銭の給付を目的とする債務を担保する目的で，賃借人が賃貸人に交付する金銭をいう（民法622条の2第1項かっこ書き）。また，敷金の返還請求権は，賃貸借が終了し，かつ，物件を返還したときに発生する（民法622条の2第1項1号）。

> **第○条　敷金**
> 　賃借人は本契約締結日に賃貸人に対し，敷金としての賃料の2か月分に相当する○○円を預託する。敷金には利息を付さない。

　賃借人は，賃貸借契約締結日に敷金を支払い，取得原価で貸借対照表の資産の部に計上する。賃貸借取引終了の際には，賃借人が賃貸人に対していかなる債務も有していない場合には，当該金銭は賃借人から賃貸人に返還され，資産の部から敷金を控除する。敷金のうち，建物等の賃借契約において，返還されないことが明示されている部分については，賃借人は資産の部に計上した敷金の当該部分を賃借期間にわたって償却する。また，賃貸人の財政状態の悪化に基づき回収可能性が悪化したときには，返還不能に陥る可能性に備え，貸倒引当金を設定する必要がある（金融商品実務指針133項，309項）。

　賃貸人については，敷金の受取り時に預り敷金等の科目で貸借対照表の負債の部に計上する。

4 ┃ 契約書を見るときの実務上のポイント

(1) 賃料・共益費対価の検討

　一般的な賃料の決定は賃貸借契約期間にわたり毎月一定額を収受する固定賃料が多いが，前述のように最低保証額を設けるとともにテナントの売上高等に応じて歩合の家賃を収受する変動賃料となる場合もある。

　さらに，賃貸人がテナントの入居を促す目的で下記に例示するようなさまざまな特約が付加されることもある。特に賃料の自動改定が行われる特約が付されている場合，それらの契約条項が会計処理に影響を与えうる点に留意が必要となる。

① フリーレント

　フリーレントとは，入居後の一定期間について賃料を無料とする賃貸借契約をいい，月々の名目賃料を下げずに，賃貸借期間全体の賃料を実質的に値引きするための手法として利用される賃貸借契約の一形態である。

> **特約条項**
> 　本契約第○条及び第○条の定めにかかわらず，×1年○月〜×1年○月までの賃料の支払いを免除する。

　不動産賃貸事業に関しては，無料となった期間について，どのように賃料を収益認識するかが論点となる。解約不能条項があるフリーレント契約におけるフリーレントは単なる値引きではなく，実質的に賃貸借期間全体の家賃の値引きと考えられるため，貸主としては解約不能期間で賃料を平均化して収益計上することが必要であると考えられる。

　また，借主については，賃料の総額をフリーレント期間を含む解約不能期間で按分し，フリーレント期間も賃料を費用計上する方法が考えられ，経済的実態を踏まえて会計処理を行う。

②　レントホリデー

入居後の一定期間以外の期間で賃料を免除する契約（例えば毎年○月については賃料を免除する契約）をいう。

特約条項

　本契約第○条及び第○条の定めにかかわらず，8月賃料については支払いを免除する。

フリーレント同様に，賃貸人においては解約不能期間で賃料を平均化して収益計上することが必要であると考えられる。

また，借主については，賃料の総額を解約不能期間で按分し，賃料免除期間も賃料を費用計上する方法が考えられるが，経済的実態を踏まえて会計処理を行う。

③　段階賃料

第○条　賃料

　賃料は月額○○円とする。ただし，×1年○月から×1年○月までの賃料は月額○○円，×1年○月から×1年○月までの賃料は月額○○円とする。

フリーレント同様に，賃貸人においては解約不能期間で賃料を平均化して収益計上することが必要であると考えられる。

また，借主については，契約に定められた期間に対応する賃料を費用計上する方法や，賃料の総額を解約不能期間で按分し，賃料を費用計上する方法が考えられるが，経済的実態を踏まえて会計処理を行う。

④　移転補償

テナントの原状回復義務や入居費用等の一部を負担する場合がある。フリーレントと異なり，賃貸借契約とは別に取り交わされる場合がある。

賃貸人において，実質的に賃料の値引きと考えられるのであれば，解約不能期間で賃料を平均化して収益計上することが必要であると考えられる。

⑤ その他

賃料増減額に関する特約，賃料増減額は当事者の協議にて決定するという特約，賃料の自動改定特約等が契約により取り交わされる場合がある。

(2) 建設協力金・保証金

賃貸借契約時に，保証金，建設協力金などの名目で金銭の収受が行われることもある。保証金・建設協力金については，実質的に敷金と同様の性格を持つものもあるが，性格としては金銭貸借であり，金融商品会計基準の対象となる。

> **第○条　建設協力金**
> 　本契約第○条にかかわらず，20××年○月○日までに，保証金○○万円を賃貸人に無利息で預託するものとする。

建設協力金は，返済期日までのキャッシュ・フローを割り引いた現在価値で評価し，支払額と当該時価との差額は長期前払費用として計上し，契約期間にわたって各期の純損益に合理的に配分する。また，建設協力金等の差入預託保証金は返済期日に回収されるため，当初時価と返済金額との差額を契約期間にわたって配分し受取利息として計上する（金融商品実務指針133項）。

(3) 原状回復義務

原状回復義務とは，賃借人が不動産の賃借後にこれに生じた損傷（通常の使用および収益によって生じた賃借物の損耗ならびに賃借物の経年変化を除く）がある場合に，賃貸借終了時にその損傷を原状に復する義務である。ただし，その損傷が賃借人の責めに帰する場合に限定されている（民法621条）。原状回復義務は，契約書に明文化される場合が多い。

> **第○条　原状回復**
> 　本契約終了時に，賃借人は，本物件の造作設備の破損および故障を補修し，本契約当初の原状に復して賃貸人に明け渡す。

　会計上，有形固定資産の取得，建設，開発または通常の使用によって生じ，当該有形固定資産の除去に関して法令または契約で要求される法律上の義務およびそれに準ずるものは，将来の負担に備えて資産除去債務を計上する必要がある。

　賃貸契約上の原状回復義務は，当該義務に該当するため，資産除去債務を計上する必要がある。「資産除去債務」については次節で詳細に解説するが，契約書に原状回復義務として原状に復するべき範囲が詳細に記載されていることもあり，具体的に何が義務となっているかを読み解く必要がある。

(4)　修繕特約

　賃貸人は，賃借人に賃貸物を使用収益させる義務を負うことから，賃貸人には，賃貸物を修繕する義務がある。

第○条　修繕等の費用負担
　　1　賃貸人は，本物件および賃貸人所有の造作設備の保全および修繕に必要な措置を自己の費用負担において行う。
　　2　前項にかかわらず，賃借人の故意または過失により，本物件および賃貸人所有の造作設備に保全または修繕の必要が生じた場合には，これに要する費用は賃借人が負担する。

　修繕費用あるいは造作については，賃借人の故意または過失により必要となったもの以外については，原則として賃貸人の負担となると考えられる。ただし，賃貸人が必要な修繕を実施しない場合など，賃借人が修繕を実施し，賃貸人に請求するケース等になることもあり，例えば賃借人が実施した修繕を賃貸人に当然請求すべきものとして立替金として処理するか，賃借人の負担すべきものとして会計処理を行うかの判断においては，契約内容を十分に参照する必要があると考える。

5 | 不動産賃貸事業者特有の論点

(1) 損益計算書に計上される収益

不動産賃貸取引に関しては，賃料収入に加えて，礼金，更新料などの収益も計上される。また，テナントが使用した分の水道光熱費を収受する場合もある。これらは損益計算書に収益として計上される。

(2) 事業としての賃貸物件をオーナー等から賃借しているケース

不動産賃貸業者が物件オーナーから賃貸用不動産を賃借する場合，オーナーの安定収入を保証するため，長期の解約不能期間を設けて賃貸借契約を締結するケースがある。その場合は，これらの土地，建物等の不動産賃貸借契約につき，ファイナンス・リース取引に該当するか，またはオペレーティング・リース取引に該当するかを判定する必要がある。

判定の結果，解約不能かつフルペイアウトの要件を満たすファイナンス・リース取引に該当した場合，売買処理に準じた会計処理（借手側で資産計上の処理）を行う。

(3) サブリース契約

不動産の物件所有者と賃貸物件管理会社である不動産会社の間の賃貸借契約をマスターリースというのに対し，転貸によって当該不動産会社がテナントと結ぶ契約をいう。不動産会社にとっては，空室リスクや賃料下落を回避するという意義があるが，取引スキームが複雑になることがあり，契約スキームに照らして契約内容が実態に合っているかを吟味する必要がある。

第3節　不動産賃貸借契約に係る資産除去債務

1　概　　要

　不動産賃貸借契約には，賃貸借期間および満了時の原状回復義務が定められ
ている場合がある。このような場合には，原則として将来の原状回復等に要す
る支出を資産除去債務として負債に計上することが必要となる。

　本節では，不動産賃貸借契約に係る資産除去債務の負債計上の要否について，
一般的な契約の類型等に資産除去債務計上の要件を照らし解説する。

①　不動産賃貸借取引の概要

　不動産賃貸借取引および原状回復義務の定義は，本章第2節に記載のとおり
である。

②　資産除去債務の概要

　資産除去債務とは，有形固定資産の取得，建設，開発または通常の使用によっ
て生じ，当該有形固定資産の除去に関して法令または契約で要求される法律上
の義務およびそれに準ずるものをいう。この場合の法律上の義務およびそれに
準ずるものには，有形固定資産を除去する義務のほか，有形固定資産の除去そ
のものは義務でなくとも，有形固定資産を除去する際に当該有形固定資産に使
用されている有害物質等を法律等の要求による特別の方法で除去するという義
務も含まれる。

　有形固定資産の「除去」とは，有形固定資産を用役提供から除外することを
いう（一時的に除外する場合を除く）。除去の具体的な態様としては，売却，
廃棄，リサイクルその他の方法による処分等が含まれるが，転用や用途変更は
含まれない。また，当該有形固定資産が遊休状態になる場合は除去に該当しな
い（資産除去債務会計基準3項）。

　なお，法律上の義務およびそれに準ずるものには，企業の自発的な計画のみ
による有形固定資産の除去は含まれないことに留意が必要である（資産除去債

務会計基準28項)。

2 契約書に必要な条項

　不動産賃貸借契約を締結する際に作成される一般的な契約書の条項は，本章第2節に記載のとおりである。

3 会計上の取扱い

　不動産賃貸借契約の締結によって，資産除去債務の計上の要否を判断する際に契約書で確認する条項は，主に債務額を合理的に見積るための「賃貸借期間」の定めおよび契約で要求される法律上の義務である「原状回復義務」の有無であると考えられる。通常，定期借地権設定契約，定期建物賃貸借契約では，「原状回復義務」が定められており，「賃貸借期間」の定めもあることから資産除去債務の負債計上が必要であると考えられる。詳細は以下のとおりである。

(1)　賃貸借期間

　賃貸借期間が定期であるかどうかは，例えば定期借地権設定契約書であれば定期借地権設定契約であるように通常は契約書の表題で判別することが可能である。賃貸借期間の契約条項の記載例は，以下のとおりである。

【定期借地権設定契約，定期建物賃貸借契約】

> 　賃貸借期間は，引渡日から○○年間とし，本契約は賃貸借期間の満了により終了し，更新されない。

【普通借地権設定契約，普通建物賃貸借契約】

> 　賃貸借期間は，引渡日から○○年間とし，賃貸借期間満了の○○月前までに賃貸人および賃借人のいずれからも更新をしない旨の通知をしない場

合には，本契約は○○年間更新される。

　定期借地権設定契約，定期建物賃貸借契約の場合には，賃貸借期間の延長はないため資産除去債務を合理的に見積ることができる可能性が高い。前述のとおり，通常，原状回復義務は契約書に定められているため資産除去債務の負債計上が必要であると考えられる。

　他方，普通借地権設定契約，普通建物賃貸借契約の場合には，賃貸借期間の延長が可能であるため，資産除去債務を合理的に見積ることが必要である。検討事項については，「4　契約書を見るときの実務上のポイント」に記載のとおりである。

(2)　原状回復義務

　原状回復義務の契約条項の記載例は，以下のとおりである。

【定期借地権設定契約，普通借地権設定契約】

> 　賃借人は賃貸借期間満了日までに，借地に建設した建物を収去して更地として賃貸人に返還する。

【定期建物賃貸借契約，普通建物賃貸借契約】

> 　賃借人が付加した造作等は，収去して物件を明け渡す。

　借地権設定契約と建物賃貸借契約では記載が若干異なるが，いずれも賃借人が賃借した不動産を原状に復して賃貸人に返還するという内容である。このような記載は，契約で要求される法律上の義務に該当するため，資産除去債務を合理的に見積ることができるかを検討することが必要である。加えて，資産除去債務を見積る際には，原状回復義務について記載例とは異なる仕様が定められている場合があるため留意が必要である。留意事項については，「4　契約書を見るときの実務上のポイント」に記載のとおりである。

なお，普通借地権設定契約の場合には，借地権の存続期間満了時に契約の更新がないときは，賃借人は賃貸人に対する建物買取請求権が認められており，もし原状回復義務が契約書に定められていたとしても無効となる（借地借家法13条，16条）。他方，普通建物賃貸借契約の場合には，賃借人は賃貸人の同意を得て建物に付加した造作等について建物の賃貸借が期間の満了または解約の申入れによって終了するときに，賃貸人に対して造作買取請求権が認められている（特約による排除は可能である）（借地借家法33条）。

以上のことから，資産除去債務を合理的に見積ることができる場合には以下のとおり会計処理を行う。

資産除去債務は，有形固定資産の除去に関して法令または契約で要求される法律上の義務およびそれに準ずるものをいい，有形固定資産の取得，建設，開発または通常の使用によって発生した時に負債として計上する（資産除去債務会計基準4項）。

① 資産除去債務の算定

資産除去債務は，有形固定資産の除去に要する割引前の将来キャッシュ・フローを見積り，割引後の金額（割引価値）で算定する。

- 割引前の将来キャッシュ・フローは，合理的で説明可能な仮定および予測に基づく自己の支出見積りによる。その見積金額は，生起する可能性の最も高い単一の金額または生起しうる複数の将来キャッシュ・フローをそれぞれの発生確率で加重平均した金額とする。将来キャッシュ・フローには，有形固定資産の除去に係る作業のために直接要する支出のほか，処分に至るまでの支出（例えば，保管や管理のための支出）も含める。
- 割引率は，貨幣の時間価値を反映した無リスクの税引前の利率とする（資産除去債務会計基準7項）。

② 資産除去債務に対応する除去費用の資産計上と費用配分

資産除去債務に対応する除去費用は，資産除去債務を負債として計上した時

に，当該負債の計上額と同額を，関連する有形固定資産の帳簿価額に加える。資産計上された資産除去債務に対応する除去費用は，減価償却を通じて，当該有形固定資産の残存耐用年数にわたり，各期に費用配分する（資産除去債務会計基準6項）。

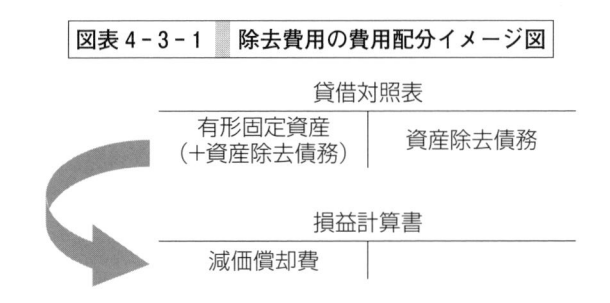

図表4-3-1　除去費用の費用配分イメージ図

③　建物等賃貸借契約に関連して敷金を支出している場合

　建物等の賃貸借契約においては，通常，契約に基づき賃借人から賃貸人に敷金が支払われる。その敷金が資産計上されている場合に資産除去債務に対応する除去費用を資産計上した場合には，除去費用が重複して計上されることになると考えられる。このような場合には，実務上の負担を考慮し資産除去債務の負債計上およびこれに対応する除去費用の資産計上に代えて，資産計上した敷金の回収が最終的に見込めないと認められる金額を合理的に見積り，そのうち当期の負担に属する金額を費用に計上する方法によることができる。

　この処理による場合，当期の負担に属する金額は，同種の賃借建物等への平均的な入居期間など合理的な償却期間に基づいて算定することが適当と考えられる（資産除去債務適用指針9項，27項）。

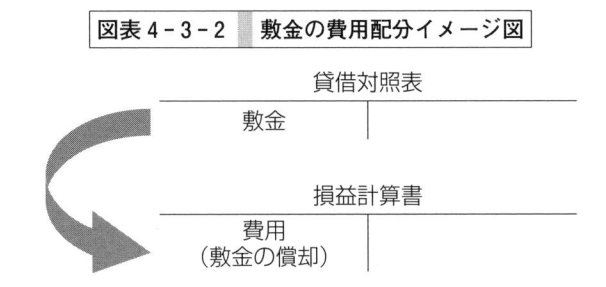

図表4-3-2 　敷金の費用配分イメージ図

貸借対照表

敷金

損益計算書

費用
（敷金の償却）

(3)　開　　示

①　貸借対照表上の表示

　資産除去債務は，貸借対照表日後1年以内にその履行が見込まれる場合を除き，固定負債の区分に資産除去債務等の適切な科目名で表示する。貸借対照表日後1年以内に資産除去債務の履行が見込まれる場合には，流動負債の区分に表示する（資産除去債務会計基準12項）。

②　損益計算書上の表示

　資産計上された資産除去債務に対応する除去費用に係る費用配分額は，損益計算書上，当該資産除去債務に関連する有形固定資産の減価償却費と同じ区分に含めて計上する。時の経過による資産除去債務の調整額は，損益計算書上，当該資産除去債務に関連する有形固定資産の減価償却費と同じ区分に含めて計上する。資産除去債務の履行時に認識される資産除去債務残高と資産除去債務の決済のために実際に支払われた額との差額は，損益計算書上，原則として，当該資産除去債務に対応する除去費用に係る費用配分額と同じ区分に含めて計上する（資産除去債務会計基準13項から15項）。

③　注記事項

　資産除去債務の会計処理に関連して，重要性が乏しい場合を除き，次の事項を注記する（資産除去債務会計基準16項）。

- 資産除去債務の内容についての簡潔な説明

- 支出発生までの見込期間，適用した割引率等の前提条件
- 資産除去債務の総額の期中における増減内容
- 資産除去債務の見積りを変更したときは，その変更の概要および影響額

4 ｜ 契約書を見るときの実務上のポイント

　「3　会計上の取扱い」において賃貸借期間の定めがない普通借地権設定契約，普通建物賃貸借契約について慎重な検討が必要であると記載した。特に普通建物賃貸借契約については，一般的に原状回復義務が契約により定められているものの，賃貸借期間は，更新が可能であることが多く，その期間を合理的に見積ることが実務上のポイントとなる。

　また，原状回復の仕様については，契約書に「原状」について具体的に記載されている場合があり，「原状」が何であるかを正確に把握することが実務上のポイントとなる。加えて，現状有姿のまま返還する旨の定めがある場合についても原状回復義務に関連して実務上のポイントとなるため併せて記載する。

(1)　賃貸借期間の更新

　普通建物賃貸借契約は，契約の当事者が期間の満了の1年前から6か月前までの間に相手方に対して更新をしない旨の通知または条件を変更しなければ更新をしない旨の通知をしなかったときは，従前の契約と同一の条件で契約を更新したものとみなされる（借地借家法26条1項）。賃貸借期間の更新に関する契約条項の記載例は，以下のとおりである。

> 　賃貸借期間満了の○○月前までに賃貸人および賃借人のいずれからも更新をしない旨の通知をしない場合には，本契約は○○年間更新される。

　例えば，支店オフィスの賃借のように投資計画で賃貸借期間が定められており，過去の投資実績等に鑑みても，投資計画が合理的であると判断できる場合には，内部造作の撤去等に要する原状回復費用を合理的に見積ることができる。

このような場合には，合理的に見積った原状回復費用を資産除去債務として負債に計上する。

(2)　原状回復の仕様等

「3　会計上の取扱い」(2)に記載のとおり建物賃貸借契約に基づく原状回復義務は，賃借人が建物に設置した造作等を収去する義務が一般的であるが，それとは異なり原状回復について仕様が定められている場合がある。また，定期借地権設定契約に基づく原状回復義務は，賃借人が借地に建設した建物を収去して更地にする義務が一般的であるが，建物を現状有姿で土地を返還する条項が定められている場合もある。詳細は以下のとおりである。

①　原状回復の仕様についての定めがある場合の契約条項
この場合の記載例は以下のとおりである。

> 賃借人は，本物件を賃貸人の指定する業者により事務室の標準的な仕上げにし，本物件を明け渡さなければならない。

例えば，賃借人がオフィス用の建物を賃借し，賃貸人と合意のうえ店舗として利用する契約を締結する場合がある。この場合には，通常オフィス用に付加されている造作等を収去して，新たに店舗用の造作等を付加する必要がある。この場合の「原状」は，「オフィス用の建物」であるため店舗用の造作等を収去するだけではなく，さらにオフィス用の造作等を付加する必要がある。したがって，資産除去債務には，店舗用の造作等を除去する費用に加えてオフィス用の造作等の付加費用についても含める必要があることに留意が必要である。

②　現状有姿での不動産の返還の定めのある契約条項
この場合の記載例は以下のとおりである。

> 賃貸人の合意がある場合には，賃借人は，建物を現状有姿のまま無償で賃貸人に譲渡し，本件土地を賃貸人に返還する。

　例えば，土地について賃貸人と定期借地権設定契約を締結し，その土地に賃借人が営業用店舗を建設して事業を行う場合がある。賃貸借期間満了後には，賃借人とは異なる他の賃借人がその建物を利用し事業を行う可能性があるため，賃借人は建物を取り壊すことなくそのまま賃貸人に無償で譲渡し，土地を賃貸人に返還するという契約条項である。

　一般的には，この条項が定められている場合であっても，他の条項に通常の原状回復義務が定められている。

　この条項のみに着目した場合には，賃貸人の同意があれば，賃貸人に無償で建物を譲渡することができるため資産除去債務の計上は不要であるとも考えられるが，資産除去債務の計上の要否については，契約内容全体を契約書等で確認したうえで判断することが必要である。

リース取引に関する契約書の読み方

1 概要（契約の種別）

(1) リース取引の定義

　会計基準における「リース取引」とは，特定の物件の所有者たる貸手が，当該物件の借手に対し，合意された期間（リース期間）にわたりこれを使用収益する権利を与え，借手は，合意された使用料（リース料）を貸手に支払う取引をいう（リース会計基準4項）。

　リース取引は図表5－1のとおり，「ファイナンス・リース取引」と「オペレーティング・リース取引」に大別され，ファイナンス・リース取引は，「所有権移転ファイナンス・リース取引」と「所有権移転外ファイナンス・リース取引」に分類される（リース会計基準5項，6項，8項）。

図表5－1　リース取引の種類

ファイナンス・リース取引	・リース期間中の中途解約不可 ・借手はリース物件の経済的利益を実質的に享受でき，かつ，使用に伴って生じるコストを実質的に負担	所有権移転	リース物件の所有権が借手に移転する
		所有権移転外	リース物件の所有権が借手に移転しない
オペレーティング・リース取引	ファイナンス・リース取引以外のリース取引		

⑵　ファイナンス・リース取引

　ファイナンス・リース取引とは，①リース契約に基づくリース期間の中途において当該契約を解除することができないリース取引またはこれに準ずるリース取引（解約不能）で，②借手が，当該契約に基づき使用する物件（リース物件）からもたらされる経済的利益を実質的に享受することができ，かつ，当該リース物件の使用に伴って生じるコストを実質的に負担することとなるリース取引（フルペイアウト）をいう（リース会計基準5項）。

　また，ファイナンス・リース取引のうち，リース契約上の諸条件に照らしてリース物件の所有権が借手に移転すると認められるものを「所有権移転ファイナンス・リース取引」といい，それ以外の取引を「所有権移転外ファイナンス・リース取引」という（リース会計基準8項）。

⑶　オペレーティング・リース取引

　オペレーティング・リース取引とは，ファイナンス・リース取引以外のリース取引をいう（リース会計基準6項）。

⑷　ファイナンス・リース取引と賃貸借取引（いわゆるレンタル）の違い

　ファイナンス・リース取引と賃貸借取引の大きな違いは，①もともとの物件の所有者が誰かということと，②解約が容易かということである。

①　もともとの物件の所有者が誰か

　賃貸借取引（例えば不動産の賃貸）においては，賃貸人がもともと所有している物件を取引の対象とする。一方，リース会社と行われるファイナンス・リース取引では，一般的に，リース会社である貸手が，借手が指定するサプライヤー（売主）から，借手が指定する物件を新たに取得して取引する。

②　解約が容易か

　賃貸借取引において賃借人は解約権を持つため，直ちに解約できるか，一定の合理的な期間を経て解約することができる。一方，ファイナンス・リース取引では，中途解約をすることができず，中途解約する場合にはリース料の残額かこれに相当する違約金を支払う必要がある。

2 ┃ 契約書に必要な条項

　ファイナンス・リース取引に該当するリース契約を締結するにあたり作成される契約書には，一般的に図表5-2に掲げる条項が含まれる。

図表5-2　契約書に必要な条項

条項	内　容
リース契約の目的	貸手は，借手が指定する売主から借手が指定する物件を買い受けて，借手にリースし，借手はこれを借り入れる旨が記載される。
中途解約の禁止	リース契約は契約に定める場合を除き解除することができない旨が記載される。
物件の引渡し	以下の事項が記載される。 • 借手は，売主から搬入された物件について，品質等を確認して貸手に借受日を記載した「物件借受証」を交付する。 • 当該借受日に，貸手から借手に物件が引き渡されたものとする。
リース期間	契約で定めるリース期間および物件借受証に記載の受領日から起算される旨が記載される。
リース料	契約で定めるリース料が記載される。
費用負担等	借手は，リース契約の締結に関する費用および当該契約に基づく借手の債務履行に関する一切の費用を負担する旨が記載される。なお，固定資産税については貸手が納付する。
保守・点検	借手は物件の保守，点検，整備を行う旨，および修繕費用は借手が負担する旨が記載される。

保険	貸手がリース期間中，物件に付与する保険について記載される。
品質等の不適合	物件の品質等に不適合があった場合等の取扱いについて記載される。
滅失・損傷	物件が滅失または損傷した場合の取扱いについて記載される。
契約違反	借手に契約違反があった場合の取扱いについて記載される。
返還・精算	リース期間満了やリース契約の解約等に伴うリース物件の返還に係る取扱いについて記載される。
再リース	再リースが可能な契約の場合，契約で定める再リースの条件が記載される。
買取り	リース期間終了時に借手が物件を買い取る場合には，契約で定める買取りの条件が記載される。
残価保証	リース契約において，リース期間終了時に，リース物件の処分価額が契約上取り決めた保証価額に満たない場合，借手に対して，その不足額を貸手に支払う義務が課せられる取決め（残価保証）がある場合，当該条件が記載される。

(1) リース契約の目的

当該条項では，契約の対象がリース取引であるということが記載される。

第○条　リース契約の目的
　貸手は，借手が指定する売主から，借手が指定する物件を購入し，借手にリースし，借手がこれを借り受ける。

(2) 中途解約の禁止

リース期間中に契約に定める場合を除き解約ができない旨が記載される。

第○条　中途解約の禁止
　リース契約は，契約に定める場合を除き解除できない。

　なお，リース物件の代金は，リース開始時に貸手からリース物件の売主に全額支払われることになる。一方，貸手は，リース物件の代金および取引に要した諸費用を，リース期間を通じて借手からリース料として回収していくことになる。このため，リース期間中の解約（中途解約）は禁止されており，中途解約する場合においては，残リース料または残リース料相当額の違約金を支払うこととなる。

第○条　期限の利益の喪失・契約違反

　1．（省略）

　2．借手が次の各号の1つにでも該当する場合には，借手は貸手からの通知によりリース契約に基づくすべての債務について期限の利益を失い，リース期間において借手が貸手に支払うべきリース料の総額から支払済リース料を控除した残額ならびにその他の債務および費用を直ちに貸手に支払う。

　　(1)　リース契約の条項または貸手との間のその他の契約条項の1つにでも違反したとき。

　　(2)　（省略）

---

(3)　物件の引渡し

　物件の受領日よりリースが開始される。具体的には，借手は，売主から搬入された物件の品質等を検査し，契約の内容に適合していることを確認して貸手に借受日を記載した「物件借受証」（「リース物件受領証」，「物件受領書」など，リース会社によって名称は異なる）を交付する。当該借受日に，貸手から借手に物件が引き渡されたものとみなされ，リース料が発生することになる。

第○条　物件の引渡し

　借手は，借手が指定する売主から指定の場所に搬入された物件について，借手の費用負担で検査を行い，瑕疵のないことを確認したうえで借受日を記載した物件借受証をリース会社に発行する。リース会社が物件借受証を

受け取ったときに，この借受日をもってリース会社からユーザーに物件が引き渡されたものとする。

⑷　リース期間

借手が物件を使用できる期間が定められている。

第○条　リース期間
　リース期間は36か月とし，リース契約の締結日から起算する。

⑸　リース料

借手が物件を使用する対価として貸手に支払うリース料が定められている。なお，1か月当たりのリース料や支払回数，支払日，支払方法など，具体的な条件については別表に記載されているケースが一般的であると考えられる。

第○条　リース料
　借手は，貸手に対しリース料を別表○記載のとおり支払う。

⑹　リース契約に係る費用負担

リース契約の締結に関する費用および当該契約に基づく借手の債務履行に関する一切の費用は借手が負担する旨が定められている。

第○条　費用負担等
　借手は，この契約の締結に関する費用およびこの契約に基づく借手の債務履行に関する一切の費用を負担する。

(7)　リース期間満了時の買取り

　リース期間満了時に借手が物件を買い取る場合には，契約で定める買取りの条件が定められている。

> 第○条　リース期間の満了と本物件の買取り
> 　借手は，リース期間が満了したときは，当該満了日の翌日をもって次の条件にて本物件を貸手から買い取る。

(8)　再リース

　リース期間満了後における再リースの取扱いが定められている。ファイナンス・リース取引の場合，貸手はリース期間中に物件代金等を回収済みであることから，再リース料は低価格となる。

> 第○条　再リース
> 　借手は，リース期間満了後，さらに1年間リースを受けるか，または終了するかを選択できるものとする。

(9)　残価保証

　残価保証の取決めがある場合の条件が記載される。なお，下記のように，リース期間満了時にリース物件を残存価額で買い取るか，当該残存価額を基礎としてリース契約を再度締結する旨の条項が定められている場合もある。

> 第○条　購入選択権
> 　1．リース料はリース期間満了時における物件の残存価額を○○円として算出している。
> 　2．借手は，リース期間満了日の○か月前までに，物件を残存価額で買い取るか，残存価額を基礎とした貸手の指定する条件によるリース契

> 約を再度締結する。

3 ┃ 会計上の取扱い

　リース取引は、「ファイナンス・リース取引」と「オペレーティング・リース取引」に大別され、ファイナンス・リース取引は、「所有権移転ファイナンス・リース取引」と「所有権移転外ファイナンス・リース取引」に分類される。このため、まずファイナンス・リース取引に該当するかどうかを判定する。

　ファイナンス・リース取引については、通常の売買取引に係る方法に準じて会計処理を行う。また、オペレーティング・リース取引、およびファイナンス・リース取引のうち一定の要件を満たすものについては賃貸借処理を行う。

(1)　ファイナンス・リース取引の判定

　ファイナンス・リース取引に該当するかどうかの判定においては、ファイナンス・リース取引の2要件である①解約不能（ノンキャンセラブル）および②フルペイアウトをすべて満たすかどうかの検討を行う。具体的には、次の①現在価値基準と②経済的耐用年数基準のいずれかに該当する場合には、ファイナンス・リース取引と判定される（リース適用指針9項）。

　契約書においては、リース契約の解約、リース期間、リース料に係る条項に留意する。

> 第○条　中途解約の禁止
> 　リース契約は、リース契約に定める場合を除き、解除することはできない。
> 第○条　リース期間
> 　リース期間は60か月とし、リース契約の締結日から起算する。
> 第○条　リース料
> 　借手は、貸手に対しリース料を○○のとおり支払う。

①　現在価値基準

(i)解約不能のリース期間中のリース料総額の現在価値が，(ii)見積現金購入価額の概ね90パーセント以上である場合には，ファイナンス・リース取引と判定される（リース適用指針9項(1)）。

(i)　解約不能のリース期間中のリース料総額の現在価値

リース料総額は，契約書で定める解約不能なリース期間およびリース料に基づき算定する。リース料に維持管理費用相当額（リース物件の維持管理に伴う固定資産税，保険料等の諸費用）や通常の保守等の役務提供相当額（リース物件のメンテナンス費用等）が含まれる場合は，原則として，リース料総額から控除する。ただし，これらの金額は契約書等で明示されていない場合が多いことから，当該金額のリース料に占める割合に重要性が乏しい場合には，控除しないことができる（リース適用指針14項）。

また，現在価値の算定にあたり用いる割引率は，貸手においてはリース料総額（残価保証がある場合は，残価保証額を含む）とリース期間終了時に見積られる残存価額で残価保証額以外の額（見積残存価額）の合計額の現在価値が，当該リース物件の現金購入価額または借手に対する現金販売価額（購入価額等）と等しくなるような利率（貸手の計算利子率）を用いる。一方，借手においては，貸手の計算利子率を知りうる場合は当該利率とし，知りえない場合は借手の追加借入に適用されると合理的に見積られる利率とする（リース適用指針17項）。

割安購入選択権付リース取引の場合，その行使価額をリース料総額に含めて現在価値を算定する。

なお，当該リース取引が置かれている状況からみて借手が再リースを行う意思が明らかな場合を除き，再リースに係るリース期間（再リース期間）またはリース料は，解約不能のリース期間またはリース料総額に含めない（リース適用指針11項）。

(ii)　見積現金購入価額

見積現金購入価額は，当該リース物件を借手が現金で購入するものと仮定した場合の合理的な見積金額である。

なお，製品・商品の販売業者が，貸手として当該製品・商品のリース取引を

行っている場合，その見積現金購入価額には貸手の製作価額や現金購入価額ではなく，当該リース物件の借手に対する現金販売価額を用いる（リース適用指針16項）。

② 経済的耐用年数基準

解約不能のリース期間が，当該リース物件の経済的耐用年数の概ね75パーセント以上である場合には，ファイナンス・リース取引と判定される。ただし，リース物件の特性，経済的耐用年数の長さ，リース物件の中古市場の存在等を勘案すると，①現在価値基準の判定結果が90パーセントを大きく下回ることが明らかな場合を除く（リース適用指針9項(2)）。

設例 5 - 1　借手におけるファイナンス・リース取引の判定

（前提条件）

① ×年1月1日，A社はB社と普通自動車を借り受けるリース契約を締結した。

② リース契約書には次の記載がある。

第2条　中途解約の禁止

　リース契約は，リース契約に定める場合を除き，解除することはできない。

第5条　リース期間

　リース期間は60か月とし，リース契約の締結日から起算する。

第6条　リース料

　借手は，貸手に対しリース料を毎月末に10,000支払う。

第14条　リース期間の満了と本物件の買取り

　借手は，リース期間が満了したときは，当該満了日の翌日をもって10,000で本物件を貸手から買い取る。

---

③ 借手（A社）の見積現金購入価額は650,000である。

④ リース物件の経済的耐用年数は6年である。

⑤ 借手（A社）の追加借入利子率は2％であり，貸手（B社）の計算利子率は知りえないものとする。

判定

　ファイナンス・リース取引に該当するかどうかの判定においては，ファイナンス・リース取引の2要件である①解約不能および②フルペイアウトをすべて満たすかどうかの検討を行う。具体的には，次の①現在価値基準と②経済的耐用年数基準のいずれかを満たす場合には，ファイナンス・リース取引と判定される（リース適用指針9項）。

(1)　現在価値基準による判定

　A社は貸手の計算利子率を知りえないため，借手の追加借入利子率である年2％（前提条件⑤）を用いてリース料総額およびリース期間満了時の買取価額（前提条件②）を現在価値に割り引く。

$$現在価値579,572 = \frac{10,000}{1+0.02 \times \frac{1}{12}} + \frac{10,000}{\left(1+0.02 \times \frac{1}{12}\right)^2} + \cdots + \frac{10,000+10,000}{\left(1+0.02 \times \frac{1}{12}\right)^{60}}$$

　現在価値579,572÷見積現金購入価額650,000≒89.2％＜90％

(2)　経済的耐用年数基準による判定

　リース期間5年（前提条件②）÷経済的耐用年数6年（前提条件④）≒83％≧75％

　したがって，①現在価値基準をやや下回っているものの，②経済的耐用年数基準を満たしていることから，このリース取引はファイナンス・リース取引に該当する。

(3)　所有権移転・所有権移転外

　契約書第14条（前提条件②）により，リース期間満了時に借手が買い取る条項が付されていることから，このリース取引は所有権移転ファイナンス・リース取引に該当する。

(2)　所有権移転／所有権移転外ファイナンス・リース取引の判定

　ファイナンス・リース取引と判定されたもののうち，次の①から③のいずれかに該当する場合には，所有権移転ファイナンス・リース取引に該当し，それ以外のファイナンス・リース取引は所有権移転外ファイナンス・リース取引となる（リース適用指針10項）。

① 所有権移転条項付リース取引

リース契約上，リース期間終了後またはリース期間の中途で，リース物件の所有権が借手に移転するリース取引であり，次のような条項が定められている。

> 第○条　リース期間の満了と本物件の買取り
>
> 　借手は，リース期間が満了したときは，当該満了日の翌日をもって次の条件にて本物件を貸手から買い取る。

② 割安購入選択権付リース取引

リース契約上，借手に対して，リース期間終了後またはリース期間の中途で，名目的な価額またはその行使時点のリース物件の価額に比して著しく有利な価額（割安購入選択権）で買い取る権利が与えられており，その行使が確実に予想されるリース取引であり，所有権移転ファイナンス・リース取引に該当する。

③ 特別仕様物件のリース取引

リース物件が，借手の用途等に合わせて特別の仕様により製作または建設されたものであって，当該リース物件の返還後，貸手が第三者に再びリースまたは売却することが困難であるため，その使用可能期間を通じて借手によってのみ使用されることが明らかなリース取引であり，所有権移転ファイナンス・リス取引に該当する。

(3) 所有権移転外ファイナンス・リース取引における借手の会計処理

借手において所有権移転外ファイナンス・リース取引と判定されたリース取引は，リース取引開始日にリース物件とこれに係る債務をリース資産およびリース債務として貸借対照表に計上する。また，リース資産の減価償却額および支払利息相当額を，リース期間にわたって損益計算書に計上する。

①　リース資産およびリース債務の取引開始日における貸借対照表価額

リース取引開始日に借手の貸借対照表に計上するリース資産およびリース債務の価額は，次の(i)および(ii)のうち，いずれか低い額とする（リース適用指針22項）。

(ⅰ)　リース料総額（残価保証がある場合は，残価保証額を含む）の現在価値
(ⅱ)　貸手の購入価額等（貸手の購入価額等が明らかでない場合は見積現金購入価額）

ここで，現在価値の算定に用いる割引率は，貸手の計算利子率を知りうる場合は当該利率とし，知りえない場合は借手の追加借入に適用されると合理的に見積られる利率とする（リース適用指針17項，22項）。

②　リース資産の減価償却

貸借対照表に計上したリース資産は，原則としてリース期間を耐用年数として減価償却を実施する。ただし，ファイナンス・リース取引の判定においてリース期間に再リースの期間を含めている場合は，当該期間を耐用年数に含めるものとする。また，残存価額については原則としてゼロとすることとされているが，リース契約上に残価保証の取決めがある場合は，原則として，当該残価保証額を残存価額とする（リース適用指針12項，27項）。

リース資産の償却方法は，自己所有の固定資産に適用する減価償却方法と同一の方法による必要はなく，定額法，級数法，生産高比例法等の中から企業の実態に応じたものを選択適用する（リース適用指針28項）。

③　支払リース料の処理

リース料総額は，原則として，利息相当額部分とリース債務の元本返済額部分とに区分計算する。利息相当額部分は支払利息として処理し，利息法（各期の支払利息相当額をリース債務の未返済元本残高に一定の利率を乗じて算定する方法）によりリース期間中の各期に配分する。また，リース債務の元本返済額部分については，リース料の支払い時に貸借対照表上のリース債務から減額

する（リース適用指針23項，24項）。

　なお，リース資産総額に重要性が乏しいと認められる場合には，リース資産およびリース債務をリース料総額で計上し，支払利息を計上せずに減価償却費のみを費用として計上することができる。また，リース料総額から利息相当額を控除してリース資産およびリース債務を計上する場合であっても，利息相当額の総額をリース期間中の各期に配分する方法として利息法ではなく定額法を採用することができる（リース適用指針31項）。

④　維持管理費用等相当額

　現在価値基準の判定上，維持管理費用等の相当額（維持管理費用相当額および通常の保守等の役務提供相当額）をリース料総額から控除する場合は，支払リース料の処理においてリース料総額から維持管理費用相当額等の合理的見積額を控除する。維持管理費用相当額等は，その内容を示す科目で損益計算書に費用計上する（リース適用指針25項，26項）。

設例5−2　所有権移転外ファイナンス・リース取引における借手の会計処理

（前提条件）

① 　×年1月1日，A社（3月決算）はB社と普通自動車を借り受けるリース契約を締結した。

② 　当該取引は所有権移転外ファイナンス・リース取引であり，リース契約書には次の記載がある。

> **第2条　中途解約の禁止**
>
> 　リース契約は，リース契約に定める場合を除き，解除することはできない。
>
> **第5条　リース期間**
>
> 　リース期間は60か月とし，リース契約の締結日から起算する。
>
> **第6条　リース料**
>
> 　借手は，貸手に対しリース料を毎月末に9,000支払う。

③ 　借手（A社）の見積現金購入価額は500,000である。

④ 　リース物件の経済的耐用年数は6年である。

⑤ 　借手（A社）の追加借入利子率は2％であり，貸手（B社）の計算利子率は知

りえないものとする。

⑥　減価償却費は定額法により計上する。

(会計処理)

1．利息相当額を利息法で会計処理する場合（リース適用指針25項）

(1)　リース資産およびリース債務の取引開始日における貸借対照表価額

　本設例において，リース取引開始日に借手の貸借対照表に計上するリース資産およびリース債務の価額は，リース料総額の現在価値と借手の見積現金購入価額のいずれか低い額となる。

　リース料総額の現在価値513,471[※1]＞借手の見積現金購入価額500,000

　∴500,000

$$（※1）\quad 513,471 = \frac{9,000}{1+0.02 \times \frac{1}{12}} + \frac{9,000}{\left(1+0.02 \times \frac{1}{12}\right)^2} + \cdots + \frac{9,000}{\left(1+0.02 \times \frac{1}{12}\right)^{60}}$$

＜×年1月1日（リース取引開始日）＞

（借）リ ー ス 資 産	500,000	（貸）リ ー ス 債 務	500,000

(2)　支払リース料の処理

　利息相当額の算定に必要な利子率の計算は次のとおり。

$$500,000 = \frac{9,000}{1+r \times \frac{1}{12}} + \frac{9,000}{\left(1+r \times \frac{1}{12}\right)^2} + \cdots + \frac{9,000}{\left(1+r \times \frac{1}{12}\right)^{60}}$$

r ≒ 3.07%

＜×年1月31日（第1回支払日）＞

（借）支 払 利 息	[※2]1,279	（貸）現 金 預 金	9,000
リ ー ス 債 務	[※3]7,721		

（※2）　支払利息1,279＝リース債務500,000×3.07%×1か月／12か月

（※3）　リース債務の元本返済額7,721＝支払リース料9,000－支払利息1,279

＜×年2月31日（第2回支払日）＞

（借）支 払 利 息	[※4]1,259	（貸）現 金 預 金	9,000
リ ー ス 債 務	[※5]7,741		

（※4）　支払利息1,259＝リース債務（500,000－7,721（※3））×3.07%×1か月／12か月

（※5）　リース債務の元本返済額7,741＝支払リース料9,000－支払利息1,259

(3) リース資産の減価償却

減価償却費は，リース期間を耐用年数とし，残存価額をゼロとして計算する。

＜×年3月31日（決算日）＞

（借） 減 価 償 却 費	(※6)25,000	（貸） 減価償却累計額	25,000

（※6） 減価償却費25,000＝リース資産500,000×3か月／60か月

2．リース料総額から利息相当額の合理的な見積額を控除しないで会計処理する場合（リース適用指針31項(1)）

(1) リース資産およびリース債務の取引開始日における貸借対照表価額

リース資産およびリース債務の価額は，リース料総額で計上する。

＜×年1月1日（リース取引開始日）＞

（借） リ ー ス 資 産	(※7)540,000	（貸） リ ー ス 債 務	540,000

（※7） リース資産540,000＝支払リース料9,000×60か月

(2) 支払リース料の処理

＜×年1月31日（第1回支払日）＞

（借） リ ー ス 債 務	9,000	（貸） 現 金 預 金	9,000

(3) リース資産の減価償却

減価償却費は，リース期間を耐用年数とし，残存価額をゼロとして計算する。

＜×年3月31日（決算日）＞

（借） 減 価 償 却 費	(※8)27,000	（貸） 減価償却累計額	27,000

（※8） 減価償却費27,000＝リース資産540,000×3か月／60か月

3．利息相当額の総額をリース期間中の各期にわたり定額で配分する場合（リース適用指針31項(2)）

(1) リース資産およびリース債務の取引開始日における貸借対照表価額

リース取引開始日に借手の貸借対照表に計上するリース資産およびリース債務の価額は，「1．利息相当額を利息法で会計処理する場合」と同額である。

＜×年1月1日（リース取引開始日）＞

（借） リ ー ス 資 産	500,000	（貸） リ ー ス 債 務	500,000

(2)　支払リース料の処理

　支払利息は，利息相当額の総額40,000（＝リース料総額540,000－リース債務500,000）を，リース期間中の各期にわたり定額で配分する。

＜×年1月31日（第1回支払日）＞

（借）　支　払　利　息	(※9)666	（貸）　現　金　預　金	9,000
リ　ー　ス　債　務	(※10)8,334		

（※9）　支払利息666≒利息相当額の総額40,000÷60か月
（※10）　リース債務の元本返済額8,334＝支払リース料9,000－支払利息666

(3)　リース資産の減価償却

　減価償却費は，リース期間を耐用年数とし，残存価額をゼロとして計算する。

＜×年3月31日（決算日）＞

（借）　減　価　償　却　費	(※11)25,000	（貸）　減価償却累計額	25,000

（※11）　減価償却費25,000＝リース資産500,000×3か月／60か月

(4)　所有権移転ファイナンス・リース取引における借手の会計処理

　所有権移転ファイナンス・リース取引の場合，通常の売買取引に係る方法に準じて会計処理を行う（リース会計基準9項）。借手においては，リース取引開始日にリース物件とこれに係る債務をリース資産およびリース債務として貸借対照表に計上するとともに，リース資産の減価償却額を経済的耐用年数にわたって，また支払利息相当額をリース期間にわたって損益計算書に計上する（リース適用指針36項）。

　ただし，個々のリース資産に重要性が乏しいと認められる場合は，オペレーティング・リース取引の会計処理に準じて，通常の賃貸借取引に係る方法に準じて会計処理を行うことができる（リース適用指針45項，46項）。

①　リース資産およびリース債務の取引開始日における貸借対照表価額

　リース資産およびリース債務の取引開始日における借手の貸借対照表価額は，リース物件の貸手の購入価額が明らかな場合は当該価額とし，明らかでない場合は，リース料総額の現在価値または見積現金購入価額のいずれか低い額とす

る（リース適用指針37項）。

② リース資産の減価償却

リース資産の減価償却方法は，自己所有の固定資産に適用する減価償却方法と同一の方法により，経済的耐用年数を用いて算定する（リース適用指針42項）。

③ 支払リース料の処理

支払リース料は，原則として，利息相当額部分とリース債務の元本返済額部分とに区分計算する。割安購入選択権がある場合には，リース料総額にその行使価額を含める（リース適用指針39項）。

リース料総額のうち，利息相当額部分は支払利息として処理し，利息法（各期の支払利息相当額をリース債務の未返済元本残高に一定の利率を乗じて算定する方法）によりリース期間中の各期に配分する。また，リース債務の元本返済額部分については，リース料の支払い時に貸借対照表上のリース債務から減額する（リース適用指針23項，24項，38項）。

④ 維持管理費用等相当額

現在価値基準の判定上，維持管理費用等相当額（維持管理費用相当額および通常の保守等の役務提供相当額）をリース料総額から控除する場合は，所有権移転外ファイナンス・リース取引と同様に支払リース料の処理においてリース料総額から維持管理費用等相当額の合理的見積額を控除する。維持管理費用等相当額は，その内容を示す科目で損益計算書に費用計上する（リース適用指針25項，26項，40項，41項）。

| 設例 5 - 3 | 所有権移転ファイナンス・リース取引における借手の会計処理 |

（前提条件）

設例 5 - 1 と同一とする。

（会計処理）

所有権移転ファイナンス・リース取引の場合，個々のリース資産に重要性が乏し

い場合を除き，通常の売買取引に係る方法に準じて会計処理を行う。借手において
は，リース取引開始日にリース物件とこれに係る債務をリース資産およびリース債
務として貸借対照表に計上するとともに，リース資産の減価償却額を経済的耐用年
数にわたって，また支払利息相当額をリース期間にわたって損益計算書に計上する。

(1)　リース資産およびリース債務の取引開始日における貸借対照表価額

　本設例において，リース取引開始日に借手の貸借対照表に計上するリース資産お
よびリース債務の価額は，リース料総額およびリース期間満了時の買取価額の現在
価値と借手の見積現金購入価額のいずれか低い額となる。

　　リース料総額の現在価値579,572$^{(※1)}$＜借手の見積現金購入価額650,000

　　∴579,572

$$(※1)　579,572 = \frac{10,000}{1 + 0.02 \times \frac{1}{12}} + \frac{10,000}{\left(1 + 0.02 \times \frac{1}{12}\right)^2} + \cdots + \frac{10,000 + 10,000}{\left(1 + 0.02 \times \frac{1}{12}\right)^{60}}$$

＜×年1月1日（リース取引開始日）＞

（借）　リ　ー　ス　資　産	579,572	（貸）　リ　ー　ス　債　務	579,572

(2)　支払リース料の処理

　リース料総額の現在価値をリース資産およびリース債務の価額とした場合，本設
例における利息相当額の算定に必要な利子率は，借手の追加借入利子率（2％）と
なる。

＜×年1月31日（第1回支払日）＞

（借）　支　払　利　息	$^{(※2)}$965	（貸）　現　金　預　金	10,000
リ　ー　ス　債　務	$^{(※3)}$9,035		

（※2）　支払利息965＝リース債務579,572×2％×1か月／12か月
（※3）　リース債務の元本返済額9,035＝支払リース料10,000－支払利息965

＜×年2月31日（第2回支払日）＞

（借）　支　払　利　息	$^{(※4)}$950	（貸）　現　金　預　金	10,000
リ　ー　ス　債　務	$^{(※5)}$9,050		

（※4）　支払利息950＝リース債務（579,572－9,035（※3））×2％×1か月／12か月
（※5）　リース債務の元本返済額9,050＝支払リース料10,000－支払利息950

(3) リース資産の減価償却

減価償却費は，経済的耐用年数により計算する。

＜×年3月31日（決算日）＞

| （借） 減 価 償 却 費 | [※6]24,148 | （貸） 減価償却累計額 | 24,148 |

（※6） 減価償却費24,148＝リース資産579,572×3か月／72か月

(5) 所有権移転外ファイナンス・リース取引における貸手の会計処理

　所有権移転外ファイナンス・リース取引の場合，通常の売買取引に係る方法に準じて会計処理を行い，リース取引開始日にリース投資資産を計上するとともに，取引実態に応じて次の①から③のいずれかの方法を継続的に適用する。また，各期における利息相当額は，いずれの方法を採用しても同額となる（リース適用指針51項）。

　利息相当額の総額をリース期間中に各期に配分する方法は，原則として利息法とし，貸手の計算利子率を用いて算定する（リース適用指針53項）。ただし，重要性が乏しいと認められる場合は，利息相当額の総額をリース期間中の各期に定額で配分することができる（リース適用指針59項，60項参照）。

図表5-3　所有権移転外ファイナンス・リース取引における貸手の会計処理

	取引開始日	リース料受領時	決算日
①リース取引開始日に売上高と売上原価を計上する方法	売上高，リース投資資産をリース料総額で計上し，売上原価をリース物件の現金購入価額で計上。	リース料をリース投資資産から減額。	売上高と売上原価の差額を利息相当額とし，翌期以降に対応する利益を繰り延べる（リース投資資産と相殺表示）。
②リース料受取り時に売上高と売上原価を計上する方法	リース投資資産をリース物件の現金購入価額で計上。	リース料を売上高に計上し，対応する利息相当額を売上高から差し引いた金額を売上原価	該当なし。

		として計上。	
③売上高を計上せずに利息相当額を各期へ配分する方法	リース投資資産をリース物件の現金購入価額で計上。	リース料のうち，利息相当額を受取利息として計上し，元本相当額をリース投資資産から減額。	経過利息分を未収収益または前受収益として処理。

①　リース取引開始日に売上高と売上原価を計上する方法

　リース取引開始日に，売上高，リース投資資産をリース料総額で計上する。

　売上原価をリース物件の現金購入価額（リース物件を借手の使用に供するために支払う付随費用がある場合は，これを含める）で計上する。

　また，リース取引開始日に計上した売上高と売上原価の差額は利息相当額とする。決算日において，当該利息相当額の総額のうち，各期末日後に対応する利益は繰り延べることとし，リース投資資産と相殺表示する。

②　リース料受取り時に売上高と売上原価を計上する方法

　リース取引開始日に，リース投資資産をリース物件の現金購入価額（リース物件を借手の使用に供するために支払う付随費用がある場合は，これを含める）で計上する。

　また，リース期間中に受け取ったリース料を売上高に計上し，当該売上高に対応する利息相当額を差し引いた金額を売上原価として計上する。

③　売上高を計上せずに利息相当額を各期へ配分する方法

　リース取引開始日に，リース投資資産をリース物件の現金購入価額（リース物件を借手の使用に供するために支払う付随費用がある場合は，これを含める）で計上する。

　また，受け取ったリース料のうち，利息相当額を受取利息として損益計上し，元本相当額をリース投資資産の元本回収額として処理する。

(6)　所有権移転ファイナンス・リース取引における貸手の会計処理

　貸手の行ったリース取引が所有権移転ファイナンス・リース取引と判定された場合，所有権移転外ファイナンス・リース取引と同様に通常の売買取引に係る方法に準じて会計処理を行う。ただし，リース適用指針51項の「リース投資資産」を「リース債権」に読み替える。また，割安購入選択権がある場合には，その行使価額をリース料総額または受取リース料に含める（リース適用指針51項，61項）。

(7)　オペレーティング・リース取引における会計処理

　オペレーティング・リース取引については，通常の賃貸借取引に係る方法に準じて会計処理を行う。すなわち，借手は支払リース料を費用計上し，リース資産やリース債務は計上しない。貸手は受取リース料を収益計上するとともに，リース物件を貸借対照表に計上し，経済的耐用年数にて減価償却を行う。

4 ▎契約書を見るときの実務上のポイント

(1)　再リース

　再リースとは，契約に基づいて当初のリース期間の満了後も当該リース資産の使用収益を継続することをいう。一般的には，次のような条項が契約書に盛り込まれていることが多い。なお，ファイナンス・リース取引において，貸手はリース期間中に物件代金等を回収済みであることから，一般的に再リース料は重要性が低いと考えられる。

> 第○条　再リース
> 　甲は，リース期間満了後，さらに1年間リースを受けるか，または終了するかを選択できるものとする。

① ファイナンス・リース取引に係る借手の会計処理

　所有権移転外ファイナンス・リース取引において，リース資産の償却における耐用年数に再リース期間を含めなかった場合，再リース料は，原則として発生時の費用として処理する（リース適用指針29項）。なお，所有権移転外ファイナンス・リース取引については，通常はリース期間終了時に所有権が移転することから，自己所有の固定資産に振り替えて，減価償却を継続することとなる（リース適用指針43項）。

② ファイナンス・リース取引に係る貸手の会計処理

　ファイナンス・リース取引の判定において，再リース期間を解約不能のリース期間に含めなかった場合，再リース料は発生時の収益に計上する。また，所有権移転外ファイナンス・リース取引においてリース期間終了時にリース投資資産から振り替えた固定資産については，再リース開始時点の見積再リース期間にわたり減価償却を行う。固定資産の取得価額は，リース投資資産から振り替えた金額となる（リース適用指針57項）。

(2) 残価保証

　リース契約上，残価保証の取決めがある場合は，ファイナンス・リース取引の現在価値基準の判定およびリース資産・負債の計上価額算定において，残価保証額をリース料総額（貸手の場合はリース料総額または受取リース料）に含める（リース適用指針15項，22項）。なお，貸手においては，借手以外の第三者による保証がなされた場合についても，当該保証額をリース料総額または受取リース料に含めて会計処理する（リース適用指針15項，52項，62項）。

　また，所有権移転外ファイナンス・リース取引における借手のリース資産の償却では，残存価額を原則としてゼロとするが，リース契約上に残価保証の取決めがある場合には，原則として当該残価保証額を残存価額とする（リース適用指針27項）。ただし，残価保証額がリース期間終了時に想定される時価と大幅に乖離しているような特殊なリース取引については，その実態を反映した会計処理を行う必要があることに留意する（リース適用指針113項）。

なお，リース期間終了時において，リース資産の処分価額が残価保証額を下回った場合，借手は貸手に対する不足額の確定時に，当該不足額をリース資産売却損等として処理する（リース適用指針29項）。

(3) 中途解約の処理

ファイナンス・リース取引では契約上，中途解約は禁止されている。中途解約する場合は残リース料または残リース料相当額の違約金を支払い，下記のとおり会計処理する。

① ファイナンス・リース取引に係る借手の会計処理

所有権移転ファイナンス・リース取引および所有権移転外ファイナンス・リース取引において，リース契約を中途解約した場合は，リース資産の未償却残高をリース資産除却損等として処理する。貸手に対して中途解約による規定損害金を一時または分割払いで支払う必要が生じた場合は，リース債務未払残高（未払利息の額を含む）と当該規定損害金の額との差額を支払額の確定時に損益に計上する（リース適用指針30項，44項）。

② ファイナンス・リース取引に係る貸手の会計処理

所有権移転外ファイナンス・リース取引において，リース契約が中途解約された場合に受け取る規定損害金については，損益計算書上，本章3(5)において採用した会計処理に対応した方法により処理する（図表5-4参照）。なお，所有権移転ファイナンス・リース取引については，「リース投資資産（中途解約時点での見積残存価額控除後）」を「リース債権」に読み替える（リース適用指針58項，68項）。

図表5-4 所有権移転外ファイナンス・リース取引における貸手の会計処理

採用した会計処理	中途解約の会計処理
①リース取引開始日に売上高と売上原価を計上する方法	リース契約が中途解約された場合に受け取る規定損害金と中途解約時のリース投資資産残高（中途解約時点での見積残存価額控除後）との差額を収益として計上。
②リース料受取り時に売上高と売上原価を計上する方法	リース契約が中途解約された場合に受け取る規定損害金については売上高として処理し、中途解約時のリース投資資産残高（中途解約時点での見積残存価額控除後）を売上原価として計上。
③売上高を計上せずに利息相当額を各期へ配分する方法	リース契約が中途解約された場合に受け取る規定損害金と中途解約時のリース投資資産残高（中途解約時点での見積残存価額控除後）との差額を収益として計上。

(4) 短期リース

　ファイナンス・リース取引の借手において、リース期間が1年以内のリース取引については、個々のリース資産に重要性が乏しいと認められる場合に該当し、オペレーティング・リース取引の会計処理に準じて、通常の賃貸借取引に係る方法に準じて会計処理を行うことができる（リース適用指針45項，46項(2)）。

(5) 少額リース

　ファイナンス・リース取引の借手において、一定の基準額以下の減価償却資産を購入時に費用処理する方法が採用されている場合で、リース物件の単位ごとのリース料総額が当該基準額以下であるリース取引については、個々のリース資産に重要性が乏しいと認められる場合に該当し、オペレーティング・リース取引の会計処理に準じて、通常の賃貸借取引に係る方法に準じて会計処理を行うことができる。なお、リース料総額と当該基準額を比較する際、リース料総額に含まれる利息相当額を当該基準額に加算することができる（リース適用指針45項，46項(1)）。

⑹ 転リース

リース取引の借手が，当該リース物件を第三者に概ね同一の条件で貸手としてリースすることを転リース取引という。借手としてのリース取引および貸手としてのリース取引の双方が，ファイナンス・リース取引に該当する場合，貸借対照表上，リース債権（所有権移転ファイナンス・リース取引）またはリース投資資産（所有権移転外ファイナンス・リース取引）を資産計上し，リース債務を負債計上する。リース債権またはリース投資資産とリース債務は，原則として利息相当額控除後の金額で計上するが，利息相当額控除前の金額で計上することができる。

また，損益計算書上は，支払利息，売上高，売上原価等は計上せずに，貸手として受け取るリース料総額と借手として支払うリース料総額の差額を手数料収入として各期に配分し，転リース差益等の名称で計上する（リース適用指針47項）。

5 IFRSの取扱い

⑴ 基本的な考え方

IFRSでは2019年1月から新リース会計基準が適用されており，借手において経済的実態が取得なのか賃借なのかによってファイナンス・リース取引とオペレーティング・リース取引に区分していた従来の方法から変更されている。すなわち，リースとは資産を使用する権利の取得であるという考え方に基づき，借手においては原則としてすべてのリース（契約書に「リース」という文言があるかどうかにかかわらず，リースの要件を満たす資産）について，当該使用権を資産計上することとなった。

なお，貸手については従来どおり，ファイナンス・リース取引とオペレーティング・リース取引とに区分して会計処理を行う。

⑵　リースの要件

　リースとは,「資産（原資産）を使用する権利を, 対価との交換により一定の期間にわたり移転する契約または契約の一部」をいう。契約がリースに該当するかどうかは,「対象資産の特定」と「借手による使用の支配」の2要件をすべて満たすかどうかで判断する。

①　対象資産の特定

　対象資産は, 通常は契約に品名, 仕様, 数量, 製造元, 物件番号等が明記されることによって特定される。ただし, 契約に明記されていない場合でも, 借手用に特殊にカスタマイズされている等により実質的に特定されている場合があることに留意する。

図表 5-5　契約書に対象資産が明記されている例

物件	○○型油圧ショベル　1台 機械番号：ABCDEFG00001 製造元：○○株式会社

　なお, 対象資産は稼働能力の一部としてではなく, 物理的に区分できる一部である必要がある。また, 貸手に対象資産を代替資産に取り換える実質的な権利がある場合には, 対象資産が特定されたことにはならない。

②　借手による使用の支配

　特定された資産の使用を支配する権利を, 借手に移転することであり,「使用の指図」と「経済的便益」の要件を満たす必要がある。

　(i)　使用の指図
　　借手が資産の使用期間全体にわたる使用目的, 方法およびその変更を指図する権利があることをいう。
　(ii)　経済的便益
　　借手が資産を使用する期間にわたり, 借手が資産の使用により得られる

> 経済的便益のほぼすべてを享受できることをいう。

③　構成要素におけるリースと非リースとの区別

　契約の一部にリースが含まれている場合，契約をリース物件の明細や付随するサービス，固定資産税等の費用負担に係る条項等に基づいて「リース構成要素」，「非リース構成要素」，「その他」に分解し，「その他」についてはリース構成要素と非リース構成要素に配分する。リース構成要素はIFRS第16号に従って会計処理を行い，非リース構成要素は他の適切な基準に準拠して会計処理を行う。

　「非リース構成要素」は，借手にリース以外の財またはサービスを提供するものが該当し，例えば不動産リースの場合の清掃費，管理費などの共益費が含まれると考えられる。また，「その他」は，借手に追加の財またはサービスを提供しないものが該当し，例えば不動産リースの場合の火災保険料や固定資産税で実費が借手に請求されるような場合が含まれると考えられる。

　契約に複数の資産が含まれる場合は，「当該資産を単独，または容易に利用可能な他の資源と組み合わせることで便益を享受」でき，かつ「原資産が当該契約における他の原資産に依存しておらず，相互に関連もしていない」場合には，当該資産は別個のリース構成要素として判定され，それ以外の資産は単一のリース構成要素として判定される。

(3)　借手におけるリース取引の会計処理

①　使用権資産

　借手はリース取引開始時に，使用権資産の取得価額としてリース料総額の割引現在価値を資産計上し，同額をリース負債として負債計上する。当該使用権資産は減価償却を行い，償却期間は所有権が借手に移転する場合には当該リース物件の経済的耐用年数となり，所有権が借手に移転しない場合には当該リース物件のリース期間となる。

(i)　リース期間

　割引現在価値の算定や償却期間に用いるリース期間は，「解約不能期間」に「合理的に確実な延長または解約オプション期間」を考慮して決定する。

　例えば，契約期間が3年間であり，契約期間中の解約が不能であるリースで，契約上，1年間の再リースのオプションが付与されている場合，再リースを選択することが合理的に確実であればリース期間は4年となり，再リースを選択しないことが合理的に確実であればリース期間は3年となる。

> 第○条　再リース
> 　甲は，リース期間満了後，さらに1年間リースを受けるか，または終了するかを選択できるものとする。

　合理的に確実かどうかの判定は，リース開始日時点で，延長または解約オプションを行使するか否かの経済的インセンティブに関連するすべての事実および状況を考慮してリース期間を決定する。

図表5-6　合理的に確実かどうかの検討項目の例

実施済みまたは実施予定の大幅な賃借設備改良	借手に重要な経済的便益をもたらすものか。
解約コスト	原状回復，交渉，再設置，代替原資産の特定，営業への組込みに係るコスト，解約ペナルティ。
営業上の重要性	特殊仕様か，所在地，代替品の利用可能性。
解約不能期間	解約不能期間が短いほど，リースを継続する可能性が高い（解約オプションの行使可能性「低」，延長オプションの行使可能性「高」）。
過去の慣行およびその経済的理由	資産種類ごとの過去の使用期間や，オプションの行使履歴。
市場レートと比較したオプション期間中の契約条件の経済性	リース料の水準，解約ペナルティ，残価保証，オプション期間終了時の割安購入オプション等。

(ii) 割引率

　割引現在価値の算定に用いる割引率としては，原則として「リースの計算利子率」を用いる。リースの計算利子率とは，「リース料総額」と「無保証残存価値」の合計が，「リース開始日における原資産の公正価値」と「貸手の初期直接コスト（リースを契約しなかったとしたら発生しなかったであろう増分コスト）」の合計に等しくなる割引率をいう。

　ただし，借手が「リースの計算利子率」を容易に入手できない場合には，借手の追加借入利子率（借手が同様の経済環境において，同様の期間にわたり，同様の保証を付けて，使用権資産と同様の価値を持つ資産を獲得するために必要な資金を借り入れる場合に，適用されるであろう利率）を割引率として用いることができる。

② 支払リース料の処理

　支払リース料は，原則として，利息相当額部分とリース負債の元本返済額部分とに区分計算する。リース料総額のうち，利息相当額部分は支払利息として処理し，利息法（各期の支払利息相当額をリース負債の未返済元本残高に一定の利率を乗じて算定する方法）によりリース期間中の各期に配分する。また，リース負債の元本返済額部分については，リース料の支払い時に貸借対照表上のリース負債から減額する。

③ 重要性の低いリース取引

　短期リース（リース開始日におけるリース期間が12か月以内のリース）および少額リース（目安として5,000USドル以下）については，重要性の低いリース取引として賃貸借処理が認められている。

6 リースに関する会計基準（案）

　2023年5月2日に企業会計基準委員会から，企業会計基準公開草案第73号「リースに関する会計基準（案）」（以下「リース会計基準案」という），企業会計基準適用指針公開草案第73号「リースに関する会計基準の適用指針（案）」（以

下「リース適用指針案」といい，これらを合わせて「リース会計基準案等」という）が公表された。財務諸表等への影響や契約書の管理といった経理実務に影響があるため留意しておきたい。

(1)　基本的な考え方

IFRS第16号「リース」等のリースに関する国際的な会計基準との整合性を図るためにリース会計基準案等が開発されている。

IFRS第16号等は，借手の会計処理について，原資産の引渡しによりリースの借手に支配が移転した使用権部分に係る資産（使用権資産）と当該移転に伴う負債（リース負債）を計上する使用権モデルを採用しており，従前のオペレーティング・リースも含むすべてのリースについて資産および負債を計上することを求めている。この点につき，国際的な財務諸表等の比較可能性を高めることを目的として，リース会計基準案等でも借手のすべてのリースを，資産および負債に計上することとされている。

ただし，リース会計基準案等では，リースの借手の会計処理として，IFRS第16号等の定めをすべて取り入れるわけではなく，主要な定めのみを取り入れることで，簡素で利便性が高く，かつ国際的な比較可能性を大きく損なわせないことを意図することが示されている。また，我が国固有の商慣習などに対する配慮等から代替的な取扱いや経過的な措置を取り入れることが提案されている。なお，貸手の会計処理については大きな変更はないと考えられる。そこで，以下では，リースの借手の会計処理について解説することとする。

(2)　財務諸表等への影響

以下では，リース会計基準案等の定めにより，現行の取扱いに影響が及ぶ可能性のある点を取り上げる。

①　リースの識別

リース会計基準案等では，リースの識別に関して，主に次の定めを置くこと

が提案されている。

- 契約が特定された資産の使用を支配する権利を一定期間にわたり対価と交換に移転する場合，当該契約はリースを含む。
- 特定された資産の使用期間全体を通じて，次のいずれも満たす場合，当該契約の一方の当事者（サプライヤー）から当該契約の他方の当事者（顧客）に，当該資産の使用を支配する権利が移転している。
  - ☑ 顧客が，特定された資産の使用から生じる経済的利益のほとんどすべてを享受する権利を有している。
  - ☑ 顧客が，特定された資産の使用を指図する権利を有している。
- 借手および貸手は，リースを含む契約について，原則として，リースを構成する部分とリースを構成しない部分とに分けて会計処理を行う。なお，借手は，貸借対照表で表示する科目ごとに，両者を分けずに，リースを構成しない部分についてもリースを構成する部分とする会計処理を選択できる。

　このようなリースの識別に関する定めは，現行の取扱いにはないことから，リース会計基準案等により，今までリースとされていなかった契約がリースとして会計処理される可能性がある。

②　リース期間

　リース会計基準案等では，借手のリース期間に関して，借手が原資産を使用する権利を有する解約不能期間に，以下の両方の期間を加えて決定することが提案されている。

- 借手が行使することが合理的に確実であるリースの延長オプションの対象期間
- 借手が行使しないことが合理的に確実であるリースの解約オプションの対象期間

　当該リース期間の定めにおいて重要な判断要素となりえる「合理的に確実」については，現行の取扱いでは明記されていなかったことから，リース期間の

判定についてより一層の慎重な検討が必要になる可能性がある。

③　使用権資産およびリース負債の計上

「(1)　基本的な考え方」にも記載のとおり，リース会計基準案等では，基本的にすべての借手のリースについて，原則としてオンバランス処理をすることが提案されている。

リース会計基準案等では，すべてのリースについて資産および負債を計上することが求められていることから，従来と比較して貸借対照表において資産および負債が増加する可能性がある。

特に，現行の取扱いでは，オフバランス処理されていたオペレーティング・リース取引について，リース会計基準案等では，原則としてオンバランス処理されることになり，貸借対照表において大きな影響が生じると考えられる。

また，損益計算書では，現行のオペレーティング・リース取引のように支払賃借料等で定額費用処理されていたものが，減価償却費および支払利息が計上されることになり，特に利息の計上により費用認識が前加重となる可能性がある。このため，営業損益にも影響がある可能性がある。

このような財務諸表等への影響により，自己資本比率やROAなどの各種財務指標にも影響がある。

④　注記その他

リース会計基準案等では，現行の取扱いと比較すると，より多くの注記をすることが提案されている。具体的には，財務諸表本表で提供される情報とあわせて，リースが借手または貸手の財政状態，経営成績およびキャッシュ・フローに与える影響を財務諸表利用者が評価するための基礎を与える情報を開示するという開示目的に従って，例えば，リースの借手は「リース特有の取引に関する情報」として，以下のような事項を開示することが考えられる。

> 貸借対照表において以下に定める事項を区分して表示していない場合，それぞれについて，以下の事項を注記する。
> - 使用権資産の帳簿価額について，対応する原資産を自ら所有していた

と仮定した場合の表示科目ごとの金額。当該注記を行うにあたって，表示科目との関係が明らかである限りにおいて，より詳細な区分で使用権資産の帳簿価額の金額を注記することを妨げない。

- リース適用指針案23項の定めを適用し指数またはレートに応じて決まる借手の変動リース料に関する例外的な取扱いにより会計処理を行ったリースに係るリース負債が含まれる科目および金額
- 借地権について，リース適用指針案24項ただし書きまたは121項の定めを適用する場合，償却していない旧借地権の設定に係る権利金等または普通借地権の設定に係る権利金等が含まれる科目および金額

損益計算書において以下に定める事項を区分して表示していない場合，それぞれについて，以下の事項を注記する。

- リース適用指針案18項を適用して会計処理を行った短期リースに係る費用の発生額が含まれる科目および当該発生額。この費用には借手のリース期間が1か月以下のリースに係る費用を含めることを要しない。また，当該短期リースに係る費用の金額に少額リース（リース適用指針案20項参照）に係る費用の金額を合算した金額で注記することができる。この場合，その旨を注記する。
- リース負債に含めていない借手の変動リース料に係る費用の発生額が含まれる科目および当該発生額

また，契約条件の変更やセール・アンド・リースバック取引，サブリース取引についても，一部では，現行の取扱いと異なる定めを設けることが提案されている。このため，現行の取扱いから会計処理や開示が変わりうることを念頭に置いて，その影響を分析する必要がある。

(3) 実務への影響

契約書の観点からは，リースに該当する契約を網羅的に管理する仕組みを構築できているかという点が重要であると考えられる。特にリース会計基準案5項では，リースの定義として「原資産を使用する権利を一定期間にわたり対価

と交換に移転する契約又は契約の一部分」と提案されており，リースの識別に関して，リース契約や賃貸借契約という名称の契約以外においても，前記「(2)①　リースの識別」を参考にして，リースが含まれていないかチェックが必要となる点に留意しておきたい。

　また，リース期間に関して，延長オプションや解約オプションの条項の有無とその内容について，しっかりと把握し，リース期間への影響を慎重に検討する必要がある点に留意しておきたい。

　加えて，今後のリース会計基準およびリース適用指針の原則適用にあたり，リース期間等の契約内容についても見直しが行われることも想定される。リース契約に関する管理体制について見直しておきたい。

第6章

組織再編に関する
契約書の読み方

第1節　合併契約

1 概　要

⑴　合併の概要

　合併とは，複数の会社が合併契約を締結し，消滅会社となる会社の権利義務のすべてについて，清算手続を経ることなく存続会社または設立会社となる会社に一般承継（包括承継）させる行為であり，会社法上，吸収合併と新設合併の2つがある。吸収合併とは，会社が他の会社とする合併であって，合併により消滅する会社の権利義務の全部を合併後存続する会社に承継させるものをいう。一方，新設合併とは，二以上の会社がする合併であって，合併により消滅する会社の権利義務の全部を合併により設立する会社に承継させるものをいう（会社法2条27号，28号）。

　図表6-1-1および図表6-1-2は，吸収合併および新設合併を図示したものである。

　なお，合併は，その定義からも明らかなように，その実施主体として持分会社（合名会社，合資会社または合同会社）も含まれうるが，本節では，実務上の発生頻度の観点から，株式会社のみが主体となる合併を対象として解説する。

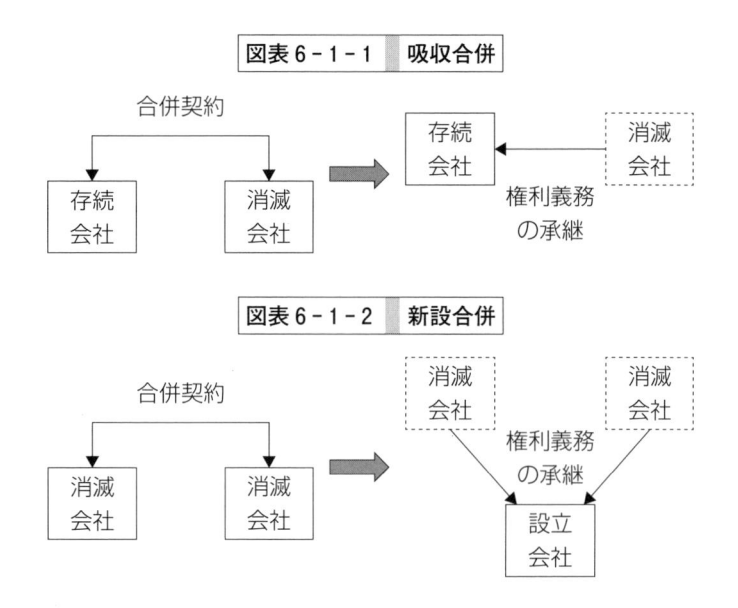

図表6-1-1　吸収合併

合併契約

図表6-1-2　新設合併

合併契約

(2)　合併契約

　合併契約は，合併に際してその締結が必須とされている（会社法748条）。そして，当該合併契約には，株主などの保護のため[1]に，一定の事項（以下「法定記載事項」という）を定めなければならないとされている（会社法749条1項）。

　ただし，さまざまな事態に対処するために法定記載事項以外の記載をすることは有益であり，合併の本質や強行規定に反しない限り，任意的記載をすることも可能と解されており[2]，実務的には，任意的記載事項が合併契約に含まれることが多い。

　任意的記載事項を含む合併契約の内容の決定は，原則として重要な業務執行の決定に該当するため，取締役会を設置する会社においては取締役会の専決事項となる（会社法362条4項，399条の13第4項・5項17号，416条4項16号）。

　図表6-1-3は，合併契約の構成イメージである。

1　江頭憲治郎『株式会社法　第7版』有斐閣，862ページ
2　龍田節『会社法大要　第2版』有斐閣，455ページ

図表6-1-3　合併契約の構成イメージ

合併契約
法定記載事項
任意的記載事項

　なお，合併契約は，株式会社の代表として，代表取締役（指名委員会等設置会社の場合は代表執行役，取締役会を設置しない会社で代表取締役を定めていない場合は各取締役）が締結し，原則として，株主総会の特別決議による承認が必要とされる（会社法783条1項，795条1項，309条2項12号）。また，合併における消滅会社，存続会社および新設会社は，合併契約等備置開始日から効力発生日の後6か月を経過する日（消滅会社の場合は効力発生日）まで，合併契約の内容を含む一定の事項を記載または記録した書面または電磁的記録を本店に備え置くことが必要である（会社法782条1項，794条1項，815条3項）。

(3)　合併契約以外の契約

　合併においては，法定書面としての合併契約以外にも，例えば，以下のような契約が取り交わされることが多い。

- 秘密保持契約：取引実行可否の判断材料として対象企業に関する情報をやり取りするための契約。
- 基本合意契約：取引を進めるためにその基本的条件について合意したことを示す契約。
- 統合契約：基本合意契約において合意対象とならなかった諸条件（例えば対価の詳細な算定方法など）について取り決めた契約。
- 株主間契約：取引実施後の対象企業の運営などについて取り決めた契約

　なお，合併契約は，吸収合併であれば存続会社と消滅会社との間で締結され，新設合併であれば消滅会社間で締結されるが，合併契約以外の契約は，吸収合併であれば存続会社（またはその株主）と消滅会社の株主との間で締結され，

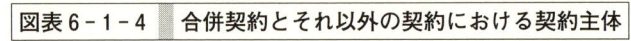

図表 6 - 1 - 4　合併契約とそれ以外の契約における契約主体

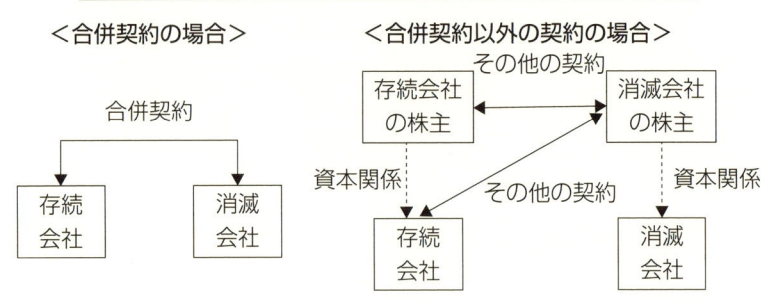

新設合併であればそれぞれの消滅会社の株主間で締結されることが一般的である（図表6-1-4参照）。

　このような合併契約以外の契約を取り交わす理由は，以下の事由を考慮したためと考えられる。

- 合併契約の記載事項は，法定書面としての備え置きなどにより取引条件などの詳細が開示されてしまう可能性があること
- 合併契約の記載事項の変更に際しては，再度の株主総会決議を経なければならない可能性があること
- 合併契約の当事者である消滅会社は合併により消滅するため，合併契約での補償条項などは実効性が乏しいと考えられること

⑷　合併における各契約の締結タイミング

　合併においては，一般的に，以下のような流れにより各契約が締結されることが多い（図表6-1-5参照）。

図表6-1-5　各契約の締結タイミング

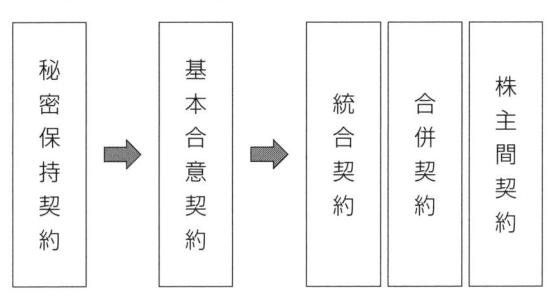

2 ┃ 契約書に必要な条項

(1)　合併契約

前記のとおり，合併契約には法定記載事項と任意的記載事項とがある。

①　法定記載事項

法定記載事項は，吸収合併と新設合併とでそれぞれ定められている。図表6-1-6および図表6-1-7は，吸収合併契約および新設合併契約の法定記載事項である。

図表6-1-6　吸収合併契約の法定記載事項

条項	内　容
商号および住所	吸収合併存続会社および吸収合併消滅会社の商号および住所を記載する。
消滅会社の株主に交付する金銭等およびその割当て	吸収合併存続会社が吸収合併消滅会社の株主に対して金銭等を交付するときは，当該金銭等について以下の事項を記載する。 (i) 当該金銭等が吸収合併存続会社の株式の場合は，当該株式の数（種類株式発行会社の場合は株式の種類および種類ごとの数）またはその数の算定方法ならびに吸収合併存続会社の資本金および準備金に関する事項 (ii) 当該金銭等が吸収合併存続会社の社債の場合は，当該社債の種

	類および種類ごとの各社債の金額の合計額またはその算定方法
	(iii) 当該金銭等が吸収合併存続会社の新株予約権の場合は，当該新株予約権の内容および数またはその算定方法
	(iv) 当該金銭等が吸収合併存続会社の新株予約権付社債の場合は，当該新株予約権付社債についての(ii)に規定する事項および当該新株予約権付社債に付された新株予約権についての(iii)に規定する事項
	(v) 当該金銭等が吸収合併存続会社の株式等以外の財産である場合は，当該財産の内容および数もしくは額またはこれらの算定方法 また，当該金銭等の株主ごとの割当てに関する事項も記載する。
消滅会社の新株予約権者に交付する新株予約権または金銭およびその割当て	吸収合併消滅会社が新株予約権を発行している場合において，吸収合併存続会社が当該新株予約権者に対して交付する吸収合併存続会社の新株予約権または金銭について以下の事項を記載する。 (i) 吸収合併存続会社の新株予約権を交付する場合は，当該新株予約権の内容および数またはその算定方法 (ii) (i)に規定する場合において，(i)の新株予約権が新株予約権付社債に付された新株予約権であるときは，吸収合併存続会社が当該新株予約権付社債についての社債に係る債務を承継する旨ならびにその承継に係る社債の種類および種類ごとの各社債の金額の合計額またはその算定方法 (iii) 金銭を交付する場合は，当該金銭の額またはその算定方法 また，当該新株予約権または金銭の新株予約権者ごとの割当てに関する事項も記載する。
効力発生日	吸収合併がその効力を生ずる日を記載する。

図表 6-1-7　新設合併契約の法定記載事項

条項	内　容
消滅会社の商号および住所	新設合併消滅会社の商号および住所を記載する。
設立会社の目的，商号，本店の所在地および発行可能株式数など	新設合併設立会社の目的，商号，本店の所在地および発行可能株式総数を記載する。また，これら以外で新設合併設立会社の定款で定める事項を記載する。

設立会社の設立時取締役など	新設合併設立会社の設立時取締役の氏名を記載する。 また，新設合併設立会社の機関設計により以下の事項を記載する。 (i)　会計参与設置会社の場合は，設立時会計参与の氏名または名称 (ii)　監査役設置会社の場合は，設立時監査役の氏名 (iii)　会計監査人設置会社の場合は，設立時会計監査人の氏名または名称
消滅会社の株主に交付する株式およびその割当て	新設合併設立会社が新設合併消滅会社の株主に対して交付する株式について，当該株式の数（種類株式発行会社の場合は株式の種類および種類ごとの数）またはその数の算定方法ならびに新設合併設立会社の資本金および準備金に関する事項を記載する。 また，当該株式の株主ごとの割当てに関する事項も記載する。
消滅会社の株主に交付する社債等およびその割当て	新設合併設立会社が新設合併消滅会社の株主に対して新設合併設立会社の社債等を交付するときは，当該社債等について以下の事項を記載する。 (i)　当該社債等が新設合併設立会社の社債の場合は，当該社債の種類および種類ごとの各社債の金額の合計額またはその算定方法 (ii)　当該社債等が新設合併設立会社の新株予約権の場合は，当該新株予約権の内容および数またはその算定方法 (iii)　当該社債等が新設合併設立会社の新株予約権付社債の場合は，当該新株予約権付社債についての(i)に規定する事項および当該新株予約権付社債に付された新株予約権についての(ii)に規定する事項 また，当該社債等の株主ごとの割当てに関する事項も記載する。
消滅会社の新株予約権者に交付する新株予約権または金銭およびその割当て	新設合併消滅会社が新株予約権を発行している場合において，新設合併設立会社が当該新株予約権者に対して交付する新設合併設立会社の新株予約権または金銭について以下の事項を記載する。 (i)　新設合併設立会社の新株予約権を交付する場合は，当該新株予約権の内容および数またはその算定方法 (ii)　(i)に規定する場合において，(i)の新株予約権が新株予約権付社債に付された新株予約権であるときは，新設合併設立会社が当該新株予約権付社債についての社債に係る債務を承継する旨ならびにその承継に係る社債の種類および種類ごとの各社債の金額の合計額またはその算定方法 (iii)　金銭を交付する場合は，当該金銭の額またはその算定方法 また，当該新株予約権または金銭の新株予約権者ごとの割当てに関する事項も記載する。

　吸収合併における合併対価については「吸収合併存続会社が吸収合併消滅会社の株主に対して金銭等を交付するときは……」とされている。これは，対価を交付しない合併（典型的なケースとしては完全子会社同士の無対価による合併の場合などがある）があるためである。また，吸収合併においては，効力発生日に関する記載が求められている一方で，新設合併の場合は求められていない。これは，新設合併の効力の発生は，新設合併設立会社の設立の登記によるためである。

②　任意的記載事項

　任意的記載事項については，個別の組織再編ごとにさまざまな事例が考えられる。図表6-1-8は任意的記載事項の例である。

図表6-1-8　任意的記載事項

条項	内　　容
株主総会の期日	合併契約を承認するための株主総会について，その開催期日を記載する。
財産の承継	合併により承継する財産について記載する。なお，合併においては消滅会社のすべての権利義務が存続会社または設立会社に承継されるため，本記載により承継する権利義務の範囲を定めることにはならない。
善管注意義務	合併契約締結から効力発生日までの間に合併会社の財産状況などに大きな変化が生じないように，相互に，善良なる管理者としての注意をもって業務を執行することを記載する。なお，財産状況などに重大な影響を及ぼす行為については，事前に双方の合意を必要とする旨を記載することもある。
剰余金の配当の限度額	合併契約締結から効力発生日までの間に実施される剰余金の配当について限度額を記載する。
役員の退職慰労金	消滅会社の役員のうち，存続会社の役員とならないものに係る退職慰労金を記載する。
従業員の引継ぎ	合併においては消滅会社のすべての権利義務が存続会社または設立会社に承継されるため，従業員との間の労働契約も存続会社に承継される。この点，消滅会社と存続会社または設立会社とで，労働条

	件が一致しているとは限らず，合併後に調整が必要となることを想定し，労働条件などについて記載する。
効力発生の停止・合併契約の解除など	一定の条件の達成または不達成により，合併の効力発生を停止することや合併契約を解除することを記載する。

(2)　合併契約以外の契約

①　秘密保持契約

　秘密保持契約は，一般に，合併取引実行の可否を判断するための情報を提供するために締結される。そのため，合併取引のプロセスの初期段階に締結されることが想定される。図表6-1-9は，秘密保持契約の記載事項の例である。

図表6-1-9　秘密保持契約

条項	内　容
秘密情報の定義	秘密保持義務の対象となる情報の範囲を記載する。合併取引について検討していることそのものについても対象に入ることが多くみられる。
目的外使用の禁止	提供される秘密情報について合併取引実行の可否の判断のため以外の使用の禁止を記載する。
第三者への開示	秘密情報の使用目的に反しない範囲で秘密保持義務の順守を条件として開示することを認めることを記載する。
有効期間・解除条件	秘密保持義務の有効期間や解除条件について記載する。

②　基本合意契約

　基本合意契約は，合併の実施を含む基本的な事項を合意した場合に締結される。合併の実施や方法について合意するが，合併対価については大枠としての合意に留まり，詳細の決定や調整などは最終的な契約（例えば，統合契約など）により決定する旨が記載されていることが多い。また，基本合意契約においてクロージング条件が定められており，当該条件に含まれる各項目（例えば合併

対価に関する詳細の決定など）の達成により取引が実行される旨が記載されることもある。

なお，前記の秘密保持契約を締結せず，基本合意契約において秘密保持条項を設定し，秘密保持契約の取り交わしによる効果を実現することもある。図表6-1-10は，基本合意契約の記載事項の例である。

図表6-1-10　基本合意契約

条項	内　容
合併の方法	合併当事会社および合併の方法について記載する。
統合会社の概要	合併後の統合会社について，その商号や株主構成などについて記載する。なお，本項について株主構成として持株比率を合意した場合，当該持株比率に整合するように各合併当事会社間の企業価値などを調整することがある。
誓約	合併に向けて誠意をもってお互いへの情報開示など（具体的にはデューデリジェンスへの全面的な協力など）を進めること，合併当事会社における事業を善良なる管理者としての注意義務を持って遂行すること，合併当事会社に関係する経営上の意思決定についての合意義務などを記載する。
クロージング（最終化）	合併の実施について達成しなければならない条件（解除条件への無抵触など）を記載する。
解除条件など	基本合意を解除する条件について記載する。

③　統合契約

合併をはじめとする組織再編行為においては，そのさまざまな取引条件について確定的に合意するための契約が締結されることが少なくない。図表6-1-11は統合契約の記載事項の例である。

図表6-1-11　統合契約

条項	内　容
対価の支払いおよび価格調	合併対価およびその調整（例えば，アーンアウト条項など）について記載する。ここでいう「アーンアウト条項」とは，一般的には，

整	合併等の組織再編行為の後に売上高や利益などの業績等があらかじめ取り決めた一定の水準を上回った場合等に追加的に対価を交付すること等を約した条項をいう。
クロージング （最終化）	クロージングの時期，条件や各当事者の義務の内容を記載する。
表明および保証	各当事者が相手方当事者に対して，一定の日において一定の事項について真実かつ正確であることを表明し，保証する（例えば，売手である吸収合併消滅会社の株主が，吸収合併消滅会社の合併期日直前の貸借対照表において一般に公正妥当と認められる企業会計の基準に従い負債として計上すべきものが漏れなく計上されていることなどを表明，保証するなど）。
誓約	クロージングに向けて各当事者が誠意をもって，対象会社の状況の維持やクロージングの要件の充足に向けて努力することや，クロージング後における競業避止，対象会社の雇用の維持などについて記載する。
補償	表明保証の内容が真実でなかった，または正確でなかった場合や，誓約等の義務を違反した場合において，当事者に生じる損失を相手方当事者が補償することおよびその補償内容について記載する。
解除条件など	統合契約を解除する条件について記載する。

④　その他

　その他，株式を対価として合併した場合などのように，吸収合併後の存続会社における株主が，従来の株主に吸収合併消滅会社の株主も加わり，複数となった場合に，吸収合併存続会社の吸収合併後の運営などについて，複数の株主で合意するための契約である株主間契約が締結されることもある。

3 ┃ 会計上の取扱い

　企業結合は，「ある企業又はある企業を構成する事業と他の企業又は他の企業を構成する事業とが1つの報告単位に統合されることをいう」（企業結合会計基準5項）とされており，合併は，企業結合の典型例である。したがって，合併を適切に会計処理するためには，合併契約書における各条項を理解し，会

計基準への正確な当てはめが必要となる。

　なお，会計上の取扱いについては，実務において観察される頻度の高い吸収合併における吸収合併存続会社の会計処理を前提とする。

(1)　複数の取引により構成される企業結合

　複数の取引が1つの企業結合を構成している場合には，それらを一体として取り扱う（企業結合会計基準5項後段）。通常，複数の取引が一事業年度内に完了する場合には一体として取り扱うことが適当であると考えられるが，1つの企業結合を構成しているかどうかは状況によって異なるため，当初取引時における当事者間の意図や当該取引の目的等を勘案し，実態に応じて判断する（企業結合会計基準66項後段）。

　具体的には，吸収合併の前後において，存続会社または消滅会社（またはそれらの株主）間で実施された取引（例えば，吸収合併の直前に消滅会社から存続会社に対して固定資産の譲渡が行われた場合など）については，経済合理性の有無や経済的実態を調査し，合併と一体として取り扱うことが適当であるか否かについて慎重に検討する必要がある。前記のとおり，合併契約とは別の契約を取り交わすことがあるため，合併契約以外の契約も検討する必要がある。

(2)　企業結合の分類

　企業結合は以下の3つに分類される（企業結合会計基準9項，11項，16項）。

①　取得
ある企業が他の企業または企業を構成する事業に対する支配を獲得すること。
②　共同支配企業の形成
複数の独立した企業が契約等に基づき，共同支配企業（複数の独立した企業により共同で支配される企業）を形成する企業結合。
③　共通支配下の取引

> 結合当事企業（または事業）のすべてが，企業結合の前後で同一の株主により最終的に支配され，かつ，その支配が一時的ではない場合の企業結合。

　いずれの企業結合に分類されるかにより会計処理が大きく異なるため，合併契約を確認し，企業結合の分類を適切に判断する必要がある。

　具体的には，まず，資本関係等に基づき，共通支配下の取引に該当するか否かを判断する。次に，共同支配を生じさせる株主間契約の有無を確認し，共同支配企業の形成に該当するか否かを判断する。なお，株主間契約による共同支配の判断については，第3節にて解説する。

　最後に，共通支配下の取引および共同支配企業の形成のいずれにも該当しない合併は取得と判断される。

(3) 取得企業の決定

　取得とされた企業結合においては，取得企業を決定することが必要となる。通常，対価として現金を引き渡す企業または株式を交付する企業が取得企業となるが，株式を対価とする企業結合の場合は，必ずしも株式を交付した企業が取得企業にならないとき（逆取得）もあるため，以下の要素を総合的に勘案する必要がある（企業結合会計基準18項〜20項）。

- 総体としての株主が占める相対的な議決権比率の大きさ
- 最も大きな議決権比率を有する株主の存在
- 取締役等を選解任できる株主の存在
- 取締役会等の構成
- 株式の交換条件

(4) 条件付取得対価

　条件付取得対価とは，「企業結合契約において定められるものであって，企業結合契約締結後の将来の特定の事象又は取引の結果に依存して，企業結合日後に追加的に交付される若しくは引き渡される又は返還される取得対価」をい

う（企業結合会計基準（注2））。条件付取得対価には，将来の業績に依存する
ものや，特定の株式または社債の市場価格に依存するものなどがあると考えら
れ，一般的には，合併契約その他の契約において定められる。このような条件
付取得対価については，その交付または引渡しならびに一部の返還が確実とな
り，その時価が合理的に決定可能となった時点で追加的な会計処理が必要とな
る（企業結合会計基準27項）。

⑸　企業結合に係る特定勘定への取得原価の配分

　取得後に発生することが予測される特定の事象に対応した費用または損失で
あって，その発生の可能性が取得の対価の算定に反映されている場合には，企
業結合に係る特定勘定として計上する必要がある（企業結合会計基準30項，企
業結合適用指針62項）。

　ここでいう「取得後に発生することが予測される特定の事象に対応した費用
又は損失」とは，企業結合日において一般に公正妥当と認められる企業会計の
基準（ただし，当該企業結合に係る特定勘定に適用される基準を除く）の下で
認識される識別可能負債に該当しないもののうち，企業結合日後に発生するこ
とが予測され，被取得企業に係る特定の事象に対応した費用または損失（ただ
し，識別可能資産への取得原価の配分額に反映されていないものに限る）をい
う。また，「取得の対価の算定に反映されている場合」とは，以下のいずれか
の要件を満たしている場合をいう（企業結合適用指針63項，64項）。

- 当該事象およびその金額が契約条項等（結合当事企業の合意文書）で明
  確にされていること
- 当該事象が契約条項等で明確にされ，当該事象に係る金額が取得の対価
  （株式の交換比率など）の算定にあたり重視された資料に含まれ，当該
  事象が反映されたことにより，取得の対価が減額されていることが取得
  企業の取締役会議事録等により確認できること
- 当該事象が取得の対価の算定にあたって考慮されていたことが企業結合
  日現在の事業計画等により明らかであり，かつ当該事象に係る金額が合

> 理的に算定されること（ただし，この場合には，のれんが発生しない範囲で評価した額に限る）

　このため，合併契約その他の契約において，企業結合日後に発生することが予測される被取得企業に係る特定の事象に関する取決めがなされているかどうかを確認し，企業結合に係る特定勘定の計上要否を検討する必要がある。

4 契約書を見るときの実務上のポイント

　合併をはじめとする組織再編の契約は，法定書面としての契約（合併の場合は，合併契約）以外にも，さまざまな契約が取り交わされることが多い。そのため，組織再編に関連する契約を網羅的に識別し，会計処理等の検討を実施する必要がある。

　以下では，企業結合会計における主要な論点ごとに契約書の確認すべきポイントを例示している。

(1) 複数の取引により構成される企業結合

　吸収合併に関連する契約において，合併の条件として，当事者における特定の取引等の実行が示されている場合がある。このような場合には，当該取引が合併と一体として取り扱うことが適当であるか否かについて慎重に検討する必要がある。

【合併契約】

> 第○条　本合併の効力発生の前提条件
> 　本合併の効力は，次の各号の事由がすべて充足されていることを前提条件として，生じるものとする。
> 　1．統合契約（※合併契約とは別の契約）第○条に定める取引が有効に実行されていること
> 　2．統合契約第○条に定める新株発行の効力が発生していること

このように，合併の効力発生の条件として他の契約における取引の実行など
が記載されている場合には，当該他の契約における取引などについて，合併と
一体であると判断される可能性がある。ただし，合併の効力発生の条件となる
取引と合併そのものを一体の取引として取り扱うか否かは，合併当事者の取引
全体に対する目的や意図を調査し，また，それぞれの取引を個別に会計処理し
た場合に著しく不合理な結果を生み出すか否かといった観点に基づき判断する
ことになると考えられる。

(2) 企業結合の分類

企業結合は，取得，共同支配企業の形成，共通支配下の取引の3つに分類さ
れる（企業結合会計基準9項，11項，16項）が，いずれの企業結合に分類され
るかにより会計処理が大きく異なるため，合併契約を確認し，企業結合の分類
を適切に判断する必要がある。

具体的には，まず，合併契約における存続会社および消滅会社の商号などを
確認し，存続会社および消滅会社の資本関係を精査することにより，企業結合
の当事者が同一の株主（個人である場合を含む）により最終的に支配されてい
るか等を確認し，共通支配下の取引に該当するか否かを判断する。

【合併契約】

第〇条　合併をする会社の商号および住所
1. 吸収合併存続会社
商号：◆◆株式会社
住所：東京都△△区〇〇一丁目1番1号
2. 吸収合併消滅会社
商号：◇◇株式会社
住所：神奈川県▲▲市☆☆三丁目3番3号

次に，共同支配を生じさせる株主間契約の有無を確認し，共同支配企業の形
成に該当するか否かを判断する（第3節参照）。共通支配下の取引および共同

支配企業の形成のいずれにも該当しない合併は取得と判断される。

(3)　取得企業の決定

　一般的には，取得に該当する組織再編において取得企業は明白であることが多いと思われるが，そうでない場合には，合併契約やその他の契約における対価の支払いや再編後企業の意思決定機関に関する取決めを確認し，下記の要素に基づき取得企業を判断する必要がある。

- 総体としての株主が占める相対的な議決権比率の大きさ
- 最も大きな議決権比率を有する株主の存在
- 取締役等を選解任できる株主の存在
- 取締役会等の構成
- 株式の交換条件

【合併契約】

第○条　合併に際して交付する株式の数および割当

　◆◆社は，本合併に際して，普通株式○○○株を発行し，これを，効力発生日における◇◇社の株主に対し，各保有する◇◇社の普通株式1株につき◆◆社の普通株式△△株の割合により，◆◆社普通株式を割当交付するものとする。

【統合契約】

第○条　取締役

　1．◆◆社の取締役の員数は○名とし，■■社（合併前の◆◆社の親会社）が○名，□□社（合併前の◇◇社の親会社）が○名指名できるものとする。

　2．代表取締役は1名とし，■■社が当該代表取締役を指名することができる。

(4) 条件付取得対価

　合併契約その他の契約において，条件付取得対価に関する取決めがなされているか否かを確認し，仮に当該取決めがある場合にはその交付または引渡しの可能性について継続的に確認する必要がある。

【合併契約】

> 第○条　価格調整
> 　◆◆社の20XX年３月期の監査済み連結財務諸表における当期純利益が○○○百万円を上回る場合には，◆◆社は，普通株式○○○株を発行し，これを，◇◇社の株主に対し交付するものとする。

(5) 企業結合に係る特定勘定の配分

　企業結合に係る特定勘定は，契約条項等において対象となる事象が明確化されている場合にはその計上の要否を検討する必要がある。企業結合に係る特定勘定として計上されることがある事象は，以下のような，いわゆるリストラクチャリングに関連する事象である。このため，合併契約その他の契約において，これらの事象について言及されている場合には，企業結合に係る特定勘定の計上要否の検討が必要となる。

> - 人員の配置転換や再教育費用
> - 割増（一時）退職金
> - 訴訟案件等に係る偶発債務
> - 工場用地の公害対策や環境整備費用
> - 資産の処分に係る費用（処分費用を当該資産の評価額に反映させた場合で，その処分費用が処分予定の資産の評価額を超過した場合には，その超過額を含む）

第2節　分割契約

1 概　　要

(1) 分割の概要

　分割とは，会社がその事業に関して有する権利義務のすべてまたは一部を当該会社から承継会社または設立会社となる会社に一般承継（包括承継）させる行為であり，会社法上，吸収分割と新設分割の2つがある。吸収分割とは，株式会社または合同会社がその事業に関して有する権利義務の全部または一部を分割後他の会社に承継させることをいう。一方，新設分割とは，一または二以上の株式会社または合同会社がその事業に関して有する権利義務の全部または一部を分割により設立する会社に承継させることをいう（会社法2条29号，30号）。なお，新設分割において，分割会社が一社の場合には単独新設分割と呼び，分割会社が二社以上の場合には共同新設分割と呼ぶことが一般的である。図表6-2-1および図表6-2-2は，吸収分割および新設分割（共同新設分割）を図示したものである。

　なお，分割は，その定義からも明らかなように，その分割会社としては株式会社および合同会社が主体となることができ，承継会社としては主体となる会社の種類は限定されていないが，本節では，実務上の発生頻度の観点から，株式会社のみが主体となる分割を対象として解説する。また，新設分割のうち，単独新設分割については相手会社が存在せず契約が締結されない（この代わり

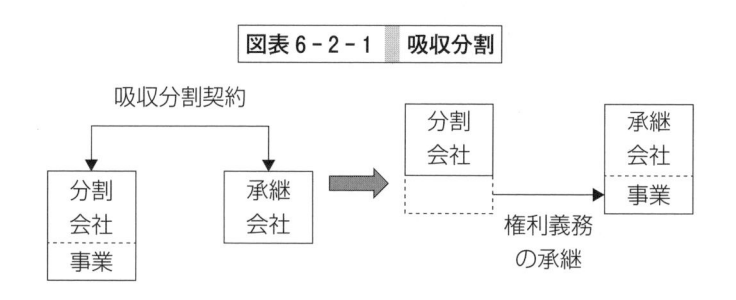

図表6-2-1　吸収分割

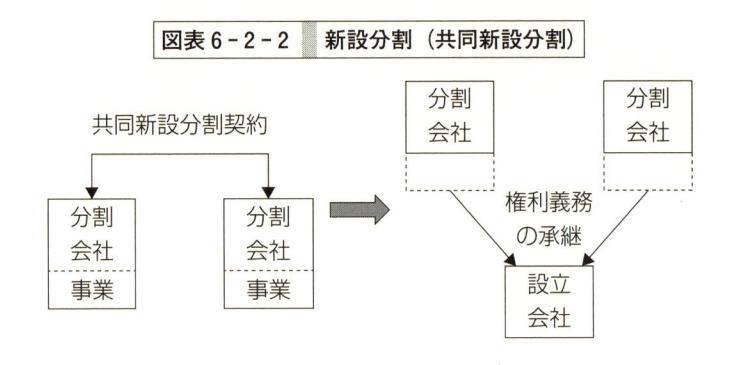

図表6-2-2　新設分割（共同新設分割）

に新設分割計画が作成される）ため，また，共同新設分割については次節において解説することとし，本節では解説しない。

(2)　吸収分割契約

　吸収分割契約は，吸収分割に際してその締結が必須とされている（会社法757条）。そして，当該吸収分割契約には，一定の事項（以下「法定記載事項」という）を定めなければならないとされている（会社法758条1項）。

　ただし，合併の場合と同様に，実務的には，任意的記載事項が吸収分割契約に含まれることが多い。任意的記載事項を含む吸収分割契約の内容の決定は，原則として重要な業務執行の決定に該当するため，取締役会を設置する会社においては取締役会の専決事項となる（会社法362条4項，399条の13第4項・5項18号，416条4項20号）。

　図表6-2-3は，吸収分割契約の構成イメージである。

　なお，吸収分割契約は，株式会社を代表し，代表取締役（指名委員会等設置

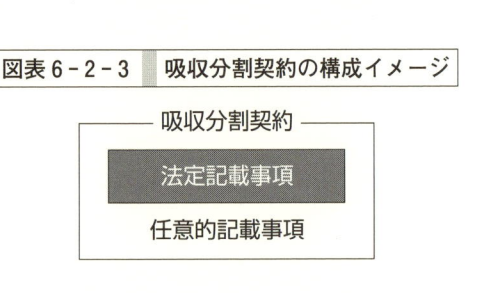

図表6-2-3　吸収分割契約の構成イメージ

吸収分割契約
法定記載事項
任意的記載事項

会社の場合は代表執行役，取締役会を設置しない会社で代表取締役を定めていない場合は各取締役）が締結し，原則として，株主総会の特別決議による承認が必要とされる（会社法783条1項，795条1項）。

　また，吸収分割における吸収分割会社は，吸収分割契約等備置開始日から効力発生日の後6か月を経過する日まで，当該吸収分割契約の内容を含む一定の事項を記載し，または記録した書面または電磁的記録を本店に備え置くことが必要である（会社法782条1項，794条1項）。

(3) 吸収分割契約以外の契約

　吸収分割においては，合併の場合と同様に，法定書面としての吸収分割契約以外にも，例えば以下のような契約が取り交わされることが多い。

> - 秘密保持契約：取引実行可否の判断材料として対象企業に関する情報をやり取りするための契約。
> - 基本合意契約：取引を進めるためにその基本的条件について合意したことを示す契約。
> - 統合契約：取引に係る諸条件について取り決めた契約。
> - 株主間契約：取引実施後の対象企業の運営などについて取り決めた契約

　なお，吸収分割契約以外の契約は，分割会社（またはその株主）と承継会社（またはその株主）との間で締結されることが一般的である。

　このような吸収分割契約以外の契約を取り交わす理由は，合併の場合と同様に，以下の事由を考慮したためと考えられる。

> - 吸収分割契約の記載事項は，法定書面としての備え置きなどにより取引条件などの詳細が開示されてしまう可能性があること
> - 吸収分割契約の記載事項の変更に際しては，再度の株主総会決議を経なければならない可能性があること

⑷ 吸収分割契約における各契約の締結タイミング

吸収分割においては，合併の場合と同様に，一般的に，以下のような流れにより各契約が締結されることが多い（図表6-2-4参照）。

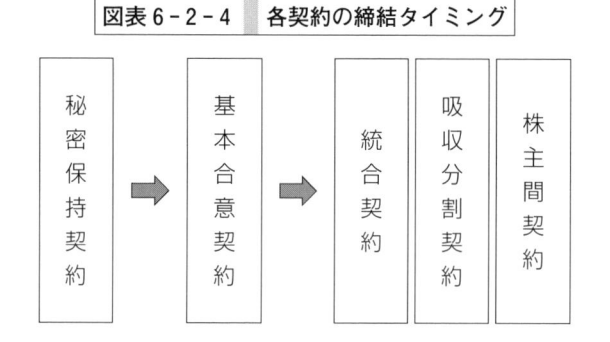

図表6-2-4　各契約の締結タイミング

秘密保持契約　➡　基本合意契約　➡　統合契約　吸収分割契約　株主間契約

2 ┃ 契約書に必要な条項

⑴ 吸収分割契約

前記のとおり，吸収分割契約には法定記載事項と任意的記載事項とがある。

① 法定記載事項

図表6-2-5は，吸収分割契約の法定記載事項である。

図表6-2-5　吸収分割契約の法定記載事項

条項	内　容
商号および住所	吸収分割会社および吸収分割承継会社の商号および住所を記載する。
承継する資産，債務，雇用契約その他の権利義務	吸収分割承継会社が吸収分割により吸収分割会社から承継する資産，債務，雇用契約その他の権利義務に関する事項を記載する。

分割対価に関する事項	吸収分割承継会社が吸収分割に際して吸収分割会社に対してその事業に関する権利義務の全部または一部に代わる金銭等を交付するときは，当該金銭等について，以下の事項を記載する。 (i)　当該金銭等が吸収分割承継会社の株式であるときは，当該株式の数（種類株式発行会社にあっては，株式の種類および種類ごとの数）またはその数の算定方法ならびに当該吸収分割承継会社の資本金および準備金の額に関する事項 (ii)　当該金銭等が吸収分割承継会社の社債（新株予約権付社債についてのものを除く）であるときは，当該社債の種類および種類ごとの各社債の金額の合計額またはその算定方法 (iii)　当該金銭等が吸収分割承継会社の新株予約権（新株予約権付社債に付されたものを除く）であるときは，当該新株予約権の内容および数またはその算定方法 (iv)　当該金銭等が吸収分割承継会社の新株予約権付社債であるときは，当該新株予約権付社債についての(ii)に規定する事項および当該新株予約権付社債に付された新株予約権についての(iii)に規定する事項 (v)　当該金銭等が吸収分割承継会社の株式等以外の財産であるときは，当該財産の内容および数もしくは額またはこれらの算定方法
吸収分割会社の新株予約権者に対して交付する吸収分割承継会社の新株予約権に関する事項	吸収分割承継会社が吸収分割に際して吸収分割会社の新株予約権の新株予約権者に対して当該新株予約権に代わる当該吸収分割承継会社の新株予約権を交付するときは，当該新株予約権について，以下の事項を記載する。 (i)　当該吸収分割承継会社の新株予約権の交付を受ける吸収分割会社の新株予約権の新株予約権者の有する新株予約権（以下「吸収分割契約新株予約権」という）の内容 (ii)　吸収分割契約新株予約権の新株予約権者に対して交付する吸収分割承継会社の新株予約権の内容および数またはその算定方法 (iii)　吸収分割契約新株予約権が新株予約権付社債に付された新株予約権であるときは，吸収分割承継会社が当該新株予約権付社債についての社債に係る債務を承継する旨ならびにその承継に係る社債の種類および種類ごとの各社債の金額の合計額またはその算定方法 なお，この場合には，吸収分割契約新株予約権の新株予約権者に対する吸収分割承継会社の新株予約権の割当てに関する事項も記載する。
効力発生日	吸収分割がその効力を生ずる日を記載する。

分割型会社分割に関する事項	吸収分割会社が効力発生日に次に掲げる行為をするときは，その旨を記載する。 ●取得と引換えに吸収分割承継会社の株式のみが交付されることが規定されている全部取得条項付種類株式の取得 ●配当財産が吸収分割承継会社の株式のみである場合の剰余金の配当

　上表の「分割対価に関する事項」に記載される吸収分割における分割対価については「吸収分割承継会社が吸収分割に際して吸収分割会社に対してその事業に関する権利義務の全部または一部に代わる金銭等を交付するときは……」とされている。

　これは，対価を交付しない分割（典型的なケースとしては完全親会社を吸収分割会社として完全子会社を吸収分割承継会社とした吸収分割の場合などがある）があるためである。

　また，分割型の会社分割（いわゆる人的分割）を実施する場合においてその旨を吸収分割契約において記載する必要がある。

②　任意的記載事項

　任意的記載事項については，個別の組織再編ごとにさまざまな事例が考えられる。図表6-2-6は任意的記載事項の例である。

図表6-2-6　任意的記載事項

条項	内　容
株主総会の期日	吸収分割契約を承認するための株主総会について，その開催期日を記載する。
増加すべき株主資本	分割対価が株式の場合に吸収分割承継会社において分割対価の交付により増加する株主資本の内訳を記載する。
善管注意義務	吸収分割契約締結から効力発生日までの間に分割対象事業の財産状況などに大きな変化が生じないように，相互に，善良なる管理者としての注意をもって業務を執行することを記載する。なお，財産状況などに重大な影響を及ぼす行為については，事前に双方の合意を必要とする旨を記載することもある。

競業避止義務	吸収分割会社において分割対象事業についての競業避止義務に関する取決めを記載する。
従業員の引継ぎ	吸収分割においては対象事業に係るすべての権利義務が吸収分割承継会社に承継されるため，従業員との間の労働契約も吸収分割承継会社に承継される。この点，吸収分割会社と吸収分割承継会社とで，労働条件が一致しているとは限らず，分割後に調整が必要となることを想定し，労働条件などについて記載する。
効力発生の停止・吸収分割契約の解除など	一定の条件の達成または不達成により，吸収分割の効力発生を停止することや吸収分割契約を解除することを記載する。

(2)　吸収分割契約以外の契約

　基本的には合併の場合とその目的および内容は同一である。

①　秘密保持契約

　秘密保持契約は，一般に，分割取引実行の可否を判断するための情報を提供するために締結される。そのため，分割取引のプロセスの初期段階に締結されることが想定される。図表6-2-7は，秘密保持契約の記載事項の例である。

図表6-2-7　秘密保持契約

条項	内　　容
秘密情報の定義	秘密保持義務の対象となる情報の範囲を記載する。吸収分割取引について検討していることそのものについても対象に入ることが多くみられる。
目的外使用の禁止	提供される秘密情報について分割取引実行の可否の判断のため以外の使用の禁止を記載する。
第三者への開示	秘密情報の使用目的に反しない範囲で秘密保持義務の順守を条件として開示することを認めることを記載する。
有効期間・解除条件	秘密保持義務の有効期間や解除条件について記載する。

② 基本合意契約

　基本合意契約は，分割の実施を含む基本的な事項を合意した場合に締結される。分割の実施やその方法について合意するが，対象事業や分割対価については大枠としての合意に留まり，詳細の決定や調整などは最終的な契約（例えば，統合契約など）により決定する旨が記載されていることが多い。また，基本合意契約においてクロージング条件が定められており，当該条件に含まれる各項目（例えば，分割対価に関する詳細の決定など）の達成により取引が実行される旨が記載されることもある。

　なお，前記の秘密保持契約を締結せず，基本合意契約において秘密保持条項を設定し，秘密保持契約の取り交わしによる効果を実現することもある。

　図表6-2-8は，基本合意契約の記載事項の例である。

図表6-2-8　基本合意契約

条項	内　　容
分割の方法	分割当事会社および分割の方法について記載する。
対象事業の概要	分割対象事業の内容，規模などについて記載する。
誓約	分割に向けて誠意をもってお互いへの情報開示など（具体的にはデューデリジェンスへの全面的な協力など）を進めること，分割当事会社における事業を善良なる管理者としての注意義務を持って遂行すること，分割当事会社に関係する経営上の意思決定についての合意義務などを記載する。
クロージング（最終化）	分割の実施について達成しなければならない条件（解除条件への無抵触など）を記載する。
解除条件など	基本合意を解除する条件について記載する。

③ 統合契約

　合併と同様に，分割といった組織再編行為においても，そのさまざまな取引条件について確定的に合意するための契約が締結されることが少なくない。

　図表6-2-9は統合契約の記載事項の例である。

図表6-2-9　統合契約

条項	内　　容
対価の支払いおよび価格調整	分割対価およびその調整（例えば，アーンアウト条項など）について記載する。
クロージング（最終化）	クロージングの時期，条件や各当事者の義務の内容を記載する。
表明および保証	各当事者が相手方当事者に対して，一定の日において一定の事項について真実かつ正確であることを表明し，保証する（例えば，売手である吸収分割会社が，対象事業の分割期日直前の貸借対照表において一般に公正妥当と認められる企業会計の基準に従い負債として計上すべきものが漏れなく計上されていることなどを表明，保証するなど）。
誓約	クロージングに向けて各当事者が誠意をもって，対象会社の状況の維持やクロージングの要件の充足に向けて努力することや，クロージング後における競業避止，対象会社の雇用の維持などについて記載する。
補償	表明および保証の内容が真実でなかった，または正確でなかった場合や，誓約等の義務を違反した場合において，当事者に生じる損失を相手方当事者が補償することおよびその補償内容について記載する。
解除条件など	統合契約を解除する条件について記載する。

④　その他

　その他，株式を対価として分割した場合などのように，吸収分割後の分割承継会社における株主に，分割会社も株主として加わり，分割承継会社の分割後の運営などについて，複数の株主で合意するための契約である株主間契約が締結されることもある。

3 │ 会計上の取扱い

事業分離は「ある企業を構成する事業を他の企業（新設される企業を含む。）に移転することをいう」（事業分離等会計基準 4 項）とされており，分割は事業分離の典型例である。したがって，分割を適切に会計処理するためには，分割契約書における各条項を理解し，会計基準への正確な当てはめが必要となる。

なお，会計上の取扱いについては，実務において観察される頻度の高い吸収分割における吸収分割会社（分離元企業）の会計処理を前提とする。また，吸収分割における吸収分割承継会社は，ある企業が他の企業を構成する事業を 1 つの報告単位に統合している点で企業結合を行っているといえるため，その会計上の取扱いについては前節を参照のこと。

(1) 複数の取引により構成される事業分離

複数の取引が 1 つの事業分離を構成している場合には，それらを一体として取り扱う（事業分離等会計基準 4 項後段）。通常，複数の取引が一事業年度内に完了する場合には一体として取り扱うことが適当であると考えられるが，1 つの事業分離を構成しているかどうかは状況によって異なるため，当初取引時における当事者間の意図や当該取引の目的等を勘案し，実態に応じて判断する（事業分離等会計基準62項後段）。

具体的には，吸収分割の前後において，吸収分割会社または吸収分割承継会社（またはそれらの株主）間で実施された取引については，経済合理性の有無や経済的実態を調査し，分割と一体として取り扱うことが適当であるか否かについて慎重に検討する必要がある。前記のとおり，分割契約とは別の契約を取り交わすことがあるため，分割契約以外の契約も検討する必要がある。

(2) 受取対価の種類

分離元企業では，基本的には，分離した事業に関する投資が継続しているとみるか清算されたとみるかによって，個別財務諸表上の移転損益を認識するか

しないかが判断される。そして，投資が継続しているとみるか清算されたとみるかを判断するための要件としては，対価が移転した事業と異なるかどうかという「受取対価の種類」が該当すると考えられている（事業分離等会計基準74項，75項）。図表6-2-10は，受取対価の種類と移転損益の認識要否の組み合わせを示した表である。

図表6-2-10　受取対価の種類と移転損益の認識要否

受取対価の種類	移転損益の認識要否
現金等の財産のみ	移転損益を認識する
子会社株式	移転損益を認識しない
関連会社株式	移転損益を認識しない
その他有価証券	移転損益を認識する
現金等の財産と株式の混合	ケースバイケース

(3)　重要な継続的関与

　事業分離後においても，分離元企業の継続的関与（分離元企業が，移転した事業または分離先企業に対して，事業分離後も引き続き関与すること）があり，それが重要であることによって，移転した事業に係る成果の変動性を従来と同様に負っている場合には，投資が清算されたとみなされず，移転損益は認識されない（事業分離等会計基準10項(1)，76項）。移転損益を認識することができない重要な継続的関与となりうるものには以下のような場合がある（企業結合適用指針96項(1)）。

- 移転した事業に対し買戻しの条件が付されている場合
- 移転した事業から生じる財貨またはサービスの長期購入契約により当該事業のほとんどすべてのコスト（当該事業の取得価額相当額を含む）を負担する場合

　なお，重要な継続的関与があるため，受取対価に現金を含むものの移転損益

を認識しない場合には，移転した事業を裏付けとする金融取引として会計処理することとなると考えられる。

(4) 組織再編により生じた株式の特別勘定

投資が継続する場合の事業分離においては，移転事業に係る株主資本相当額を受取対価である株式の取得原価とするが，当該株主資本相当額がマイナスの場合には，資産の貸借対照表価額をマイナスにすることができないことから，分離元企業が受け取った分離先企業の株式（子会社株式または関連会社株式）の取得原価はゼロとし，当該マイナスの金額（事業分離前に分離先企業の株式を有していた場合には，まず，当該分離先企業の株式の適正な帳簿価額を充て，これを超えることとなったマイナス金額）を，株式を評価する勘定として「組織再編により生じた株式の特別勘定」等，適切な科目をもって負債に計上することになる（企業結合適用指針98項，99項，105項）。

なお，当該負債は，事業分離後において分離元企業が当該分離先企業の株式を処分したときに損益に振り替え，現物配当（分割型の会社分割を含む）を行ったときは株主資本を直接変動させるなど，通常の有価証券の会計処理に従う。

4 ▎契約書を見るときの実務上のポイント

分割などの組織再編においては，法定書面としての契約（分割の場合は，分割契約）以外にも，さまざまな契約が取り交わされることが多い。そのため，組織再編に関連する契約を網羅的に識別し，会計処理等の検討を実施する必要がある。また，契約書としては分割や事業譲受といった形式を有しているとしても，その内容によっては，移転対象が，会計上の「事業」の定義，すなわち，企業活動を行うために組織化され，有機的一体として機能する経営資源（事業分離等会計基準3項）に該当しない可能性があるため，留意が必要である。本節では，移転対象が会計上の「事業」に該当することを前提とする。

以下では，事業分離会計における主要な論点ごとに契約書の確認すべきポイントを例示している。

(1)　複数の取引により構成される事業分離

吸収分割に関連する契約において，分割の条件として，当事者における特定の取引等の実行が示されている場合がある。このような場合には，当該取引が分割と一体として取り扱うことが適当であるか否かについて慎重に検討する必要がある。

【分割契約】

第○条　分割の効力発生の前提条件

本分割の効力は，次の各号の事由がすべて充足されていることを前提条件として，生じるものとする。

1．統合契約（※分割契約とは別の契約）第○条に定める取引が有効に実行されていること

2．統合契約第○条に定める新株発行の効力が発生していること

このように，分割の効力発生の条件として他の契約における取引の実行などが記載されている場合には，当該他の契約における取引などについて，分割と一体であると判断される可能性がある。ただし，分割の効力発生の条件となる取引と分割そのものを一体の取引として取り扱うか否かは，分割当事者の取引全体に対する目的や意図を調査し，また，それぞれの取引を個別に会計処理した場合に著しく不合理な結果を生み出すか否かといった観点に基づき判断することになると考えられる。

(2)　受取対価の種類

事業分離は，受取対価の種類により移転損益を認識するか否かなど会計処理が大きく異なるため，分割契約を確認し，受取対価の種類を適切に判断する必要がある。

具体的には，まず，分割契約における分割対価の内容に関する記載を確認し，分割対価が現金等の財産のみであるのか，吸収分割承継会社の株式のみである

のか，それともそれらの組み合わせであるのかを確認する。また，吸収分割承継会社の株式のみである場合には，受取対価として交付された株式数を確認し，吸収分割後における吸収分割承継会社との資本関係に基づき，子会社株式または関連会社株式に該当するか否かを確認する。

【分割契約】

> 第○条　分割に際して支払われる金銭
> 　◆◆は，分割に際して，■■条に基づき承継する権利義務の対価として△△に対して金○○○円を支払う。

> 第○条　分割に際して発行する株式
> 　◆◆は，分割に際して，■■条に基づき承継する権利義務の対価として発行する普通株式○○○株を，△△に対して交付する。

(3)　重要な継続的関与

　移転した事業から生じる財貨またはサービスの長期購入契約により当該事業のほとんどすべてのコスト（当該事業の取得価額相当額を含む）を負担するような場合には，受取対価が現金等の財産のみの場合であっても，分離元企業の個別財務諸表上，移転損益を認識することができない場合がある。

【製品製造受託契約（分割契約と同時に締結）】

> 第○条　製造受委託
> 　◆◆社は，◇◇社のみに対し，別添資料1の製品の一切の製造を委託し，◇◇社はこれを受託する。
> 第○条　委託料
> 　対象製品の本業務に係る委託料は，別添資料2に記載した標準原価に○％を加えた金額とする。

　上記の条項は必ずしも重要な継続的関与になるとは限らないが，当該条項が事業のほとんどすべてのコストを負担するか否かについて慎重に判断する必要がある。

(4)　組織再編により生じた株式の特別勘定

　分割契約における受取対価の種類を確認した結果，移転損益を認識しないと判断した場合において，承継権利義務明細表などの情報を確認し，吸収分割の対象となる事業の株主資本相当額がマイナスとなっていた場合には，当該マイナスの金額を「組織再編により生じた株式の特別勘定」等，適切な科目をもって負債に計上することになる。

【承継権利義務明細表】

１．資産（各資産の内訳は別紙内訳表のとおり）
　(1)　流動資産
　　①　現金　　　　　　○○○円
　　②　預金　　　　　　○○○円
　　　　　：
　(2)　固定資産
　　①　土地　　　　　　○○○円
　　②　建物　　　　　　○○○円
　　　　　：
２．負債
　(1)　流動負債
　　①　支払債務　　　　○○○円
　　②　借入金　　　　　○○○円
　　　　　：
　(2)　固定負債
　　①　退職給付引当金　○○○円
　　　　　：

第3節　共同支配企業

1 概　　要

(1)　合弁企業と共同支配企業

　複数の企業がリスクとリターンを共有しながら共同で事業を営む場合があり，このような場合に用いられる事業形態としては合弁企業がある。

　このような合弁企業は，独立した企業間で共同事業を行う事業体を組成する契約（以下，本節では「合弁契約」という）のもとで，当該独立した企業同士でそれぞれ事業を切り出して設立される（共同新設分割）ことや，当該独立した企業が保有する100％子会社同士を合併して設立される（吸収合併または新設合併）ことが多い[3]。

　また，組成した後の合弁企業の運営については，それぞれの独立した企業間で株主間契約を締結することになる。合弁企業は，リスクとリターンを共有しながら共同で事業を営むことが目的であるため，その財政状態および経営成績について，リスクとリターンの負担に見合って計算されることが望ましいと考えられる。

　ここで，共同支配企業とは複数の独立した企業により共同で支配される企業をいい，共同支配企業を共同で支配する企業を共同支配投資企業という。複数の独立した企業が契約等に基づき，当該共同支配企業を形成する企業結合を共同支配企業の形成という（企業結合会計基準11項）。このような共同支配企業の形成においては，共同支配投資企業から移転する資産および負債は，移転直前の適正な帳簿価額により共同支配企業で計上され，共同支配投資企業は連結財務諸表において共同支配企業への投資について持分法を適用することになる（企業結合会計基準38項，39項）。このため，共同支配投資企業においては，移

---

[3]　なお，新設の企業ではなく，既存の独立企業に対して他の独立企業が事業を分割する吸収分割により，既存の独立企業を合弁企業として組成することも可能である。

転した資産および負債に応じた持分比率により損益が計上されることになり，いわば，そのリスクとリターンの負担割合に応じた会計処理がなされるといえる。なお，会計上の共同支配企業の形成に該当しない場合，例えば，ある企業の株式をそれぞれの投資企業が現金を対価として購入することにより共同支配を形成し，当該投資企業それぞれが単独の企業による支配の要件を満たしていない場合においても，当該投資企業の連結財務諸表上，その投資について持分法が適用される場合があると考えられる。このような場合も，結果として，投資企業においては，そのリスクとリターンの負担割合に応じた会計処理がなされると考えられる。

　したがって，このような合弁企業について，会計基準上の一定の要件を満たす場合には，共同支配企業として会計処理されることが投資家にとってより適切な財務報告になると考えられる。図表6-3-1および図表6-3-2は，新設合併および共同新設分割を図示したものである。

　ただし，会計基準上の一定の要件を満たさない場合には，会計的な観点からは，リスクとリターンを共有しながら共同で事業を営むとは言い切れず，結果として，合弁企業のいずれかの企業がもう一方の企業を支配したとみなして会計処理されることになる。

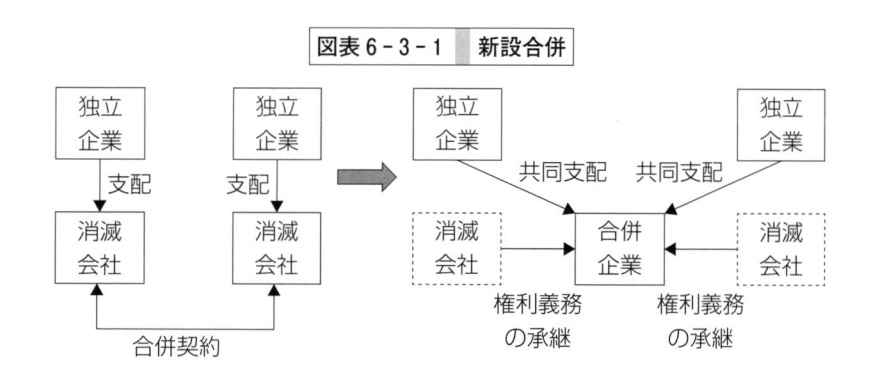

図表6-3-1　新設合併

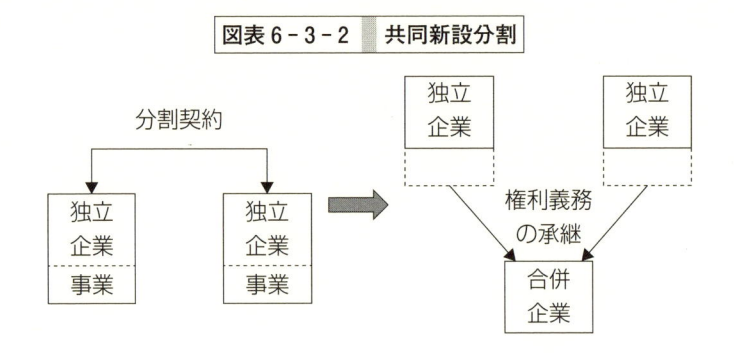

図表 6-3-2　共同新設分割

(2)　合弁契約

　合弁契約は，合弁企業が子会社同士の合併により組成される場合には，吸収合併契約または新設合併契約として締結されることになる。一方で，合弁企業が双方の事業の拠出により組成される場合には，共同して新設分割計画が作成され，別途合弁契約が締結されることが多い。

(3)　合弁契約以外の契約

　合弁企業の組成においても，合併や分割の場合と同様に，以下のようなさまざまな契約が合弁契約に併せて取り交わされることが多い。

> ・秘密保持契約：取引実行可否の判断材料として対象企業に関する情報をやり取りするための契約。
> ・基本合意契約：取引を進めるためにその基本的条件について合意したことを示す契約。
> ・統合契約：取引に係る諸条件について取り決めた契約。
> ・株主間契約：取引実施後の対象企業の運営などについて取り決めた契約

⑷ 合弁企業の組成における各契約の締結タイミング

合弁企業の組成においても，合併や分割の場合と同様に，一般的に図表6-3-3のような流れにより各契約が締結されることが多い。

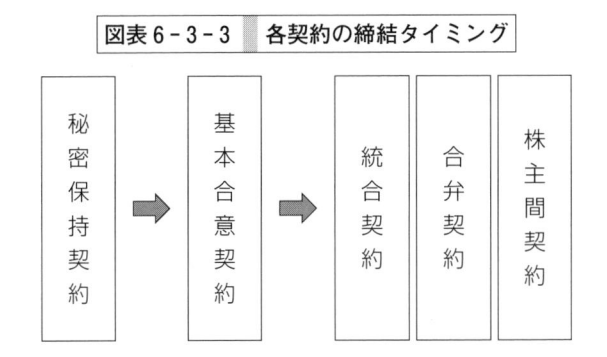

図表6-3-3 各契約の締結タイミング

秘密保持契約 ➡ 基本合意契約 ➡ 統合契約 合弁契約 株主間契約

2 契約書に必要な条項

⑴ 合弁契約

① 吸収合併契約および新設合併契約

吸収合併契約または新設合併契約については，第1節を参照のこと。

② 共同新設分割計画

新設分割計画に係る法定記載事項は図表6-3-4のとおりである。なお，任意的記載事項を記載することも妨げない。

図表 6-3-4 　新設分割計画の法定記載事項

条項	内　　容
目的，商号，本店の所在地および発行可能株式総数	新設分割会社および新設分割設立会社の商号，住所，本店の所在地および発行可能株式数を記載する。
新設分割設立会社の定款で定める事項	上記以外で新設分割設立会社の定款で定める事項を記載する。
設立時取締役の氏名	新設分割設立会社の設立時取締役の氏名を記載する。
設立時会計参与，監査役または会計監査人の氏名または名称	新設分割設立会社が会計参与設置会社の場合には設立時会計参与の氏名または名称を，新設分割設立会社が監査役設置会社の場合には設立時監査役の氏名，新設分割設立会社が会計監査人設置会社の場合には設立時会計監査人の氏名または名称を記載する。
承継する資産，債務，雇用契約その他の権利義務	新設分割設立会社が新設分割により新設分割会社から承継する資産，債務，雇用契約その他の権利義務に関する事項を記載する。
分割対価に関する事項	新設分割設立会社が新設分割に際して新設分割会社に対してその事業に関する権利義務の全部または一部に代わる株式等を交付するときは，当該株式等について，以下の事項を記載する。 (i) 当該株式等が新設分割設立会社の株式であるときは，当該株式の数（種類株式発行会社にあっては，株式の種類および種類ごとの数）またはその数の算定方法ならびに当該吸収分割承継会社の資本金および準備金の額に関する事項 (ii) 当該株式等が新設分割設立会社の社債（新株予約権付社債についてのものを除く）であるときは，当該社債の種類および種類ごとの各社債の金額の合計額またはその算定方法 (iii) 当該株式等が新設分割設立会社の新株予約権（新株予約権付社債に付されたものを除く）であるときは，当該新株予約権の内容および数またはその算定方法

	なお，これらの新設分割会社それぞれに対する割当てについても記載する。
分割型会社分割に関する事項	新設分割会社が効力発生日に次に掲げる行為をするときは，その旨を記載する。 • 取得と引換えに新設分割設立会社の株式のみが交付されることが規定されている全部取得条項付種類株式の取得 • 配当財産が新設分割設立会社の株式のみである場合の剰余金の配当

(2)　合弁契約以外の契約

　基本的には，新設合併の場合と共同新設分割の場合とでその目的および内容は同一である。

①　秘密保持契約

　新設合併の場合については第 1 節を，共同新設分割の場合については第 2 節を参照のこと。

②　基本合意契約

　新設合併の場合については第 1 節を，共同新設分割の場合については第 2 節を参照のこと。

③　統合契約

　新設合併の場合については第 1 節を，共同新設分割の場合については第 2 節を参照のこと。

④　株主間契約

　合弁企業の場合，株主それぞれがリスクとリターンを共有し，共同で事業を営むため，株主間契約の内容が重要となる。図表 6 - 3 - 5 は，合弁企業の組成において締結される株主間契約の一般的な記載事項である。

図表6-3-5 ｜ 合弁企業における株主間契約の一般的な記載事項

条項	内　容
目的，商号，本店の所在地および定款	合弁会社の目的，商号，住所，本店の所在地や定款に関する事項を記載する。
出資比率	出資比率に関する事項を記載する。出資比率の変更に関する手続についても記載がなされることが多い。
株主総会の運営	株主総会の招集，開催，運営および議決権の行使に関する事項などが記載される。
組織形態	取締役会，監査役会の設置有無など組織形態について記載される。
取締役および代表取締役	取締役の人数，それぞれの株主ごとに指名することができる人数などが記載され，また，指名・解任・欠員の手続に関する事項が記載される。加えて，代表取締役の決定方法についても記載される。
監査役	監査役の人数，それぞれの株主ごとに指名することができる人数などが記載され，また，指名・解任・欠員の手続に関する事項が記載される。
取締役会	取締役会の定足数および決議要件について記載する。
株主間協議会（ステアリング・コミッティなどと呼ばれることもある）	実質的な意思決定機関として株主間協議会（ステアリング・コミッティなど）が設定されることがあり，当該協議会の構成員，決議方法，決議対象事項などが記載される。重要な事項について全員一致の要件（株主が派遣した構成員ごとの拒否権の付与）が定められることがある。
知的財産権の取扱い	共同で事業を営むに際して利用する知的財産権の取扱いや事業を営む中で取得される知的財産権の帰属などについて記載する。
従業員	従業員の出向や待遇について記載する。また，出向従業員の勧誘を禁止することを記載することもある。
競業避止義務	合弁企業において実施される事業についての競業を制限することを記載する。
秘密保持	合弁企業の事業活動により得た事業上の秘密について競合他社へ漏洩等をしないような制限を記載する。
デッドロック	株主間協議会（ステアリング・コミッティなど）において全員一致の要件が定められている場合に，当該要件に抵触し，意思決定がなされない場合の手続について記載する。

3 ┃ 会計上の取扱い

　共同支配企業とは，「複数の独立した企業により共同で支配される企業」を
いい，共同支配企業の形成とは，「複数の独立した企業が契約等に基づき，当
該共同支配企業を形成する企業結合」をいう。なお，共同支配投資企業とは，「共
同支配企業を共同で支配する企業」をいう（企業結合会計基準11項）。

　企業結合における契約書に関連する会計上の論点として最も重要になると考
えられるのは共同支配企業の形成と判定されるか否かであるため，以下では企
業結合が共同支配企業の形成と判定されるための要件に絞って解説する。

　企業結合が共同支配企業の形成と判定されるためには，以下の要件を満たさ
なければならない（企業結合会計基準37項，企業結合適用指針175項）。

---

① 　共同支配投資企業となる企業は，複数の独立した企業から構成されて
　いること（独立企業要件）
② 　共同支配投資企業となる企業が共同支配となる契約等を締結している
　こと（契約要件）
③ 　企業結合に際して支払われた対価のすべてが，原則として議決権のあ
　る株式であること（対価要件）
④ 　①から③以外に支配関係を示す一定の事実が存在しないこと（その他
　の支配要件）

　なお，共同支配企業の形成において，共同支配企業を共同で支配する企業は
3社以上であっても問題ない。また，当該共同支配企業への投資企業として，
共同支配企業の事業運営において重要な役割を担わないと認められる企業（一
般投資企業）が含まれていても問題ない（企業結合適用指針176項）。

(1)　独立企業要件

　共同支配企業の形成の判定にあたり，共同支配企業へ投資する企業とその子
会社，緊密な者（自己と出資，人事，資金，技術，取引等において緊密な関係
があることにより，自己の意思と同一の内容の意思決定を行うと認められる

者）および同意している者（自己の意思と同一の内容の意思決定を行うことに同意していると認められる者）は単一企業とみなされる。そのため，共同支配企業へ投資する企業がこれらの者のみから構成されている場合には，共同支配企業の形成には該当しないことになる（企業結合適用指針177項）。

(2) 契約要件

　共同支配企業の形成に係る契約等は文書化されており，以下のすべてが規定されていなければならない（企業結合適用指針178項）。

> - 共同支配企業の事業目的が記載され，当該事業遂行における各共同支配投資企業の重要な役割分担が取り決められていること
>   なお，各共同支配投資企業の重要な役割分担が契約書に記載されていても，実態が伴っていない場合には本要件を満たしたことにはならない。
> - 共同支配企業の経営方針および財務に係る重要な経営事項の決定は，すべての共同支配投資企業の同意が必要とされていること

　ここでいう重要な経営事項とは，一般に取締役会および株主総会の決議事項とされるものをいい，例えば，予算および事業計画，重要な人事，多額の出資，多額の資金調達・返済，第三者のための保証，株式の譲渡制限，取引上重要な契約，重要資産の取得・処分，事業の拡大または撤退等が挙げられる。

　なお，ある重要な経営事項の決議の際に賛成しなくとも積極的に反対しない限りは，その決議事項につき賛成したものとみなすこととしている場合には，原則として，「すべての共同支配投資企業の同意が必要とされていること」に該当せず，本要件を満たしたことにはならない。

　ただし，共同支配企業の経営への関与の仕方が他の共同支配投資企業となる企業と異ならないと認められるような場合（例えば，ある重要な経営事項の決議に係る上記の取扱いが当該共同支配投資企業の役割とは関連性の薄い経営事項に限定されている場合など）には，本要件を満たしたものとして取り扱う。

　また，重要な経営事項を共同支配企業の意思決定機関で決議する前に，すべての共同支配投資企業の事前承認が必要である旨，規定されている場合には，

本要件を満たすものとして取り扱う（企業結合適用指針179項）。

(3)　対価要件

　対価要件の判定をするに際しては，以下のすべての要件を満たしていることが前提となる（企業結合適用指針180-2項）。

---

①　企業結合が単一の取引で行われるか，または，原則として，一事業年度内に取引が完了する。

②　交付株式の議決権の行使が制限されない。

③　企業結合日において対価が確定している。

④　交付株式の償還または再取得の取決めがない。

⑤　株式の交換を事実上無効にするような結合当事企業の株主の利益となる財務契約がない。

　　なお，これには，交付株式を担保とする貸付保証契約や一方の結合当事企業の株主に実質的に一定の利回りを保証するような契約等が含まれる。

⑥　企業結合の合意成立日前1年以内に，当該企業結合を目的として自己株式を受け入れていない。

　ここで，企業結合の合意成立日とは，企業結合に関する契約書を承認する株主総会において議決権を行使できる株主が確定する日をいう。なお，「企業結合を目的として自己株式を受け入れる」とは，自己株式の受入れを当該企業結合の目的としていることが内部文書等により明らかな場合をいう。

　これらの要件を満たしていることを前提として，共同支配企業の形成の判定にあたり，「議決権のある株式」とは，株主総会において，重要な経営事項（(2)参照）に関する議決権が制限されていない株式をいう。したがって，一般に，共同支配企業となる結合後企業が，企業結合の対価として，共同支配投資企業となるすべての企業に対し，議決権に関して同一の権利内容を有する株式を交付していない場合には，共同支配企業の形成には該当しないことになる。

　なお，企業結合の対価として，議決権のある株式以外の財産が交付された場合であっても，それが以下に掲げる現金等の財産のときは，対価要件を満たしたものとして取り扱う（企業結合適用指針180項）。

> • 企業結合比率の端数調整のための現金
> • 株主からの買取請求権に基づく現金

　また，最終事業年度の配当金見合いの合併交付金等は取得の対価に該当しないため，当該交付金等が交付された場合にも，対価要件を満たしたものとして取り扱う。

⑷　その他の支配要件

　共同支配企業の形成の判定にあたり，以下のいずれにも該当しない場合には，その他の支配要件を満たしたものとされる（企業結合適用指針181項）。

☑　いずれかの結合当事企業の役員もしくは従業員である者またはこれらであった者が，結合後企業の取締役会その他これに準ずる機関（重要な経営事項の意思決定機関）を事実上支配していること
　　事実上支配しているかどうかについては，構成員の過半数を占めているかどうかが重要な判断要素として考えられるため，企業結合日において，以下の①および②のすべての人数等を勘案して判定する。ただし，企業結合日において構成員の変更が予定されている場合や構成員の間に緊密な関係がある場合などには，それらについても加味して判定する。

> ①　委員会設置会社の場合には，取締役の人数。なお，結合後企業に執行役会等，重要な経営事項に関する意思決定機関が設置された場合には，その構成員の人数
> ②　①以外の会社の場合，取締役の人数。なお，結合後企業に常務会，経営会議等，重要な経営事項の意思決定機関が設置された場合には，その構成員の人数

　ただし，いずれかの企業の役員等が代表取締役（または代表執行役）や常

勤取締役（または執行役）の大半を占めるなど，重要な経営事項の意思決
定機関において，主として業務執行に携わる役員の割合が大幅に異なる場
合には，その実態を踏まえて判定する。

☑　重要な財務および営業の方針決定を支配する契約等により，結合当事企業
のうち，いずれかの企業が他の企業より有利な立場にあること
例えば，以下の①および②のような株式が企業結合日に存在する場合には，
保有者の属性，潜在株式または種類株式の発行の経緯および現実的な議決
権の行使可能性等を踏まえ，当該株式の存在と効果を考慮して，本要件を
実質的に判定する。

> ①　共同支配投資企業となる企業のうち，特定の企業に発行している
> 　潜在株式
> ②　拒否権を行使できる株式（会社法108条1項8号）

☑　企業結合日後2年以内にいずれかの結合当事企業が投資した大部分の事業
を処分する予定があること
「大部分の事業を処分」に該当するかどうかは，共同支配企業の売上，利
益およびキャッシュ・フローならびに資産および負債に与える影響を勘案
して判断する。なお，企業結合日後2年以内にいずれかの共同支配投資企
業となる企業の大部分の事業を関連会社に移転する予定がある場合または
大部分の事業を分離して関連会社とする予定がある場合には，大部分の事
業の処分に該当するものとして取り扱う。
また，「処分する予定」とは，いずれかの共同支配投資企業となる企業が
投資した大部分の事業を処分する計画が，企業結合の一環として，あらか
じめ，当該企業の取締役会等の意思決定機関で決定されている場合をいう。

4 ▍契約書を見るときの実務上のポイント

他の組織再編と同様に，合弁企業の組成や運用に関しては，法定書面として
の契約（合併の場合は合併契約，分割の場合は分割契約や分割計画）以外にも，
さまざまな契約が取り交わされることが多い。このため，組織再編に関連する

契約を網羅的に識別し，会計処理等の検討を実施する必要がある。また，他の組織再編と同様に，複数の取引により構成される共同支配企業の形成も考えられるため，主たる取引と一体として取り扱うことが適当であるその他の取引についても識別を慎重に実施する必要がある。

　以下では，合弁企業の組成において，共同支配企業の形成を判断するための要件（「3　会計上の取扱い」参照）ごとに契約書の確認すべきポイントを例示している。

(1)　独立企業要件

　合併の場合には合併契約における消滅会社の商号などを，分割の場合には分割契約または分割計画における分割会社の商号などを確認し，組成される合弁企業の株主が，互いに親子会社関係でないこと，緊密な者や同意している者でないこと等を確認する。なお，商号が異なっていても資本関係のある会社であったり，商号が似通っていても全く資本関係のない会社であることもありうるため，あくまでも参考情報である点に留意する。

【合併契約】

第○条　合併をする会社の商号および住所
　1．新設合併消滅会社
　　商号：◇◇株式会社
　　住所：神奈川県▲▲市☆☆三丁目3番3号
　　商号：◇◇株式会社
　　住所：神奈川県▲▲市☆☆三丁目3番3号

【分割計画】

第○条　分割をする会社の商号および住所
　1．新設分割会社
　　商号：◇◇株式会社

住所：神奈川県▲▲市☆☆三丁目3番3号

商号：◇◇株式会社

住所：神奈川県▲▲市☆☆三丁目3番3号

(2)　契約要件

　共同支配企業の形成においては，共同支配投資企業となる企業が共同支配となる契約等を締結していることが重要な要件となる。

①　事業目的および事業遂行上の役割分担

　合弁契約その他において，共同支配企業の事業目的が記載され，当該事業遂行における各共同支配投資企業の重要な役割分担が取り決められていることが必要となる。

【株主間契約】

> 第○条　統合会社の目的および理念
>
> 　統合会社の各株主は，●●を目的として，◆◆となりうる□□社を発足する。□□社は，統合会社の株主の意向を受け，統合会社の株主と強固に連携をとり，目的の実現のために尽力する。

【合弁事業契約】

> 第○条　合弁会社の主たる事業内容
>
> 　合弁会社の行う主たる業務内容は，次のとおりとする。
>
> 　1．○○○の加工および○○○加工品の売買
>
> 　2．○○○加工品の市場調査および研究開発
>
> 　3．前各号に付随する一切の事業
>
> 　合弁会社の株主である■■社は，○○○の原材料の供給経路を合弁会社に便宜するものとし，合弁会社の株主である△△社は，○○○の加工に関する技術指導を実施するものとする。

【合弁事業契約】

> 第○条　各当事者の役割
> 1．合弁会社および本事業に関する○○○社の役割は，次のとおりとする。
>   (1)　合弁会社の本社事務所および工場の建物所有，用地の賃貸
>   (2)　□□□の原材料の調達
>   (3)　□□□の製造業務受託
>   (4)　□□□に関する研究開発
> 2．合弁会社および本事業に関する◆◆◆社の役割は，次のとおりとする。
>   (1)　□□□の保管および流通
>   (2)　□□□の販売
>   (3)　□□□に関する市場調査

②　全会一致

　合弁契約その他において，共同支配企業の経営方針および財務に係る重要な経営事項の決定は，すべての共同支配投資企業の同意が必要とされていることの取決めが必要となる。

【株主間契約】

> 第○条　株主間協議会
> 1．統合会社の各株主は，統合会社の運営に関する事項について協議するため，株主間協議会を構成する。
> 2．株主間協議会の構成員は統合会社の株主全員とし，統合会社の各株主は各1名の代表者を出席させる。
> 3．統合会社の株主は，必要があると考えるときに，他の統合会社の株主に通知をすることにより株主間協議会を招集することができる。上記通知は，株主間協議会開催の日の7日前までに発送する。
> 4．株主間協議会は，○か月に1回以上の頻度で開催する。

> 5．株主間協議会における協議事項は別紙●●に定める事項とし，全会一致をもって決議する。

【合弁事業契約】

> 第○条　取締役会
> 1．合弁会社の取締役会は，両当事者が合意する場合を除き，合弁会社の本社にて毎月1回以上開催する。
> 2．合弁会社の取締役会は，その代表取締役が招集する。代表取締役は，全取締役および監査役の同意がある場合を除き，取締役会の日の7日前までに，各取締役および監査役に対して招集通知を発送する。
> 3．合弁会社の代表取締役は，取締役会の議長を務める。
> 4．合弁会社の取締役会は，議決に加わることができる取締役の過半数が出席していなければ開催できない。
> 5．合弁会社の取締役会は，取締役会に出席した取締役であって，議決に加わることができる取締役の過半数の議決をもって行う。ただし，以下に定める各事項および合弁会社の株主総会の目的事項とすることの提案に関する事項の決議は，かかる取締役の3分の2以上の賛成をもって行う。
> 　(1)　合弁会社の株主以外の者との業務提携
> 　(2)　募集株式および新株予約権の発行
> 　(3)　自己株式および自己新株予約権の取得
> 　(4)　社債の発行
> 　(5)　資本金または準備金の減少
> 　(6)　予算の承認
> 　　　　⋮

　決議要件として全会一致とされていなくても，結果として全会一致になるような決議要件（例えば，合弁会社の株主2社が取締役2名ずつを選任できる場合において，定員4名の取締役会において3分の2以上の賛成が必要な場合な

ど）の場合には全会一致とみなすことができると考えられる。なお，決議要件
として全会一致が要求されていたとしても，全会一致がなされずに決議ができ
ず，会議体の意思決定が停滞してしまった場合の条項（いわゆるデッド・ロッ
ク条項）が用意されており，特定の共同支配投資企業が意思決定できるような
場合には，実質的に契約要件を満たしていないと判断される場合もあるので留
意が必要である。

(3) 対価要件

　共同支配企業の形成においては，支払われた対価のすべてが，原則として，
議決権のある株式であることが必要であるが，この対価要件の前提として，単
一の取引または一事業年度内での取引完了や企業結合の合意設立日前１年以内
に当該企業結合を目的として自己株式を取得していないことなど（「３　会計
上の取扱い　(3)　対価要件」参照）があることから，合弁企業の組成取引と一
体となる取引を網羅的に把握する必要がある点に留意すべきである。
　また，議決権の内容についても，重要な経営事項に関する議決権が制限され
ていないことを確認する必要がある。

【合併契約】

> 第○条　合併に際して交付する株式の数および割当
> 　◆◆社は，本合併に際して，普通株式○○○株を発行し，これを，効力
> 発生日における◇◇社の株主に対し，各保有する◇◇社の普通株式１株に
> つき◆◆社の普通株式△△株の割合により，◆◆社普通株式を割当交付す
> るものとする。

【分割契約】

> 第○条　分割に際して発行する株式
> 　◆◆は，分割に際して，■■条に基づき承継する権利義務の対価として
> 発行する普通株式○○○株のうち，●●●株を△△に対して交付し，★★

> ★株を□□に対して交付する。

　対価として交付される株式が普通株式であったとしても，他の契約条項等により，合弁企業の株主が重要な経営事項についての議決権を事実上行使できないような場合もありうるため，他の契約条項（必要に応じて他の契約）なども併せて確認する必要がある。

(4)　その他支配要件

　その他の支配の有無を，以下の点について契約において確認する必要がある。

①　取締役の人数

　事実上支配しているかどうかは，重要な経営事項の意思決定機関において，その構成員が過半数を占めているかどうかが重要な判断要素となるため，契約においてこれを確認する。

【合弁事業契約】

> 第○条　取締役
> 1．合弁会社の取締役は4名とする。
> 2．合弁会社の取締役4名のうち，2名は◆◆社が，2名は◇◇社が，それぞれ指名する。
> 3．合弁会社の各株主は，いつでも自らが指名した取締役の解任を申し入れ，新たな取締役を指名することができる。また，合弁会社の各株主は，自ら指名した取締役が任期満了，辞任，解任，死亡その他の事由により退任した場合，新たな取締役を指名することができる。

②　重要な財務および営業の方針決定の支配

　合弁企業において，特定の投資企業のみに対して，潜在株式を発行している場合や，拒否権付きの株式を発行している場合には，当該特定の投資企業によ

る支配が示唆されるため，契約等の確認その他により情報を入手し，慎重に検討する。

③　企業結合日後2年以内での処分予定

　必ずしも契約に表されるものではないが，特定の投資企業において企業結合日後2年以内での処分予定がある場合には共同支配企業の形成に該当しないと考えられるため，情報等を入手し，慎重に検討する。

第7章

株主や役職員との取引に関する契約書の読み方

第1節　株主間協定

　本節では，同一の会社に出資する株主の間で締結される，いわゆる「株主間協定」について検討する。

　株主間協定は，すべての出資案件において締結されるものではなく，一般的にはプロジェクト系の案件や，合弁会社[1]と呼ばれるような複数の企業が共同して事業を始めるようなケースで締結されることが多い。詳細は後述するが，当該協定の中では，出資者各々の役割や権利，義務などが明示され，これが会計処理に影響を及ぼしてくるケースもあり，契約のドラフト時点より，会計処理へのインパクトを予測しておくことが必要となってくる。

　本節では，この株主間協定によって会計処理が影響を受ける株主間での損失の分担について詳述する。具体的には，株主間協定に定められる各出資者間での損失分担の条項によって，各出資者（出資先の親会社または親会社以外）における個別財務諸表上の引当金の計上の要否，および連結財務諸表上の処理が論点となる。

　これら以外にも，株主間協定が会計処理へと影響を及ぼす場面が考えられるが，本書では詳細な説明は割愛する。

1　合弁会社とは，一般的な用語であって，我が国の会社法において明確に定義されている組織形態ではない。

1 概要（契約の種別）

　株主間協定は，プロジェクト会社やいわゆる合弁会社に出資する際に，必要と認められて株主間で任意に締結される契約である。その目的には種々のものがあると思われるが，一般的には，出資先において事業を進めていくにあたって，各出資者における役割を明確化するとともに，株主における責任関係を明らかにするために締結される。

　このため，何らかの根拠法令に基づいて締結されるものではないものの，各株主は，事業の遂行に際して，当該協定の各条項の制約を受けることになる。

2 契約書に必要な条項

　前記「1　概要（契約の種別）」に記載したとおり，株主間協定は株主間で任意に締結されるものであり，契約上の要件といったものは特にない。

　本項の論点である損失の負担という観点から，重要になると考えられる契約条項には，以下のようなものがあると考えられる。

- 資金負担に係る定め（資金需要または事業計画における各株主からの融資に係る条項）
- 外部からの資金調達に係る債務保証の定め
- 貸付および債務保証以外の損失分担の定め
- その他[※]

（※）　後記「4　契約書を見るときの実務上のポイント　(2)　株主間協定における追加出資義務」参照。

　上記のうち，損失分担に係る定めに係る契約条項のサンプルは以下のとおりである。

第○条　損失の分担
　　甲（筆者注：投資先会社を指す）において生じた損失が，乙および丙（筆者注：甲の株主を指す）からの貸付金の放棄，債務保証の履行をもってな

お残存する場合には，乙および丙がその持株比率をもって負担することとする。

いずれの条項においても，契約書を確認する視点で大切なのは，持株比率と貸付・保証・損失分担比率が一致しているかどうか，という点である。連結財務諸表の投資に係る処理は，基本的に連結子会社であっても，持分法適用会社であっても，その持分比率を基礎として行われるが，貸付・保証・損失分担比率が持分比率と相違している場合，合弁先で損失が計上されたときの会計処理が持分比率ベースとならない可能性があるため，契約内容を十分に確認しておく必要がある。

また，自社が合弁先の親会社である場合にはよいが，それ以外のケースでは，株主間協定において会計処理に必要な情報が適時に入手できるような条項が含まれているかどうか，事前に確認しておくことが有用と考えられる。

3 ┃ 会計上の取扱い

(1)　親会社となる会社の個別財務諸表上の取扱い

①　株式の出資時および期末時の処理

株主間協定が締結されているかどうかにかかわらず，子会社に対して出資した場合，出資額（現金支出額）をもって取得原価とする（金融商品実務指針29項参照）。また，付随費用についても取得原価に含めて処理する（金融商品実務指針56項）。

決算時においては，後述する減損処理が行われるケースを除いて，取得原価によって評価される（金融商品会計基準17項）。

②　株式の減損処理

ここでは，投資先がプロジェクト会社またはいわゆる合弁会社であることを前提に，市場価格のない株式等に該当するものとする。時価を把握することが極めて困難と認められる株式の期末評価において，発行会社（合弁先）の財政

状態の悪化により実質価額が著しく低下したときは，相当の減額をなし，評価差額は当期の損益として処理するものとされている（金融商品会計基準21項）。この減損処理は，年度末においては切放方式で行われる（金融商品会計基準22項）。

「実質価額の著しい低下」とは，少なくとも株式の実質価額が取得原価に比して50％程度以上低下した場合をいうとされ，また，実質価額は資産等の時価評価を反映した純資産ベースで行われるのが原則である。さらに，子会社においては，実質価額の回復可能性が認められる場合に減損処理をしないことも認められており，本件のような設立出資を前提とするようなケースでは，最初に実質価額が50％を割ってから5年以内での回復が要件とされている（金融商品実務指針92項）。

そのうえ，金融商品実務指針285項ただし書きにおいて，当初計画から累積損失が5年を超える期間で解消することが合理的に見込まれる場合には，5年を超える当該合理的な期間での回復可能性をみることもできるとされている。しかしながら，このケースでは当初の累積損失の計上額が当初計画から下方に乖離していないかどうかを含め，当初計画どおりの投資価値の回復の可能性が高いかどうかを慎重に検討する必要がある（金融商品会計Q&A Q33のAのまた書き参照）。

③　引当金の計上

子会社が損失を計上することにより，債務超過となり，前記「②　株式の減損処理」に記載した株式の減損処理を行った場合には，当該債務超過部分について，少なくとも債務超過相当額までの引当計上が求められるものと考えられる（企業会計原則注解（注18））。これは，株主有限責任の原則を基礎として，親会社（自社）以外の株主は原則として自社の出資を超える損失は負担しないため，出資を超える損失である債務超過相当については，自社の損失として取り込む必要があると考えられることによる。

この損失計上は，以下の順序で行うことが考えられる。

- 債権（貸付金等）に対する貸倒引当金

- 債務保証に対応する債務保証損失引当金
- 貸付や債務保証でカバーされている部分を超える損失見込額に係る引当金

　ただし，非支配株主が貸付や債務保証を行っていて，実質的な負担能力が認められる場合，または前記「2　契約書に必要な条項」に記載したような貸付や債務保証以外の損失分担の定めがあるような場合には，債務超過相当額のうち，当該非支配株主が負担する損失額を算出し，自社の損失（引当）額から控除する必要がある。

(2)　親会社となる会社の連結財務諸表上の取扱い

　親会社は原則としてすべての子会社を連結する必要がある（連結会計基準13項）。

　また，当該子会社の業績は，親会社の個別財務諸表と異なり，毎期その実績額が連結財務諸表に取り込まれることとなる。

　ここで，子会社が債務超過になったケースの会計処理を確認しておきたい。連結財務諸表上，子会社に親会社以外の株主（非支配株主）がいる場合，子会社の資本のうち非支配株主に帰属する部分は非支配株主持分として計上される（連結会計基準26項）。

　そして，子会社の欠損については，当該子会社に係る非支配株主持分に割り当てられる額が当該非支配株主持分の負担すべき額を超える場合に，親会社が負担することになる。具体的に，債務超過のケースを前提に，前記「(1)　親会社となる会社の個別財務諸表上の取扱い　③　引当金の計上」に記載したとおり，非支配株主は原則として債務超過相当の損失を株主有限責任の原則によって負担することがないため，債務超過相当部分は親会社が全額負担することになる。

　ただし，非支配株主が貸付や債務保証を行っていて，実質的な負担能力が認められる場合，または前記「2　契約書に必要な条項」に記載したような貸付や債務保証以外の損失分担の定めがあるような場合には，債務超過相当額のう

ち，当該非支配株主が負担する損失額を算出し，マイナスの非支配株主持分として計上する必要がある（連結会計基準27項）。

(3) 合弁先が関連会社となる場合の投資会社の個別財務諸表上の取扱い

① 株式の出資時および期末時の処理

この会計処理については，前記「(1) 親会社となる会社の個別財務諸表上の取扱い ① 株式の出資時および期末時の処理」に記載した処理と同様となる。

すなわち，株主間協定が締結されているかどうかにかかわらず，関連会社に対して出資した場合，出資額（現金支出額）をもって取得原価とし（金融商品実務指針29項参照），付随費用も取得原価に含める（金融商品実務指針56項）。

また，決算時においても，子会社株式と同様，取得原価によって評価される（金融商品会計基準17項）。

② 株式の減損処理

関連会社への投資について，株式の減損処理上の取扱いは，子会社の場合と同様である。このため，当該会計処理については，前記「(1) 親会社となる会社の個別財務諸表上の取扱い ② 株式の減損処理」をご参照いただきたい。

③ 引当金の計上

関連会社が損失を計上することにより，債務超過となり，前記「② 株式の減損処理」に記載した株式の減損処理を行ったとしても，親会社以外の株主においては，株主有限責任の原則により責任の範囲が自社の出資に限定されるため，親会社のときのような引当計上が原則，ということにはならない。

ただし，債務超過見合いの融資（貸付）または債務保証を行っている場合においては，当該金額に対応する引当金を原則として債務超過額を限度として計上することになると考えられる。

さらに，これを超える債務超過額の持分相当について，株主間協定で投資会社（関連会社の株主の意）に負担させるような条項が設けられている場合には，

当該部分についても引当計上の検討が必要と考えられるため，留意が求められる。

　以上をまとめると，引当金の種別により，以下の順序で計上を行うことが考えられる。

- 債権（貸付金等）に対する貸倒引当金[※1]
- 債務保証に対応する債務保証損失引当金[※1]
- 貸付や債務保証でカバーされている部分を超える損失見込額に係る引当金（株主間協定などで損失分担が示されている場合など）[※2]

（※1）　いずれも持分相当額で，債務超過額（持分比率を乗じた額）が限度になると考えられるが，株主間協定において一部株主のみが融資や債務保証で損失負担するとされているケースも考えられるため，留意が必要である。

（※2）　貸倒引当金や債務保証損失引当金を超える部分について計上されるが，これら引当金と異なり，株主間協定において定められる損失分担割合（もちろん，多くのケースで持分比率と一致していることが考えられるが，この限りではない）に応じた損失計上が求められるため，留意が必要である。

　なお，引当金の計上に際しては，実質的な損失分担額がどのようになるか，株主構成を踏まえて，適切に判断する必要がある。合弁先に親会社が存在する場合には，当該親会社がその立場から原則として最終的な損失を負担することも考えられる。他方，単独で支配を有するような親会社が存在しないような場合には，単に株主有限責任の原則のみで自社が損失を負担しないことの説明が合理的にできるものかどうか，慎重な判断が求められるものと考えられる。

⑷　合弁先が関連会社となる場合の投資会社の連結財務諸表上の取扱い

①　関連会社に対する連結財務諸表の会計処理

　関連会社に対する投資については，原則として，連結財務諸表上で持分法が適用される（持分法会計基準6項）。持分法とは，関連会社（持分法適用会社）が計上した当期純利益の持分相当額を営業外損益に「持分法による投資損益」として計上する会計処理方法である。連結子会社のように貸借対照表および損

益計算書を科目ごとに合算する「全部連結」ではなく，損益および投資勘定（投資有価証券）ともに，投資の実態を1つの科目で表現することから「一行連結」などとも呼ばれる（持分法実務指針2項）。

② 関連会社が債務超過になった場合の取扱い

　そして，持分法適用会社が損失を計上して債務超過となった場合，前記「(3)合弁先が関連会社となる場合の投資会社の個別財務諸表上の取扱い　③　引当金の計上」にも記載したように，投資会社の責任が投資額の範囲に限定されているときには，連結貸借対照表上の投資額がゼロになるところまで損失を負担し，以降の損失は連結財務諸表上では認識されないことになる（持分法実務指針20項本文）。

　ただし，前記「(3)　合弁先が関連会社となる場合の投資会社の個別財務諸表上の取扱い　③　引当金の計上」において記載した個別財務諸表上の取扱いと同様に，関連会社に対して貸付金がある場合，関連会社に対する契約上（もしくは事実上）の債務保証がある場合，または株主間協定等によって他の株主との間で損失分担契約があるような場合には，契約上の負担または持分比率など，自社の負担に属する額を適切に算定し，連結財務諸表に計上する必要がある（持分法実務指針20項ただし書き）。

　連結財務諸表上の表示科目であるが，まずは投資有価証券をゼロまで減額し，そのうえで，損失負担額が貸付金に食い込むような場合には，貸付金を直接減額する。そして，これを超える損失については，「持分法適用に伴う負債」などの適切な科目をもって連結貸借対照表に表示する（持分法実務指針21項）。

(5)　合弁先が子会社および関連会社のいずれにも該当しない場合

　合弁先が子会社および関連会社のいずれにも該当しない場合，個別財務諸表上の投資の会計処理がそのまま連結財務諸表上にも反映されることになる。

① 株式の出資時および期末時の処理

　ここでは，プロジェクト会社またはいわゆる合弁会社であることを前提に，

市場価格のない株式等に該当するものとする。このとき，子会社および関連会社以外の会社に対して出資した場合でも，出資額（現金支出額）をもって取得原価とする（金融商品実務指針29項参照）。また，付随費用についても取得原価に含めて処理する（金融商品実務指針56項）。さらに，決算時においては，後述する減損処理が行われるケースを除いて，取得原価によって評価されることになる（金融商品会計基準19項）。

②　株式の減損処理

　株式の減損処理に関する取扱いは，基本的に市場価格のない子会社株式および関連会社株式のケースと同様である。

　すなわち，当該株式の期末評価において，発行会社（合弁先）の財政状態の悪化により実質価額が著しく低下したときは，相当の減額をなし，評価差額は当期の損益として処理する（金融商品会計基準21項）。この減損処理は，年度末においては切放方式で行われる点も，子会社および関連会社に対する投資と同様である（金融商品会計基準22項）。

　また，「実質価額の著しい低下」とは，少なくとも株式の実質価額が取得原価に比して50％程度以上低下した場合をいう。なお，実質価額は資産等の時価評価を反映した純資産ベースで行われるのが原則であるものの，子会社および関連会社のケースと異なり，すべての時価情報がタイムリーに入手できるとは限らない。この点は，株主間協定で財務情報の入手に関する条項が含まれていないかどうかを確認することが有用である。

　さらに，子会社および関連会社のケースでは，5年内の回復可能性を考慮することができるとされているが，それ以外の投資のケースは基本的に実質価額が取得原価の50％を下回った場合には減損処理されることになる（金融商品実務指針92項）。

4 契約書を見るときの実務上のポイント

(1) 株主間協定における貸付，債務保証の条項と実際の契約との関係

　株主間協定において，一定のケースで貸付や債務保証を行うとしているものの，ある期末時点では，社内手続の関係などで一部の株主から貸付が行われていないなど，株主間協定における規定と実際の取引が一致していないようなケースも考えられる。このような場合であっても，直ちに期末時点で実行されている取引のみを反映して損失分担を処理するのか，株主間協定で規定されている比率で処理するのか，各株主の負担能力など，実態も踏まえて検討する必要があるものと考えられる。

(2) 株主間協定における追加出資義務

　株主間協定において，貸付や債務保証といったファイナンス・スキームだけでなく，一定の条件を満たしたときに，株主が追加的に出資に応じるとするような条項が含まれていることがあり，これをどう処理するか（注記するか）という点が論点となる。具体的な契約書の条項のサンプルは以下のとおりである。

> 第○条　株主による出資
> 　甲（筆者注：投資先会社を指す）において翌事業年度の事業計画，資金計画および予算を策定する際に，当初定めた事業計画に比べて実際の業績が下回ることなどにより，当初定めた資金計画によって予定した資金調達額では必要資金に不足する場合，乙および丙（筆者注：甲の株主を指す）の協議によって具体的な金額を決定のうえ，乙および丙が甲の株主割当増資を引き受けるものとする。

　このとき，投資先が債務超過となっている場合には，出資義務を履行することによって株式が減損されるのであれば，企業会計原則注解（注18）の要件に照らして，引当の要否を検討することになる。

　他方，債務超過に至っていないようなケースで，かつ，出資義務を履行することによっても直ちに減損が計上されるわけではないケースの取扱いが論点となる。具体的には，偶発債務としての注記の要否が論点となりうる。このとき，債務の保証には，債務の保証と同様の効果を有するものが含まれるとされており，「債務の保証，引渡済みの請負作業又は売渡済の商品に対する各種の保証，係争事件に係る賠償義務，先物売買契約，受注契約その他現実に発生していない債務で当該事業の負担となる可能性のあるものをいう」と定義されている（財務諸表等規則58条）。また，監査・保証実務委員会実務指針第61号「債務保証及び保証類似行為の会計処理及び表示に関する監査上の取扱い」2(2)では，実質的に債務保証義務または損害担保義務を負っていると認められるものについては，債務保証に準ずるものとして注記の対象に含めることとしている。これらの趣旨を踏まえて，例えば，実際にデフォルトないしこれに近い状態のときに追加出資が求められる場合には，追加出資の価値が出資時点で毀損する（価値が実際の出資額よりも低くなっている）ことにより，事業の負担となる可能性がないとはいえない。このため，法的形式が出資であったとしても，それだけで事業の負担となる可能性がないとはいえず，債務保証に準ずるものとして注記の対象に含まれると判断されるケースがあるものと考えられる。

第2節 株式報酬

1 株式報酬の概要

(1) 株式報酬とは

　本節では，会社の役員や従業員に対する報酬として，株式や新株予約権を交付する，いわゆる株式報酬について解説を行う。

　役員や従業員に対する報酬を株式や新株予約権として交付した場合，報酬を現金で支給した場合に比べて会社の現金流出を防ぐことができるため，財政状態の脆弱なスタートアップ企業などが少ない資金で優秀な経営陣や従業員を確保するために利用されるケースがある。また，報酬の受け手にとっても，会社の業績が向上し株価が上昇した場合にはより多くの報酬を受け取る機会が得られることから，インセンティブ報酬として機能することも期待される。

　一方で，株式報酬の種類によっては自己株式の処分や新株の発行を伴うことから，会社の株式が希薄化することになり，既存株主に不利益を与える可能性がある。また，行使条件が適切でない場合には被付与者のモチベーションの向上につながらないばかりか，例えば株価が想定外に下落した場合には逆にモチベーションの低下を生む可能性もある。

　そのため，株式報酬を付与する対象，条件，その他の報酬とのバランスなどを慎重に検討したうえで導入する必要がある。

(2) 株式報酬の種類

　一口に株式報酬と言ってもその制度は複数あり，いずれの制度も役員や従業員の役務提供の対価として株式や新株予約権を付与し，インセンティブ報酬としての側面を有する点は共通しているが，制度設計により対象者や条件設定が異なることに加えて，会社法，税法および会計基準の取扱いも異なる。会計上の論点を有する主な株式報酬制度は図表7-2-1に示したとおりであるが，こ

こでは特にストック・オプション制度について取り扱う。

図表7−2−1　主な株式報酬

	取引の概要，会計処理および報酬としての特徴
ストック・オプション制度	会社が，一定の条件を満たした場合に権利行使することが可能な新株予約権を付与する。行使時の払込金額によって有償型と無償型に分けられる。 　会計上は，新株予約権の時価を測定する必要がある。また，新株予約権は潜在株式として取り扱われる。 　付与者は，事前に定められた行使価格で株式を取得し，行使価格と市場価格との差額が報酬となる。
従業員株式給付制度	会社の設定した信託が自社株式を買い入れ，運用を行いながら一部を売却する。売却先が従業員持株会となる従業員持株会型と，売却先が従業員となる株式給付型に分けられる。 　会社の設定した信託について，通常，オンバランス処理が必要となる。また，信託に含み損が発生する可能性が高い場合，引当金の計上が必要となる。株式給付型の場合，従業員への株式の給付のために受給権ポイントの計算が必要となる。 　従業員持株会もしくは直接信託から取得した株式に加え，信託終了時点で運用益が発生する場合はこれが報酬となる。
株式の無償交付	会社が対象者へ報酬として株式を直接交付する。勤務期間の開始時点で譲渡制限付株式を交付する事前交付型と，権利確定後に株式を交付する事後交付型に分けられる。 　報酬相当額について対象勤務期間に応じた按分計算が必要となる。事前交付型の場合，報酬相当額の発生に応じて資本取引を認識し，権利確定条件を満たさなくなった場合は，会社が株式を無償取得処理する。事後交付型の場合，権利確定前の報酬相当額に対応する金額を純資産の部へ計上する。 　対象者は，無償交付された株式が報酬となる。

(3)　ストック・オプション制度の概要

　ストック・オプションとは，自社株式オプションのうち，特に企業がその従業員等に報酬として付与するものをいう（ストック・オプション会計基準2項）。

　ストック・オプションの流れは，まず会社が対象者に対してストック・オプションを付与する。その後，ストック・オプションの行使条件が満たされた場合に，被付与者はこれを行使し，払込みを行ったうえで株式を取得する。その株式を売却することにより売却益を得ることができる。ストック・オプション行使時の行使価格は当初の契約で定められていることから，株価が上昇すればするほどストック・オプションの被付与者が得られる売却益は大きくなるため，インセンティブ報酬として機能する。

　また，ストック・オプションに行使条件を設定することで，条件達成に向けたインセンティブを与えることができる。行使条件として一定の期間業務に従事することを要求する勤務条件を設定することで，条件達成まで役員や従業員に会社への在籍を促す効果が得られる。例えば，上場準備中の会社が経営体制を安定させるため，上場後一定の期間を勤務条件としてストック・オプションを付与することがある。行使条件として一定の業績の達成を要求する業績条件を設定すると，被付与者に対して業績向上のインセンティブを与えることができる。

　行使条件以外にも，ストック・オプションの発行価格や権利行使時の払込金額，失効条件を設定することで，会社の目的に合わせた柔軟な制度設計が可能であり，会計処理には制度の正確な把握が必要となる。

⑷　ストック・オプション制度の種類

　ストック・オプション制度は，付与の際に金銭の払込みを必要とする有償ストック・オプションと，金銭の払込みを必要としない無償ストック・オプションに分けられる。

　有償ストック・オプションは，被付与者が公正価値に基づき算定されたストック・オプションの発行価額を負担する必要があり，またストック・オプション行使期間の株価が行使価格を下回る場合には権利を放棄することから，取得時の払込金額が被付与者の損失となる可能性を有しているものの，ストック・オプションの行使時に課税はなく，株式の譲渡時に譲渡所得として課税がされるため，被付与者の税負担は軽減される。

　一方の無償ストック・オプションは，取得時に払込みを必要としないことか

ら，被付与者の金銭的負担を軽減することができ，権利を放棄した場合であっても被付与者に損失は生じないが，原則としてストック・オプションの権利行使時にも給与所得等として課税され，加えて株式譲渡時には譲渡所得として課税されることとなるため，被付与者の税負担は有償ストック・オプションと比較して増加する。無償ストック・オプションには税制適格要件が定められており，これを満たす場合には例外的に株式の譲渡時に一括して譲渡所得として課税されるが，金額の上限が定められていることなど，有償ストック・オプションと比較して設計の自由度は下がることになる。

2 ┃ 契約書に必要な条項

　ストック・オプション契約では，図表7-2-2のような条項が記載されることが一般的である。

図表7-2-2　　契約書に必要な条項

条項	内　　容
発行対象	ストック・オプションの発行対象
発行日	ストック・オプションの発行日
発行数	ストック・オプションの発行数
発行価格	ストック・オプションの発行価格。無償ストック・オプションの場合は0円，有償ストック・オプションの場合はその他の条件を勘案して算定された任意の金額。
権利確定条件	ストック・オプションの権利を行使する前提条件。勤務条件や業績条件が付される。
権利行使期間	通常，権利確定後の任意の一定期間を権利行使期間として設定し，被付与者は期間内の任意の期間で権利行使することが可能となる。
行使価格	権利行使時に払い込むべき金額
割当株式数	ストック・オプションの権利行使時に1個当たりに割り当てられる株式数

失効条件	権利確定後であってもストック・オプションの権利行使が不能となる条件。死亡，退職等の一定の事由が条件として設定される場合がある。
譲渡制限	ストック・オプションは報酬として付与されることが一般的であり，通常は譲渡制限が付される。
その他	ストック・オプションの価値は会社を取り巻くさまざまな状況を受けて変動するため，これを調整するため以下のような条項が付される場合がある。 • 株式分割，株式併合が行われた場合の調整方法 • 組織再編行為が行われた場合の調整方法 • 一定の事象が発生した場合の無償取得条項 • 一定の事象が発生した場合の条件の変更に関する条項

3 ┃ 会計上の取扱い

　ストック・オプションの会計処理については，原則としてストック・オプション会計基準に従って処理する。

　ただし，権利確定条件が付された有償ストック・オプションについては，実務対応報告第36号「従業員等に対して権利確定条件付き有償新株予約権を付与する取引に関する取扱い」4項において，原則としてストック・オプション会計基準に従うものの，労働や業務執行等のサービスの対価として用いられていないことを立証できる場合については，企業会計基準適用指針第17号「払込資本を増加させる可能性のある部分を含む複合金融商品に関する会計処理」に従って処理することとされている。

　本項では，ストック・オプション会計基準に従った会計処理について説明を行う。

(1)　権利確定日以前の会計処理

　ストック・オプション会計基準で処理されるストック・オプションは，サービスの対価として付与されるものである。そのため，会社が従業員等から取得

するサービスは，その取得に応じて株式報酬費用として計上し，対応する金額を，ストック・オプションの権利の行使または失効が確定するまでの間，貸借対照表の純資産の部に新株予約権として計上することとされている（ストック・オプション会計基準4項）。

　各期の費用計上額は，ストック・オプションの公正な評価単価にストック・オプション数を乗じ，これを一定の合理的な方法で按分計算することで求められる（ストック・オプション会計基準5項）。

①　ストック・オプションの公正な評価単価

　ストック・オプションについては通常市場が存在しないことから，価格算定モデルを用いて算定する。価格算定モデルについては，ストック・オプション会計基準48項において，ブラック・ショールズモデルや二項モデルが例示されているが，算定方法にかかわらず次の基礎数値を反映させる必要がある。

【ストック・オプション適用指針6項】
- (1)　オプションの行使価格
- (2)　オプションの満期までの期間
- (3)　算定時点における株価（算定時点は付与日または条件変更日）
- (4)　株価変動性
- (5)　(2)の期間における配当額
- (6)　無リスクの利子率（割引率）

　このうち，特にオプションの行使価格，オプションの満期までの期間および付与日については，ストック・オプション契約に明示されているため，算定の際に計算に反映する必要がある。

　未公開企業については時価が存在しないため，モデルを利用することができない。そこで，自社株式の評価額から行使価格を差し引いた「本源的価値」を使用することも認められている。この場合であっても，合理的な方法で自社株式の評価額を評価する必要がある（ストック・オプション会計基準13項）。

② ストック・オプション数

　ストック・オプション数は，付与されたストック・オプション数から，権利不確定による失効の見込み数を控除したものである（ストック・オプション会計基準7項）。

　権利確定条件が達成できないことにより不確定が見込まれる部分については，ストック・オプション数から控除する。例えば，勤務条件として従業員に一定期間の在籍が要求されている場合，退職等により勤務条件を満たさないと見込まれる部分が失効見込み数となる。ただし，失効数を十分な信頼性をもって見積ることができない場合，これを加味してはならないとされている（ストック・オプション会計基準52項）。

　権利不確定による失効数の見積りに重要な変動が生じた場合，ストック・オプション数を見直し，これまでの費用計上額との差額を見直した期の損益として認識する（ストック・オプション会計基準7項(2)）。また，権利確定日には権利不確定による失効数が確定することから，同様にこれまでの費用計上額との差額を権利確定日の損益として認識する（ストック・オプション会計基準7項(3)）。

③ 費用の合理的な計上期間

　各期の株式報酬費用は，費用総額を合理的な方法で按分計算する。役員や従業員の役務提供の対価としてストック・オプションを付与する場合，役務提供と対応する期間，すなわち勤務期間で按分することが考えられる。

　勤務期間とは，ストック・オプションの付与日から権利確定日までの期間を指す。もし権利確定条件が付されておらず付与日に権利が確定する場合は，付与日に一括費用処理を行う（ストック・オプション適用指針18項）。

　一般的なストック・オプション制度では，勤務条件が明示されず，権利行使期間と権利行使時の在籍が求められているケースが多く，その場合は以下の(2)に沿って権利行使期間の前日を権利確定日とすることになる。

【ストック・オプション適用指針17項】
(1) 勤務条件が付されている場合には，勤務条件を満たし権利が確定する

日

(2)　勤務条件は明示されていないが，権利行使期間の開始日が明示されており，かつ，それ以前にストック・オプションを付与された従業員等が自己都合で退職した場合に権利行使ができなくなる場合には，権利行使期間の開始日の前日（ストック・オプション会計基準 2 項(7)）。この場合には，勤務条件が付されているものとみなす。

(3)　条件の達成に要する期間が固定的ではない権利確定条件が付されている場合には，権利確定日として合理的に予測される日

④　条件変更による見直し

公正な評価単価はストック・オプションの付与日に計算し，原則として見直しを行わない（ストック・オプション会計基準 6 項）。ただし，公正な評価単価に影響を与える条件変更が行われ，かつ変更後の条件で再計算された公正な評価単価が当初の評価単価を上回る場合は見直しを行う。公正な評価単価の見直しが行われた場合，当初の公正な評価額に相当する部分については引き続き条件変更前の処理を行い，評価単価の増加に伴う公正な評価額の増加部分については，条件変更時点から権利確定日までの期間で按分する（ストック・オプション会計基準10項）。

ストック・オプション数に関する条件変更が行われた場合，当初のストック・オプション数に基づく公正な評価額部分については引き続き条件変更前の処理を行い，ストック・オプション数の変動に伴う公正な評価額の変動部分については，条件変更時点から権利確定日までの期間で期間按分する（ストック・オプション会計基準10項）。

費用の合理的な計上期間に関する条件変更が行われた場合，条件変更前の残存期間に対応する費用を，条件変更後の残存期間で按分する（ストック・オプション会計基準12項）。

(2)　権利確定日後の会計処理

権利確定日を迎え，確定したストック・オプションは，権利行使期間内に行

使されるか，あるいは行使されず失効することになる。

　権利行使が行われた場合，行使価格の現金が払い込まれる。この払込資本は資本金等として計上され，また新株予約権として純資産の部に計上されていたストック・オプションの公正な評価額も，資本金等に振り替えられる（ストック・オプション会計基準8項）。

　権利確定日後に失効した場合，権利が確定した段階ですでに従業員等の労働サービスを消費していることから，権利確定前の失効と異なり費用の調整は行わない。一方で，純資産の部に計上していた新株予約権について株式の引渡義務が消滅することから，これを取り崩して特別利益として計上する（ストック・オプション会計基準9項）。

4 契約書を見るときの実務上のポイント

(1) 業績条件

　ストック・オプションは，付与する株式の株価上昇によるインセンティブ効果を期待されている。しかし，株価は景気をはじめとした外部の状況で大きく変動する可能性があるため，会社の業績にかかわらず株価が高騰し，インセンティブ報酬として十分な効果が発揮できないことが考えられる。そこで，市場の動向を示す指標を業績条件に含めることがある。

　第○条　株価条件

　　新株予約権者は，株価条件として割当日から4年間の当社株価成長率がTOPIX（東証株価指数）成長率を上回った場合のみ，割り当てられた新株予約権を全て行使することができる。

　このような業績条件は，権利確定日の直前とならない限り達成可能性を合理的に見積ることは困難と考えられるため，通常はストック・オプション数の算定の際に考慮しないことが一般的である。

(2)　権利行使の開始日に関する条項

　ストック・オプションの保有者が権利行使時点において役員や従業員としての地位を有することを求めることが多い。これは退職後にストック・オプションを行使することで，労働サービスを提供していない期間の株価上昇の恩恵を受けることを防ぐためと考えられる。

第○条　新株予約権を行使することができる期間
　1．新株予約権を行使することができる期間は，2022年4月1日から2042年3月31日とする。
　2．新株予約権者は，権利行使時において，当社取締役の地位にあることを要する。ただし，当社の取締役を任期の満了により退任した場合，退任した日以降から1年間に限り新株予約権を行使できるものとする。

　このような条項が付されている場合，任期満了前に退任した取締役は権利行使ができなくなることから，失効として取り扱われる。

(3)　調整に関する条項

①　株式分割や株式併合の調整

　株式分割や株式併合が行われた場合，通常はストック・オプションの価値が変動しないよう，調整を行う条項が付されている。そのため，ストック・オプションの会計処理には影響を与えない。

第○条　株式分割等が行われた場合
　当社普通株式につき，株式分割または株式併合を行う場合には，付与株式数を次の算式により調整し，調整の結果生じる1株未満の端数は，これを切り捨てるものとする。
　調整後付与株式数＝調整前付与株式数×株式分割または株式併合の比率

---

② 組織再編による調整

　会社が組織再編を行うと，付与されるストック・オプションの価値が変動したり，あるいは消滅する可能性がある。組織再編後にも引き続きインセンティブ報酬としての効果を維持したい場合，組織再編後の株式に対してストック・オプションを付与する条項を付すことが考えられる。

> 第○条　当社が組織再編を行う場合
> 　当社が合併消滅会社となる吸収合併，吸収分割，新設分割，株式交換又は株式移転をする場合において，再編対象会社の新株予約権を交付する旨を合併契約，吸収分割契約，新設分割計画，株式交換契約又は株式移転計画において定めた場合，組織再編行為の効力発生の時点において残存する新株予約権の新株予約権者に対し，それぞれの場合につき，再編対象会社の新株予約権を交付することとする。

　通常は，付与される株式が変わることでストック・オプションの価値が変動しないよう，別途付与数や行使条件の変更が併せて行われることから，ストック・オプションの公正な評価単価や行使により被付与者が得られる利益は変わらないことが多い。

③ 取得条件

　組織再編の際にストック・オプションがその妨げとなるような場合，これを無償取得する条項が付されることがある。

> 第○条　新株予約権の取得事由及び条件
> （1）　当社は，新株予約権者が権利を行使する条件に該当しなくなった場合は，当該新株予約権を無償で取得することができる。
> （2）　当社が消滅会社となる合併契約承認の議案，または当社が完全子会社となる株式交換契約もしくは株式移転計画承認の議案につき当社株主総会で承認されたときは，当社は新株予約権を無償で取得することができる。

　例えば(2)では，ストック・オプションの存在が会社の消滅や完全子会社化の

妨げとなることが予想される。そこで，これを事前に防ぐ目的で無償取得条項が付されている。この条項が発動した場合，権利確定日前のものも権利確定日後のものも取得されることになり，失効と同様の会計処理がなされる。

第8章

その他の契約

第1節　信託契約

1 ┃ 信託の概要

(1)　信託とは

　信託とは，特定の者が一定の目的に従い財産の管理または処分およびその目的の達成のために必要な行為をすべきものとすることをいう（信託法2条）。

　信託の受託者に属する財産であって，信託により管理または処分をすべき一切の財産を信託財産という。

　信託を構成するのは図表8-1-1に掲げる三者であり，信託契約書を理解するうえで重要になる。

図表 8 - 1 - 1 信託における当事者

信託委託者	契約，遺言，自己信託のいずれかの方法により，自分の財産の管理または処分を託すもので，財産を預けるものをいう（信託法2条4項）。
信託受託者	信託行為の定めに従い，信託財産に属する財産の管理または処分およびその他の信託の目的のために必要な行為をすべき義務を負うものをいう（信託法2条5項）。
受益者	受益権を有するもの。受益権とは，信託行為に基づいて受託者が受益者に対して負う債務で，信託財産に属する財産の引渡しその他の信託財産に係る給付すべきものに係る債権およびこれを確保するために受託者その他のものに対し一定の行為を求めることができる権利をいう（信託法2条7項）。

(2) 信託の分類

　信託は，その目的，設定方法，受託財産の種類，信託終了時の信託財産の返還方法や運用方法等，さまざまな観点から分類することが可能である。図表8-1-2は信託の分類の例示である。

　まずは，受託財産が金銭である金銭の信託と，金銭以外の信託（ものの信託）とに大別することができるが，信託は自由度の高い制度であり，信託財産は有価証券，不動産などの有形固定資産，知的財産などの無形固定資産，事業そのものとすることも可能である。

　また，委託者は単独である場合のほか，複数のものである場合もある。

　さらに，新信託法（平成18年信託法）の下では以下のような信託も設計可能となった。

① 自己信託

　自己信託とは，委託者が自ら受託者となり，受益者（他人）のために自己の財産を管理・処分等する信託の形態をいう（信託法3条3項）。

② 目的信託

　目的信託とは，受益者の定めのない（受益者を定める方法の定めがないものも含む）信託で，ある特定の目的を達成することを目的とした信託をいう。

図表8-1-2　信託の分類

金銭の信託
信託財産が
金銭の信託

金銭信託※1 ── 特定金銭信託※3 ── 確定拠出年金信託，投資信託，特定金銭信託など

指定金銭信託※4 ── **合同運用**
合同運用指定金銭信託，ヒット，教育資金贈与信託，結婚・子育て支援信託，特定寄附信託，後見制度支援信託，財産形成信託など

単独運用
年金信託，厚生年金基金信託，確定給付企業年金信託，公益信託，特定贈与信託など

金外信託※2 ── 特定金外信託※3 ── 特定金外信託，従業員持株信託など
金銭信託以外の金銭の信託

指定金外信託※4 ── 指定金外信託，ファンドトラストなど

ものの信託
信託財産が
金銭以外の信託

有価証券の信託 ── 管理有価証券信託，運用有価証券信託，社内預金引当信託など

金銭債権の信託 ── 貸付債権信託，リース債権信託，クレジット債権信託，住宅ローン債権信託など

動産の信託 ── 車輌信託，船舶信託，コンピューター信託など

不動産の信託 ── 不動産信託，土地信託など

土地の貸借権の信託 ── 土地信託など

※1　信託終了時に信託財産の交付を金銭で行う信託
※2　信託終了時に信託財産を現状有姿のまま交付する信託
※3　特定は運用方法が特定された信託
※4　指定は運用方法が指定された信託
（出所：一般社団法人信託協会ホームページ信託の分類｜さらに信託を知る｜信託について｜信託協会（shintaku-kyokai.or.jp））

(3) 信託のメリット

① 倒産隔離

信託の登記または登録をすれば，委託者や受託者の債権者は信託財産に対しての権利を行使することができないため，委託者にとって信託財産は保全されているといえる。

② 財産移転コスト

不動産を移転させるには通常2％の登録免許税が課されるが，信託の移転は0.4％であり，また，いったん信託を設定した後は，信託受益権の異動を受託者の帳簿で管理するため，移転コストが発生しない。

2 ▎契約書に必要な条項

企業がその財産を信託する場合，信託会社等との間で信託契約書を締結することになる，信託契約書では図表8-1-3に掲げる条項が記載されることが一般的と考えられる。

図表8-1-3 信託契約書における記載事項

信託の目的	信託設定目的，方法および信託財産（受益者に属する財産であって，信託により管理または処分すべき一切の財産をいう）が記載される。
信託の設定	委託者が受託者との間で定める財産の譲渡，担保権の設定その他の財産の処分をする旨，受託者が信託目的に従い，財産の管理または処分およびその他の当該目的の達成のために必要な行為をする旨（信託法3条1号）の2つの内容が記載される。
受託者	信託受託者が記載される。
受益者	受益権を有する者が記載される。
信託の期間	信託期間が記載される。

受益者に関する金銭の支払い	受託者から受益者に対する信託財産の分配が記載される。
信託財産の管理	敷金の預託，利息の取扱い等が記載される。
信託報酬	信託報酬についての取扱いが定められる。
信託元本	信託元本が記載される。
信託の収益	信託において収益となるものが記載される。
受益権証書	受益権証書の作成交付に関する事項が記載される。
受益権の譲渡	受益権の譲渡，承継，質入れに関する事項が記載される。
信託財産の運用方法	信託財産の運用方法が記載される。
信託計算	信託財産に関する計算期日，計算方法が記載される。
信託契約の解除	信託契約の解除に関する事項が記載される。
信託の終了および元本の送付	信託の終了および信託元本の返還に関する事項が記載される。

3 ｜ 会計上の取扱い

　実務対応報告第23号は，前記「1(2)　信託の分類」における金銭の信託，金銭以外の信託，それ以外の分類に基づき，かつ委託者および受益者が単数の場合，あるいは複数の場合の分類に基づきそれぞれの会計処理のガイダンスを提供しており，以下のような会計処理を求めている。

(1)　金銭の信託における委託者・受益者の会計処理

①　当初信託設定時

(i)　委託者兼当初受益者が単数である場合

　委託者兼当初受益者が単数である金銭の信託の設定時に，委託者兼当初受益者は，信託財産となる金銭を金銭の信託であることを示す適切な科目に振り替える（実務対応報告第23号Q1）。

(ii)　**委託者兼当初受益者が複数である場合**

　委託者兼当初受益者が複数である金銭の信託の設定時に，委託者兼当初受益者は，信託財産となる金銭を有価証券または合同運用の金銭の信託であることを示す適切な科目に振り替える（実務対応報告第23号Q 2）。

② 　**期　末　日**

(i)　**委託者兼当初受益者が単数である場合**

　有価証券と同様に，その保有目的により運用目的，満期保有目的，その他に区分することができるが，特定金銭信託または指定金外信託等については，一般に運用を目的とするものと考えられる（金融商品会計基準87項，金融商品実務指針97項）。運用を目的とする金銭の信託の信託財産である金融資産および金融負債については，金融商品会計基準および金融商品実務指針により付すべき評価額を合計した額をもって貸借対照表価額とし，その評価差額は当期の損益として処理することとなる（金融商品会計基準24項，金融商品実務指針98項，実務対応報告第23号Q 1）。

(ii)　**委託者兼当初受益者が複数である場合**

　有価証券として，または有価証券に準じて会計処理を行うこととなる。ただし，預金と同様の性格を有する合同運用の金銭の信託（投資信託を含む）は，取得原価をもって貸借対照表価額とする（金融商品実務指針64項，実務対応報告第23号Q 2）。

③ 　**受益者が複数である金銭の信託が子会社および関連会社と判定される場合**

　受益者が複数である金銭の信託の中には，連結財務諸表上，財産管理のための仕組みとみるより，むしろ子会社および関連会社とみるほうが適切な会計処理ができる場合がある。この場合，受益者の連結財務諸表において当該信託を子会社または関連会社として取り扱うかの検討を要するケースがある（実務対応報告第23号Q 2）。

(2)　金銭以外の信託における委託者・受益者の会計処理

　有価証券の信託を含む金融資産の信託や不動産の信託など，財産を管理するために信託が用いられることが多いが，流動化などに用いられることもある。

①　当初信託設定時

(i)　委託者兼当初受益者が単数である場合

　信託財産を直接保有する場合と同様の会計処理を行う（実務対応報告第23号Q3）。すなわち，有価証券の信託では，原則として自己で保有していたときと同一の保有目的区分に分類し，それに従って評価および会計処理を行うことになる（金融商品実務指針78項）。

　また，金融資産の信託受益権の保有者は，信託受益権が質的に単一の場合，原則として信託財産構成物を受益者が持分に応じて直接保有するのと同様の評価を行うことになる（金融商品実務指針100項(1)）。

　さらに不動産の信託受益権においては，受益者が信託設定により取得した不動産信託受益権を法的に売買すれば，会計上，信託財産そのものの売買と同様に会計処理することになる（不動産流動化実務指針44項）。このため，いずれも信託の目的や信託財産を理解し，委託者や受益者の関係を把握することが実務上のポイントとなる。

(ii)　委託者兼当初受益者が複数である場合

　各委託者兼当初受益者は，受託者に対してそれぞれの財産を移転し，受益権を受け取ることとなる（実務対応報告第23号Q4）。委託者兼当初受益者が複数である場合，信託の設定は，共同で現物出資により会社を設立することに類似することから，事業分離等会計基準に準じた会計処理を行う必要があるかを検討すべきと考えられる。単数である場合と同等，実務上は信託の目的や信託財産を理解し，委託者や受益者の関係を把握することが実務上のポイントとなる。

② 期 末 日

(i) 委託者兼当初受益者が単数である場合

　信託財産を直接保有する場合と同様に会計処理する（表示および注記を含む）。すなわち，信託財産のうち持分割合に相当する部分を受益者の貸借対照表における資産および負債として計上し，損益計算書についても同様に持分割合に応じて処理する方法（以下「総額法」という）によることとなる（実務対応報告第23号Q 3 ）。

(ii) 委託者兼当初受益者が複数である場合

　有価証券として，または有価証券に準じて会計処理を行うこととなる。ただし，預金と同様の性格を有する合同運用の金銭の信託（投資信託を含む）は，取得原価をもって貸借対照表価額とする（金融商品実務指針64項）。

(3) 受益者の定めのない信託（いわゆる目的信託）における委託者の会計処理

　原則として委託者の財産として処理する。ただし，信託契約の内容等からみて，委託者に信託財産の経済的効果が帰属しないことが明らかであると認められる場合には，もはや委託者の財産ではないものとして処理する（実務対応報告第23号Q 6 ）。

(4) 自己信託における委託者，受益者

　委託者兼受託者である自らのみが当初受益者となる自己信託においては，「(1) 金銭の信託における委託者・受益者の会計処理」に準じて，金銭以外の信託として行われる場合は「(2) 金銭以外の信託における委託者・受益者の会計処理」に準じて会計処理を行う（実務対応報告第23号Q 7 ）。

4 ┃ 契約書を見るときの実務上のポイント

(1)　信託の目的

　信託設定目的，方法および信託財産（受益者に属する財産であって，信託により管理または処分すべき一切の財産をいう）が記載される。「信託の会計処理に関する実務上の取扱い（実務対応報告第23号）」に基づく信託の分類を行うにあたり重要である。

第〇条　信託の目的
　　委託者は，表記要項記載の当初信託金（その後の追加信託金を含む。以下同じ）をもって，〇〇の取得および管理する目的をもって信託し，受託者はこの信託を引き受ける。

　信託財産は信託の目的の中に含まれることが通常である。信託設定の目的とする信託が金銭の信託か金銭以外の信託かにより，前節のように会計処理は異なる。

(2)　信託の設定

　信託財産を明らかにし，委託者が受託者との間で定める財産の譲渡，担保権の設定その他の財産の処分をする旨，受託者が信託目的に従い，財産の管理または処分およびその他の当該目的の達成のために必要な行為をする旨（信託法3条1号）の2つの内容が記載される。

　信託財産が金銭の信託である場合，次のような記載が行われる。

第〇条
　　委託者は，信託財産として，次の財産を〇年〇月〇日に受託者に移転する。
　　金銭　　10,000,000,000円

---

(3) 委託者，受託者，受益者

　委託者である会社は，信託業務を委託する受託者，受益者を定める。これらは契約書の要項や定義，信託の目的の中で明記されていることもあり，それぞれ独立の条項として定められているとは限らないが，実務対応報告第23号では，特に受益者が単独であるか複数であるか等により異なる会計処理を適用することを求めているため，留意が必要である。

(4) 信託報酬

　信託報酬については，委託者側での費用が発生する項目になる。

> 第〇条　信託報酬
> 　受託者は，付則〇条に定める最低信託報酬額を信託契約日に信託財産の中から受領するとともに，信託終了日に，信託期間に係る信託報酬を，次に定める方法で計算し，計算された金額から信託設定日に受領した最低信託報酬額を控除した額を受益者に請求する。ただし，受託者が必要と認めた場合，これを信託財産から受領することもできるものとする。
> 　その信託期間に係る〇〇の取得価額の総額に〇％を乗じて計算した額

　信託報酬は信託財産の運用の対価として受託者に支払費用であるため，発生主義に基づき費用計上することが考えられる。

(5) 信託期間，信託報酬その他

　信託受託者は，信託財産の取得・保全・管理運用に関して義務を有しているのはもちろんのこと，信託財産に係る帳簿その他の書類を作成するとともに，毎年1回，一定の時期に貸借対照表，損益計算書その他の書類を作成し，一定期間保存する義務がある。また，受益者の請求に応じて信託に関する書類を閲覧させる必要がある。

第○条

　この信託の計算期日は，毎年 3 月31日ならびに信託終了日とする。

2　受託者は，各計算期日において，信託契約日または前回計算期日の翌日から計算期日までの期間における貸借対照表および損益計算書を作成し，計算期日後遅滞なく委託者に提出する。

　信託期間をはじめ，受託者の会計処理に織り込む際の受託者の義務に関して理解することが重要と考える。

第2節　退職給付に係る制度変更

1 ┃ 概　　要

　退職給付に係る制度変更とは，退職給付制度間の移行，同一退職給付制度内での退職給付制度の改訂，退職給付制度の終了などの制度変更のことである。このような退職給付に係る制度変更が行われると，退職給付債務の増加または減少が生じることがあり，これらの増減は退職給付会計基準上の過去勤務費用に該当する。このため，原則として会計処理が必要となる。

　退職給付に係る制度変更を退職給付制度間移行適用指針に沿って分類すると図表8-2-1のようになる。

図表 8-2-1　制度変更の分類

分　類	内　　容
退職給付制度間の移行	ある退職給付制度から他の退職給付制度への制度間の移行である。確定給付型の退職給付制度から他の確定給付型の退職給付制度への移行や，確定給付型の退職給付制度から確定拠出型の退職給付制度への移行がある。
退職給付制度の改訂	制度間の移行を伴わない，同一制度内での退職金規程や年金規約等の改訂である。

　また，退職給付債務の減少が生じる場合として，退職給付制度の終了がある。退職給付制度の終了は，退職金規程の廃止，厚生年金基金や基金型確定給付企業年金の解散，規約型確定給付企業年金の終了のように退職給付制度が廃止される場合のほか，退職給付制度間の移行または制度の改訂により退職給付債務がその減少分相当額の支払い等を伴って減少する場合も該当する。

　なお，退職給付制度全部の終了に限定されず，退職給付制度の一部終了も含まれる。

2 ┃ 契約書に必要な条項

　退職給付に係る制度変更を行う場合，関係当事者間で契約書が締結されるわけではない。本節では，制度変更の検討に不可欠な文書を契約書に準ずるものとして解説する。

　契約書に準ずる正式な書類としては退職金規程等（退職年金規程等，制度ごとに名称が異なる規程を含む）がある。退職金規程等には，一般的に図表 8 - 2 - 2，8 - 2 - 3 の条項が含まれる。

図表 8 - 2 - 2	退職金規程等（退職一時金制度）への記載が必要な条項

条　項	内　　容
（総則）	
目的	規程の目的，功労報奨など退職金制度の位置付けが記載される。
適用範囲	雇用形態や身分による規程の適用・非適用の範囲が記載される。
（支給要件）	
受給資格	適用範囲のうち，さらに受給資格による受給範囲の限定が記載される。勤続年数や懲戒などが含まれる。
勤続年数の計算	端数の扱いや勤続年数に含めない期間など，勤続年数の計算方法が記載される。
退職金の額	退職金の額の計算方法が記載される。
特別加算金	在職中の功労により加算金を支払う場合は，その旨や上乗せ金額の範囲などが記載される。
死亡時の支払い	社員が死亡した場合の取扱いが記載される。
支払方法	支払いのタイミングなどが記載される。
（その他）	
改廃	規程の改廃手続が記載される。
付則	施行日が記載される。

図表 8 - 2 - 3	退職金規程等（確定給付型年金制度）への記載が必要な条項（退職一時金制度と異なる部分のみ）

条項	内　容
（総則）	
目的	規程の目的，功労報奨など退職金制度の位置付けが記載される。規約型または基金型のいずれの制度が採用されたかが記載される。
（掛金の拠出）	
拠出金の算定方法	月々の掛金の拠出金の算定方法が記載される。
（給付）	
給付額	受給資格とともに退職年金の支払金額が記載される。
支給期間	退職年金の支給期間が記載される。

　退職給付に係る制度変更の会計処理を検討する際，退職金規程等のみでは会計処理に必要な情報が不足している。通常は，制度変更に係る労使合意や年金基金加入員からの同意を得るために従業員向けの説明会が開催され，制度変更説明会資料が作成される。制度変更説明会資料は，会計処理に必要な情報の収集に不可欠であり，本節では当該説明会資料についても契約書に準じるものとして解説する。

　なお，会計処理の検討にあたっては，改訂前後の退職金規程等，制度変更説明会資料のほかに，退職給付債務の計算資料が必要となる。退職給付債務の計算資料については，本章では契約書に準ずるものとして扱わず，解説に含めない。

　従業員向け説明会の制度変更説明会資料には，一般的に図表 8 - 2 - 4 の項目が含まれる。

図表 8 - 2 - 4　　制度変更説明会資料に含まれる項目

項目	内　　容
制度変更の内容	新制度の概要，新旧制度の比較などが説明される。
変更理由	なぜ制度変更が必要なのかが説明される。
変更の影響	退職金額や年金額への影響，本人負担掛金への影響など制度変更の影響が説明される。
変更手続とスケジュール	従業員向けの説明会の実施，労働組合・加入員の同意など変更に必要な手続と，予定されているスケジュールが説明される。
同意のお願い	変更への同意の依頼と同意書の記入方法などが説明される。

3 ┃ 会計上の取扱い

(1)　会計処理の概要

　退職給付に係る制度変更の会計処理は，主に退職給付制度間移行適用指針および実務対応報告第2号に定められている。

　退職給付に係る制度変更の会計処理は，退職給付制度終了の会計処理と退職給付債務の増額または減額の会計処理に大別される。

①　退職給付制度終了の会計処理

(i)　退職給付制度終了とは

　「退職給付制度の「終了」とは，退職金規程の廃止，厚生年金基金の解散，基金型確定給付企業年金の解散又は規約型確定給付企業年金の終了のように退職給付制度が廃止される場合や，退職給付制度間の移行又は制度の改訂により退職給付債務がその減少分相当額の支払等を伴って減少する場合」（退職給付制度間移行適用指針4項）である。

　なお，退職給付制度全部の終了に限定されず退職給付債務の一部に相当する額の支払い等を伴って該当部分が減少する退職給付制度の一部終了も含まれる点に留意が必要である（退職給付制度間移行適用指針5項）。つまり，退職給

付制度が廃止される場合と，退職給付制度の変更により支払い等を伴う場合が
退職給付制度の終了に該当する。

　支払い等には，以下のものが該当する（退職給付制度間移行適用指針4項）。

- 年金資産からの支給または分配
- 事業主からの支払いまたは現金拠出額の確定
- 確定拠出制度に分類される退職給付制度への資産の移換

　確定給付型の退職給付制度を他の確定給付型の退職給付制度に移行した場合
は，原則として移行前後の制度を一体のものとみなし，退職給付制度の終了に
は含めない点に留意が必要である（退職給付制度間移行適用指針6項）。

(ii)　会計処理

　退職給付制度の終了の会計処理は図表8-2-5のとおりである。退職給付制
度の終了によって消滅する退職給付債務および未認識項目から生じた損益は，
終了した時点において原則として特別損益として表示されることになる（退職
給付制度間移行適用指針10項）。

図表8-2-5　　退職給付制度の終了の会計処理

項目	会計処理
退職給付債務の処理	退職給付制度の終了時点で消滅する退職給付債務について会計処理を行い，損益を認識する。終了した部分に係る退職給付債務の額を終了前の計算基礎に基づいた数理計算により計算し，当該退職給付債務の金額と減少分相当額の支払い等の額との差額が損益の金額となる。
未認識項目の処理	退職給付制度の終了した部分に対応する，未認識過去勤務費用，未認識数理計算上の差異を損益として認識する。終了した制度に対応する部分の額は，終了した時点における退職給付債務の比率その他合理的な方法により算定する。
表示	退職給付債務処理と未認識項目の処理から生じる損益は，原則として特別損益に純額で表示する。

②　退職給付債務の増額または減額の会計処理

(i)　退職給付債務の増額または減額とは

「退職給付債務の「増額」又は「減額」とは，退職給付制度間の移行又は制度の改訂による退職給付債務の支払等を伴わない増加部分又は減少部分」である（退職給付制度間移行適用指針9項）。退職給付制度の終了部分は，該当しない。

(ii)　会計処理

退職給付債務の増額または減額の会計処理は図表8-2-6のとおりである。退職給付債務の増額または減額は，過去勤務費用として会計処理されることになる（退職給付制度間移行適用指針12項）。

図表8-2-6　退職給付債務の増額または減額の会計処理

項目	会計処理
退職給付債務の処理	退職給付債務の増額または減額は，退職給付会計基準上の過去勤務費用に該当する。したがって，過去勤務費用の通常の会計処理が適用され，原則として発生時から平均残存勤務期間以内の一定の年数で按分した額を毎期費用処理する。 この点，数理計算上の差異は，発生時の翌年から費用処理することも認められている点で異なることから，混同しないよう留意したい（退職給付会計基準注7）。
未認識項目の処理	退職給付債務の増額または減額が行われる前に発生した未認識過去勤務費用，未認識数理計算上の差異については，従前の費用処理方法および費用処理年数を継続して適用する。 なお，連結財務諸表では未認識過去勤務費用は，純資産の部にその他の包括利益累計額として即時認識される点に留意したい。

4 契約書を見るときの実務上のポイント

退職給付に係る制度変更の会計処理を検討する際には，前記のように，制度変更前後の退職金規程等のみならず，従業員向けの制度変更説明会資料，退職給付債務の計算資料から必要な情報を幅広く入手する必要がある。このような

退職給付に係る制度変更の会計処理の情報入手上の特徴を踏まえ，本節では，「契約書」を広くとらえて，関連情報を見るときの実務上のポイントについて記載する。

退職給付に係る制度変更の会計処理について検討する際の手順としては，おおよそ図表8-2-7のようになると考えられる。

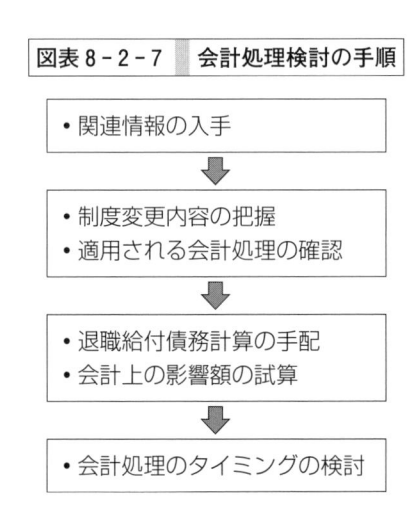

図表8-2-7　会計処理検討の手順

- 関連情報の入手

- 制度変更内容の把握
- 適用される会計処理の確認

- 退職給付債務計算の手配
- 会計上の影響額の試算

- 会計処理のタイミングの検討

(1)　制度変更内容の把握と適用される会計処理の確認

現行の退職金規程等，変更後の退職金規程等案，制度変更説明会資料，退職給付債務の計算資料といった関連情報を入手し，制度変更の内容を把握する。会計処理を決定するうえで最初の検討項目となるのは，適用される会計処理の確認である。会計処理は，退職給付制度の終了の会計処理と退職給付債務の増額または減額の会計処理に分かれるため，どちらが適用されるかを決定する必要がある。

会計処理の決定には，①制度変更前後の退職給付制度がそれぞれ確定給付型の退職給付制度に当たるか確定拠出型の退職給付制度に当たるか，②退職給付制度の変更により支払い等を伴うかの2点について関連情報をもとに確認することが必要である。

① 確定給付型の退職給付制度に当たるか確定拠出型の退職給付制度に当たるか

退職給付制度が確定給付型であるか確定拠出型であるかは，多くの場合，退職金規程等により判別することができる。通常，確定拠出型の場合は，見分けが容易である。

（目　的）

第1条　この規程による制度は（以下「この制度」という。），確定拠出年金法（平成13年法律88号，以下「法」という。）に基づき，会社が資金を拠出し，加入者が自己の責任において運用の指図を行い，高齢期において，その結果に基づいた給付を受けるため，企業型確定拠出年金規程（以下「この規程」という。）を定め，高齢期における所得の確保にかかる自主的な努力を支援し，もって加入者および加入者であった者の生活の安定と福祉の向上を図ることを目的とする。（「こんなときどうするネット　会社で使える書式と文例」退職年金規程（確定拠出年金）より）

当規程例の場合は，確定拠出年金法への言及がある点や，企業型確定拠出年金規程という規約の名称から，確定拠出型であることを見分けることができる。

また，目的の条項において明確でない場合でも，確定給付型の場合の支給額についての定めがあるか，確定拠出の場合の掛金についての定めがあるかなどにより見分けが可能である。

② 退職給付制度の変更により支払い等を伴うか

支払い等の有無については，退職金規程等により確認することはできないため，制度変更説明会資料，退職給付債務の計算資料により確認することとなる。

(2) 会計処理のタイミングの検討

退職給付制度変更の会計処理のタイミングについては，実務対応報告第2号Q1からQ6に定められている。

会計処理のタイミングを決定するためには，規程や規約の廃止日，施行日，

改訂日といった日付を把握する必要がある。これらの日付は，退職金規程等の改訂案の付則，制度変更説明会資料のスケジュールから得られることが多い。

① 退職給付制度の終了

退職給付制度の終了時点が，会計処理のタイミングとならない場合があるので留意が必要である。

退職給付制度が廃止された場合（全部終了）には，廃止日をもって事業主と従業員の権利義務は明確に変わることとなるため，退職給付制度の終了の時点は当該廃止日と考えられる。また，退職給付制度間の移行または制度の改訂により退職給付債務がその減少分相当額の支払い等を伴って減少する場合（一部終了）には，退職給付制度の改訂規程等の施行によって事業主と従業員の権利義務は明確に変わることとなるため，退職給付制度の終了の時点は当該施行日（改訂された規程や規約の適用が開始される日）が適当であると考えられる。

ただし，制度終了時点である廃止日または施行日と規程等の改訂日との間で期をまたぐ場合で，終了損失の発生の可能性が高く，かつ，その金額を合理的に見積ることができるときには，改訂日の属する会計期間での会計処理が必要となる（実務対応報告第2号Q1）。なお，改訂日とは，労使合意の結果，規程や規約の変更が決定され周知された日を指す。実務上は，当期の取締役会等の決議によって規程が改訂されるものの，実際の廃止または施行が翌期以降となるケースも想定されることから，このような場合には当期に会計処理を行う必要があるかについて慎重に検討する必要がある。

以上を要約すると図表8-2-8，図表8-2-9のようになる。

図表8-2-8 退職給付制度の終了時点

退職給付制度が廃止された場合（全部終了）	廃止日
退職給付制度間の移行または制度の改訂により退職給付債務がその減少分相当額の支払い等を伴って減少する場合（一部終了）	施行日（改訂された規程や規約の適用が開始される日）

| 図表 8 - 2 - 9 | 退職給付債務の増額または減額の測定時点 |

| 退職給付債務の増額または減額 | 改訂日。改訂された規程や規約が明示的に変更された場合は決定が周知された日 |

② 退職給付債務の増加または減額

　退職給付制度が改訂された場合，その影響を直ちに退職給付債務の数理計算に反映させるべきであることから，過去勤務費用は，規程等の改訂日現在で測定されることが適当であると考えられる。このため，退職給付制度間の移行による退職給付債務の増額または減額の測定については，改訂日現在で行うことになる。

　ただし，決算日が改訂日から大きく離れておらず，決算日現在で数理計算を行ったとしても重要な相違が生じないと考えられる場合には，改訂日現在ではなく決算日現在で退職給付債務の数理計算を行うことも許容されている。

第3節 不利な契約

　本節では，いわゆる「不利な契約」と呼ばれる契約とその会計処理を検討していく。

　本書の他の項目は，例えば，株式の購入や売却のケースであったり，または保有する債権を何らかの契約によって流動化したりするケースの実務上のポイントや会計処理を検討する形となっている。本節では，本書の通常の項目とは少し異なり，いわゆる不利な契約と呼ばれるような契約と，当該契約に関する会計上，実務上のポイントを横断的に解説していくものとしている。

1 概要（契約の種別）

　いわゆる不利な契約とは，特定の種別の契約を指すものではなく，ある契約について，当該義務を履行することによって企業に不利な帰結をもたらすような契約に係る会計上の一般的な総称である。

　ある契約が締結されていることによって，企業会計原則注解（注18）の「引当金の計上要件」を満たすような場合に，会計上は引当金を計上する必要があるため，留意が必要となってくる。

　現行の実務も踏まえて，不利な契約に関連するものとして計上されている引当金には以下のようなものがあると考えられるが，このうち，会計基準において明確な定めが設けられているものは，1つ目に掲げる工事損失引当金のみとなっている。

---

① **工事損失引当金（または受注損失引当金）**

　工事契約について，工事原価総額等が工事収益総額を超過する可能性が高く，かつ，その金額を合理的に見積ることができる場合には，その超過すると見込まれる額（以下「工事損失」という）のうち，当該工事契約に関してすでに計上された損益の額を控除した残額を工事損失が見込まれた期の損失として処理し，工事損失引当金を計上するとされている（収益認

識適用指針90項)。

　なお,受注制作のソフトウェアについても,同様の定めが適用される(収益認識適用指針91項)。

② **転貸損失引当金**

　小売業や外食業などの会社において,一定期間解約ができないような不動産の賃貸借契約を締結している際に,支払義務のある賃借料総額(当該契約の解除に伴う違約金を含む)から転貸に伴って受け取ることができる見積賃貸収入総額を控除した金額を引当金として計上するものである(引当金研究資料2(3)【ケース10】(a))。

③ **買付契約評価引当金**

　原材料や(仕入)商品等の棚卸資産について解約不能の長期買付契約を締結した際に,契約締結後に市場価格が下落し,当該棚卸資産の正味売却価額が将来の購入価額を下回るようなときに,将来の棚卸資産の購入に伴い生ずる損失に備えて引当金を計上するものである(引当金研究資料2(3)【ケース9】(a))。

2 契約書に必要な条項

　いわゆる不利な契約については,長期にわたって固定的な契約が締結されることによって,引当金の計上要件を満たすことになるものである。

　ここで,企業会計原則注解(注18)の引当金の計上要件は以下のとおりである。

- 将来の特定の費用または損失であること
- その発生が当期以前の事象に起因すること
- 発生の可能性が高いこと
- その金額を合理的に見積ることができること

　具体的には,契約の締結によって,通常2つ目の要件は満たすことになるが,価格等の変動(将来の見込みを含む)によって1つ目の要件を充足していない

か，という点が重要な検討ポイントとなる。すなわち，ある契約が締結された際に，将来において重要な損失が生じるおそれがないかについて慎重に検討する必要があるものと考えられる。

ここでは，「契約書に必要な条項」ではないものの，前に挙げた3つの引当金も参考にして，契約書においてこういった条項がある場合に，不利な契約に係る引当金の計上に留意すべき，という点を説明していく。

> ① **販売価格，仕入価格等が固定化されているもの**
>
> 　販売価格が固定化されている場合には，仕入価格（工事原価を含む）の高騰によって当該契約の履行により損失が生じる可能性が出てくる。同じく，仕入価格が固定化されている場合には，販売価格の下落によって当該契約の履行により損失が生じる可能性が出てくる。
>
> ② **契約期間が長期にわたるもの**
>
> 　契約期間が長期にわたるほど，当該契約から将来において損失が生じる可能性は一般的に高まるものと考えられる。
>
> ③ **契約が解約不能であるもの**
>
> 　いわゆる不利な契約として引当の対象となるには，契約が実質的に解約不能で，その義務を負っていることが要件となる。解約不能であるかどうかは実態判断を伴い，解約に際して一定程度の違約金を支払う条項が設けられていることによって解約不能な条項がなくとも実質的に義務を負っているようなケースや，逆に契約書上は解約不能との規定がありつつも，双方の合意や一方の申し出により解約することができる旨の条項が別途設けられているようなケースなど，契約書の内容を吟味する必要がある。
>
> ④ **市場価格等の変動によって，赤字契約となる可能性があるもの**
>
> 　工事損失であれば工事原価総額の変動，転貸損失であれば転貸による将来の賃貸収入の変動，買付契約損失であれば対象となる棚卸資産の価格変動が，各々の損失の原因となるが，このように価格変動が生じやすいもの（または価格変動が生じやすいような環境下にある場合）には留意する必要がある。

3 │ 会計上の取扱い

(1) 引当金の要件

　我が国の会計基準の体系の中では，引当金に関する網羅的な基準は設定されておらず，前述の「2　契約書に必要な条項」に記載した企業会計原則注解（注18）の引当金の要件に照らして，その計上の要否を判断していくことになると考えられる。

　そのタイミングとしては，一般的には契約の締結時，および四半期を含む各決算期が考えられ，それぞれの時点で引当金の要件を満たしていないかどうかの検討が必要になるものと考えられる。

　例えば，工事損失引当金であれば工事原価の承認およびその後の見直し，買付契約評価引当金であれば期末時点における正味売却価額の下落の有無がトリガーとして考えられる。他方で，転貸損失引当金の場合には，自社での営業から撤退した時点が引当金の要件を満たしているかどうかの検討のトリガーとなるものと考えられ，契約締結時点や各期末だけでなく，契約の内容に照らして，適切な検討タイミングを設定する必要があるものと考えられる。

(2) 引当金の測定

　前述の「(1)　引当金の要件」に記載したとおり，我が国では引当金に関する網羅的な会計基準は設定されておらず，その測定については企業会計原則注解（注18）において，単にその金額を合理的に見積ることができるかどうかという点が要件として掲げられているのみである。したがって，不利な契約に係る引当金の計上に際しては，その金額を適切に測定する必要がある。

　工事契約に関しては，工事原価総額から工事収益総額を控除した工事損失から，すでに発生した損失を差し引いて引当金を測定するものと定められているが，これ以外の引当金に関しては，適切な算定方法をそれぞれで確立する必要があるものと考えられる。

　例えば，転貸損失引当金に関しては，将来の解約不能期間の賃借料総額（契

約解除に伴う違約金を含む）から転貸によって受け取る契約上の賃貸料（または見積賃貸料）総額を控除して引当金の額を測定することが考えられる。また，買付契約評価引当金については，期末時点の棚卸資産の正味売却価額（見積販売直接経費等の考慮後）と契約上の購入価額との差額によって引当金の額を測定することが考えられる。これら引当金の算定方法も参考にして，将来の費用または損失を適切に見積る必要がある。

(3) 引当金の繰入れと戻入れ

　不利な契約に係る引当金の計上については，前述の「(1)　引当金の要件」に記載した引当金の要件を満たしたタイミングで行われることになる。引当金繰入額の表示区分は，引当金の要因となった契約それ自体が営業目的なのかそうでないのか，という区分けによって，営業費用として表示するか，営業外費用として表示するかが決定されることになる。なお，本項で例示している工事損失引当金（または受注損失引当金），転貸損失引当金，買付契約評価引当金のいずれも，本業に関連する契約から生じる損失であるため，いずれも営業費用（売上原価）に計上されることになると考えられる。

　一方，これらの引当金の計上に対して，まず，実際に契約の履行に伴って損失が実現した場合には，その時点で引当金の目的取崩しがなされることになる。また，損失の実現以外で引当金の金額が減少した場合には，その時点で目的外取崩しとして引当金の取崩し（戻入れ）が行われることになる。

　工事契約の場合には工事原価の見直し（減少）または追加の請負金の獲得，転貸については賃貸料の上方への修正，買付契約については正味売却価額の上昇などが要因として考えられる。

　なお，引当金の見積りの見直しによって引当金の額が増加する場合（工事契約の場合には工事原価の見直し（増加），転貸については賃貸料の下方への修正，買付契約については正味売却価額の下落など）には，引当金の追加計上が必要となる点については留意されたい。

4 契約書を見るときの実務上のポイント

(1) 不利な契約に係る網羅的な確認

不利な契約に係る引当金に関しては，いわゆる不利な契約に該当するような契約を網羅的に捕捉できているかどうか，という点が実務上のポイントとなってくる。

例えば，建設業における工事損失引当金であれば当然各決算において検討が行われるものであり，また，小売業や外食業における転貸損失引当金についても，すでに一定の業界慣行として定着しているものであって，各々が自社の業務フローに織り込まれていることが考えられる。しかしながら，これら以外のいわゆる不利な契約については，必要な情報を適時に正しく網羅的に把握できているか，という点が重要となる。

契約時点で不利な契約に該当するかどうかを検討すべきもの，または将来において引当金の計上が必要となる可能性があるものについては，契約書の稟議決裁の回付時などにおいて，適切な把握が行われるべきものである。本来的には，稟議を起票する各事業部で適切に検討が行われていることが望ましいものの，実際には各部門でそのような観点で契約を吟味することが難しいケースもあるものと思われ，実務的には経理部門においてスクリーニングが行われることになると考えられる。

それらの場合の実務上のポイントといったところを図表8-3-1に掲げているので参考としていただきたい。

図表8-3-1　いわゆる不利な契約に該当するかどうかの検討のポイント

種別	検討のポイント
契約全般	・長期，固定価格の契約で，かつ，解約不能となっていることで，義務（重要な損失）を生じさせるようなものとなっていないか
賃貸借契約やリース契約（オペレーティング・リース取引）	・事業の用に供されているか（仮に，リースで借り受けている重要なもので，すでに事業の用に供されていないようなものがあれば，引当の検討が必要となる）

	• 事業の用に供されているものであっても，当該取引から重要な損失が生じているようなものはないか
棚卸資産等の購入契約（買付契約）	• 固定価格による購入となっていないか • 正味売却価額との関係はどうか

（出所：EY新日本有限責任監査法人編『引当金の会計実務（第2版）』（2019年）中央経済社，240ページ，図表Ⅱ−15−3を一部修正）

　実務的に，なかなかすべての不利な契約を洗い出すことは困難を伴うケースも考えられるものの，既存の実務も参考にして，適切な感度でスクリーニングを掛けていく必要がある。例えば，固定価格での購入については買付契約評価引当金として紹介したが，他方，固定価格での販売も不利な契約になりうる。

　工事損失引当金は，請負金額（工事収益総額）が固定化しているケースで原価がこれを上回る場合の引当金であるが，ある商品の販売に際して，得意先に長期固定で販売するような契約を締結している場合には，これが不利な契約に該当するものではないかの検討が必要となってくるケースがありえるものと考えられる。

(2)　将来の営業損失との関係

　不利な契約に係る引当金の計上に際しては，過去に締結した契約に基づく義務性が必要であり，リストラクチャリングなどに伴って，単に将来の営業損失を引き当てるようなものがないように留意する必要がある。

　このように単に保守的に計上されるような将来の営業損失に係る引当金は，企業会計原則注解（注18）の引当金の要件のうち，「その発生が当期以前の事象に起因すること」という要件を満たさないことから，引当金の計上は認められない（引当金研究資料2(6)【ケース16】(b)）。

［参考文献］
- 『民法Ⅱ　第3版　債権各論』（2011年）内田貴，東京大学出版会
- 『基本講義　債権各論Ⅰ　契約法・事務管理・不当利得（第3版）』（2017年）潮見佳男，新世社
- 『収益認識の契約法務　契約法と会計基準の解釈・適用』（2017年）片山智裕，中央経済社
- 『民法改正対応　契約書式の実務　上』（2019年）監修/犬塚浩，編集代表/永滋康，編集/第二東京弁護士会五月会，創耕舎
- 『改正民法と新収益認識基準に基づく契約書作成・見直しの実務』（2018年）横張清威，伊勢田篤史，和田雄太，日本法令
- 『何が変わる？　収益認識の実務〜影響と対応（第2版）』（2020年）EY新日本有限責任監査法人，中央経済社
- 『「収益認識会計基準と税務」完全解説（改訂版）』太田達也，税務研究会出版局
- 『事業担当者のための逆引きビジネス法務ハンドブック　M&A契約書式編』（2018年）塩野誠，宮下和昌，東洋経済新報社
- 『M&Aの契約実務（第2版）』（2018年）藤原総一郎編著者，大久保圭，大久保涼，宿利有紀子，笠原康弘，粟谷翔，中央経済社
- 『契約書作成の実務と書式（第2版）』（2019年）阿部・井窪・片山法律事務所編，有斐閣
- 『新株予約権等・種類株式の発行戦略と評価』（2020年）プルータス・コンサルティング編，中央経済社
- 『こんなときどうするネット　会社で使える書式と文例』（2016年）第一法規
- 企業会計ナビ　解説シリーズ「金融商品」https://www.shinnihon.or.jp/corporate-accounting/commentary/
- 企業会計ナビ　解説シリーズ「有形固定資産」https://www.shinnihon.or.jp/corporate-accounting/commentary/tangible-fixed-assets/2016-11-28-02.html
- 企業会計ナビ　解説シリーズ「ストック・オプション」https://www.ey.com/ja_jp/corporate-accounting/commentary/stock-option/commentary-stock-option-2019-06-28-01
- 「リースに関する会計基準（案）」等（借手のすべてのリースをオンバランスするもの）の公表｜会計情報トピックス｜企業会計ナビ｜EY Japan
- 企業会計ナビ：第2回：取得原価の決定　https://www.shinnihon.or.jp/corporate-accounting/commentary/tangible-fixed-assets/2016-11-28-02.html
- 企業会計ナビ：第3回：不動産賃貸業と会計の特徴　https://www.shinnihon.or.jp/corporate-accounting/industries/basic/real-estate/2010-02-03-01.html
- 企業会計ナビ：第7回：有形固定資産の除却・売却　https://www.shinnihon.or.jp/corporate-accounting/commentary/tangible-fixed-assets/2017-02-22.html
- 企業会計基準公開草案第73号「リースに関する会計基準（案）」等の公表｜企業会計基準委員会：財務会計基準機構（asb.or.jp）

【執筆者紹介】

内川　裕介

パートナー，公認会計士。
第２事業部所属。テクノロジー関連やメディア・エンターテインメント関連の会社の監査業務に従事する傍ら，法人HP（企業会計ナビ）に掲載する会計情報コンテンツの企画・執筆に従事している。

吉田　剛

パートナー，公認会計士。
品質管理本部会計監理部所属（第５事業部兼務）。会計基準に関する相談業務および研修・セミナー講師を含む会計，サステナビリティ開示基準に関する法人内外への情報提供の業務に従事するとともに，建設業，運輸業を中心とする上場会社の監査業務等に従事している。

佐久間　大輔

シニアマネージャー，公認会計士。
金融事業部所属。銀行業を中心に，リース業，信用金庫，信用組合等の監査業務，大手金融機関の内部統制高度化支援，地域銀行の経営統合に関するコンサルティング業務に従事するほか，法人内外のセミナー講師なども務める。

久保　慎悟

シニアマネージャー，公認会計士，日本証券アナリスト協会　認定アナリスト（CMA）。
品質管理本部会計監理部所属（FAAS事業部兼務）。大手食品製造業（IFRS）の監査業務，大手投資会社（IFRS）などにおける連結決算支援に従事しつつ，法人ウェブサイト（企業会計ナビ）での記事執筆，セミナー講師，書籍の執筆，雑誌への寄稿を行っている。

平川　浩光

シニアマネージャー，公認会計士。
品質管理本部会計監理部所属（第４事業部兼務）。会計基準に関する相談業務および研修・セミナー講師を含む会計に関する法人内外への情報提供の業務に従事するとともに，上場会社，上場準備会社の監査業務に従事している。

村田　貴広

シニアマネージャー，公認会計士。
第5事業部所属。主に建設業，不動産業，J－REITの監査業務等に従事している。

野田　正和

マネージャー，公認会計士。
金融事業部所属。15年以上にわたり，大手・地方金融機関，ノンバンクの監査業務に携わる。

平井　大輔

マネージャー，公認会計士。
第2事業部所属。主に製造，テクノロジー関連の会社の通常の監査業務のほか，IPO，IFRS導入支援に従事している。

山崎　毅

マネージャー，公認会計士。
第5事業部所属。不動産会社，J-REIT，製造業等の監査，株式上場支援業務等に従事している。

【編者紹介】

EY新日本有限責任監査法人について

EY新日本有限責任監査法人は，EYの日本におけるメンバーファームであり，監査および保証業務を中心に，アドバイザリーサービスなどを提供しています。詳しくはey.com/ja_jp/people/ey-shinnihon-llcをご覧ください。

EY | Building a better working world

EYは，「Building a better working world ～より良い社会の構築を目指して」をパーパス（存在意義）としています。クライアント，人々，そして社会のために長期的価値を創出し，資本市場における信頼の構築に貢献します。

150か国以上に展開するEYのチームは，データとテクノロジーの実現により信頼を提供し，クライアントの成長，変革および事業を支援します。

アシュアランス，コンサルティング，法務，ストラテジー，税務およびトランザクションの全サービスを通して，世界が直面する複雑な問題に対し優れた課題提起（better question）をすることで，新たな解決策を導きます。

EYとは，アーンスト・アンド・ヤング・グローバル・リミテッドのグローバルネットワークであり，単体，もしくは複数のメンバーファームを指し，各メンバーファームは法的に独立した組織です。アーンスト・アンド・ヤング・グローバル・リミテッドは，英国の保証有限責任会社であり，顧客サービスは提供していません。EYによる個人情報の取得・利用の方法や，データ保護に関する法令により個人情報の主体が有する権利については，ey.com/privacyをご確認ください。EYのメンバーファームは，現地の法令により禁止されている場合，法務サービスを提供することはありません。EYについて詳しくは，ey.comをご覧ください。

本書は一般的な参考情報の提供のみを目的に作成されており，会計，税務およびその他の専門的なアドバイスを行うものではありません。EY新日本有限責任監査法人および他のEYメンバーファームは，皆様が本書を利用したことにより被ったいかなる損害についても，一切の責任を負いません。具体的なアドバイスが必要な場合は，個別に専門家にご相談ください。

ey.com/ja_jp

経理・財務担当者のための契約書の読み方

2024年11月 1 日　第 1 版第 1 刷発行
2025年 4 月30日　第 1 版第 4 刷発行

編　者　EY新日本有限責任監査法人
発行者　山　　本　　　　継
発行所　㈱中央経済社
発売元　㈱中央経済グループ
　　　　パブリッシング

〒101-0051　東京都千代田区神田神保町1-35
電話　03 (3293) 3371 (編集代表)
　　　03 (3293) 3381 (営業代表)
https://www.chuokeizai.co.jp
印刷／昭和情報プロセス㈱
製本／誠　　製　　本　　㈱

©2024 Ernst & Young ShinNihon LLC.
All Rights Reserved
Printed in Japan